教育部人文社会科学研究一般项目"企业生态位视野中的在华外资空间布局优化研究:演化、收敛与引导(18XJA790003)"的阶段性成果

U0645428

# 生态位视野中的在华外资空间布局优化研究

姜亚鹏　著

哈尔滨工程大学出版社
Harbin Engineering University Press

## 内容简介

本书关注在华外资空间布局的优化问题,主要包括在华外资空间布局演化分析、中国引进外资动因与外商直接投资动因互动分析、中国区域引资生态位与适宜度评价、在华外商直接投资空间耦合分析、在华外资空间布局政府干预路径研究等内容。通过研究发现,在华外资空间溢出较弱,尚未有效实现外资从东部地区向中西部地区的转移,区域间外资生态位与适宜度存在显著差异,区域高质量发展目标与引资生态位间的匹配度直接影响外资空间布局,地区间引进外资存在收敛趋势与追赶效应,监管方对外资空间布局的干预要兼顾直接与间接渠道。

本书适合于国际贸易与跨国公司研究人员、经济类高年级研究生、对外贸易从业人员阅读。

**图书在版编目(CIP)数据**

生态位视野中的在华外资空间布局优化研究 / 姜亚鹏著. – 哈尔滨 : 哈尔滨工程大学出版社,2023.4
ISBN 978 – 7 – 5661 – 3898 – 9

Ⅰ. ①生… Ⅱ. ①姜… Ⅲ. ①外资企业 – 空间规划 – 研究 – 中国 Ⅳ. ①F279.244.3

中国国家版本馆 CIP 数据核字(2023)第 057210 号

生态位视野中的在华外资空间布局优化研究
SHENGTAIWEI SHIYE ZHONG DE ZAIHUA WAIZI KONGJIAN BUJU YOUHUA YANJIU

选题策划　夏飞洋
责任编辑　张　彦　周远航
封面设计　李海波

出版发行　哈尔滨工程大学出版社
社　　址　哈尔滨市南岗区南通大街 145 号
邮政编码　150001
发行电话　0451 – 82519328
传　　真　0451 – 82519699
经　　销　新华书店
印　　刷　哈尔滨午阳印刷有限公司
开　　本　787 mm × 1092 mm　1/16
印　　张　12.5
字　　数　240 千字
版　　次　2023 年 4 月第 1 版
印　　次　2023 年 4 月第 1 次印刷
书　　号　ISBN 978 – 7 – 5661 – 3898 – 9
定　　价　45.00 元

http://www.hrbeupress.com
E-mail:heupress@ hrbeu.edu.cn

# 前　言

作为世界最大发展中国家,中国正经历着一个更加全面地融入世界经济的过程,作为开放经济不可或缺的组成部分,外资已经成为中国经济、社会全面发展、积极转型的重要力量之一。

本研究从空间视角入手考察引进外商直接投资(foreign direct investment,FDI)与东道国间的互动研究。外资空间布局既是中国引进外资的重要特征,又是中国引进外资的重要内容。中国利用外资始于20世纪50年代中国与苏联、波兰的合资企业,而大规模引进外资则始于20世纪70年代,数十年引进外资累积下来的一个重要特征就是外资空间的不均衡。企业跨境成长涉及三个参与方:微观企业、东道国与母国,目前关于外资区位选择的研究已经有很多,但是关于从生态位视角进行的资本需求双方空间耦合的研究则较少。这样的理论体系既不全面,也缺乏说服力,造成理论与实践的关系十分紧张,因而有必要进一步完善这方面的研究。

本研究致力于考察如何通过对在华外资空间布局的形成、演化及收敛规律的分析,实现在华外资空间布局的优化。该问题主要涉及如下三大基本理论问题:(1)外资空间布局形成与演化遵循怎样的规律;(2)外资时空变化是否存在收敛过程,区域间引资差距是否得到改善;(3)如何改善可能存在的资本供求路径依赖,进而优化外资空间布局。

在此研究目的指引下,全书主要内容可大体分作三大部分进行分析:(1)新进外资与在华外资区位选择机理与关键影响因素有哪些;(2)出自资本供求双方投资引资本心的投融资互动演进是如何反映为在华外资空间布局宏观特征的;(3)如何引导、优化在华外资空间分布。

按照机理分析到实践检验的研究范式,前述三大部分进一步分解为构成全篇的9个章节。首先,遵从问题为导向的思路,从中国引进外资空间特征探索性分析入手,提出中国对外直接投资主体的显著结构特征;其次,按照“微观—中观—宏观”相互耦合的逻辑来分析在华外资空间分布的演化机理;再次,为得到空间分布优化目标与路径,本书着重分析在华外资空间分布稳态与收敛;最后,从监管方角度提出引导在华外资空间分布优化的实现路径。

第1章为绪论。该部分主要介绍了本研究的目的、意义、方法以及路线图等内容。

第2章为在华外资空间布局演化分析与本研究关键问题的提出。该部分基于空间探索性分析考察了在华外资空间布局的空间聚集性与外资重心演化历程,研究发现,在华FDI不均衡现象依旧突出,空间溢出效应较弱,尚未有效实现外资从东部地区向中西部地区的转移,因而解决在华外资地理分布的核心问题在于如何针对外资空间布局形成机理、演化进程及收敛规律进行有效干预,实现在华外资空间布局的优化。

第3章为中国引进外资动因与外商直接投资动因互动分析。该部分分析了各区域引资动因与外资进入动因间的互动,以及区域间引资目标达成度差异。研究发现,东部地区为中国早期引资重点区域,外资市场已非常完善,引资动机已由规模扩大转向质量提升,FDI对东部地区区域创新能力有一定促进,FDI每增加1个百分点,区域创新指数上升0.05个百分点,初步实现了区域性引资目的;中西部地区引资目的是充分利用区域资源禀赋与发掘市场潜力,空间面板检验显示外资促进了西部地区社会消费品零售总额增速的提高,FDI每增长1个百分点,社会消费品零售总额增速会提高0.3个百分点,说明外资进入正在逐步实现中西部地区引资目标。

第4章为中国区域引资生态位评价。该部分测算了1997—2019年各区域引资的生态位宽度、重叠度和生态位态势等生态位细分指标。研究发现,从生态位宽度来看,中国各区域历年的生态位宽度波动幅度不大,引资生态位宽度与在华外资所呈现的东高西低阶梯状分布态势相吻合,表明东部省份引资能力强于西部省份。从生态位重叠度来看,大部分省域在引资过程中资源利用方面的相似程度一般,相互间没有突出的竞争优势。从生态位态势值来看,不同维度、不同板块间的态势值差异比较大,聚类得出的类型划分与综合生态位存在细微差异,但基本上与综合生态相吻合。

第5章为中国区域引资生态位适宜度评价。通过测算各区域引资细分适宜度发现,东部地区的技术维度适宜度最高,其次是中部地区和东北部地区,最后是西部地区;市场维度的适宜度总体上处于平稳水平,但各省(市、区)间略有差异,中部地区和东北部地区的均值最高,其次是东部地区,西部地区均值最低且与其他三个地区的差距显著;生产要素的适宜度方面,东部地区、中部地区以及东北部地区的生产要素维度的适宜度大体相同,但均高于西部地区;资源维度适宜度方面,全国大部分省份的资源维度适宜度随着时间波动剧烈且无明显规律可循,只有少部分省份的资源维度引资适宜度无明显波动,中部地区的资源维度的适宜度明显高于东部地区和东北部地区。

第6章为在华外商直接投资空间耦合路径研究。基于1997—2019年省际面板进行的区域引资生态位适宜度、宽度、重叠度对外资与东道国区域间空间耦合的作用机理分析与空间计量检验显示,区域引资具有显著空间溢出特征,区域自设理想生态位目标与实际生态位间的差距越大,对外资吸引力越弱;引资生态位宽度、重叠度对耦合产生正向影响,可以有效辅助适宜度,减小理想生态位与现实生态位间差距对外资空间耦合的负向影响。部分地区出现"生态位适宜度很高,生态位耦合度较低"的原因在于,区域自设可持续发展目标过高,与自身生态位宽度、重叠度实际不符;而"生态位适宜度较低,但耦合度较高"的原因在于,生态位适宜度所反映的可持续发展目标设定较低。

第 7 章为在华外资空间布局收敛性研究。基于不同空间复合权重矩阵的收敛性检验显示,1997—2019 年中国整体 FDI 存在正的空间相关性,不存在显著整体收敛,但存在绝对收敛和条件收敛。FDI 低存量地区具有较高增速,区域间差距在缩小,其中东部地区 FDI 存量差异最小,其次是中、西部地区。在收敛系数方面,东部地区收敛系数最大,收敛速度最快,中西部地区其次。在影响外资空间布局演化收敛的因素方面,除了空间溢出以外,传统的战略资源状况、一般性资源状况、市场状况、技术水平等因素仍值得重视。

第 8 章为在华外资空间布局政府干预路径研究。基于政府干预与人力资本的中心－外围模型空间检验显示,中国的外资布局具有明显的空间关联性,政府干预对外资布局具有明显的空间溢出效应,直接效应显著为正,间接效应显著为负,总效应为正。政府干预与外资空间布局间具有非线性关系,政府干预对外资空间布局影响的方向显著存在基于人力资本的单门槛效应;当人力资本低于门槛值时,政府干预对外资空间布局的影响为负;当人力资本跨越门槛值以后,政府干预对外资空间布局影响显著为正。不同地区政府干预对外资空间布局的路径强度与方向各有差异,东、中部地区政府的干预能有效优化外资空间布局,且以直接作用路径为主。西部地区政府干预对外资空间布局有负向作用,但是可以通过吸引 R&D 人员降低政府干预的负向作用。

第 9 章为结论与对策。该部分在总结全书基本结论的基础上,从区域引资能力建设、区域发展目标设定、区域发展速度协调、区域人力资本积累提升等方面提出了优化在华外资空间布局的对策建议,并进一步明确了未来研究方向。

本书为教育部人文社会科学研究一般项目"企业生态位视野中的在华外资空间布局优化研究:演化、收敛与引导(18XJA790003)"的阶段性成果。

感谢教育部人文社会科学研究对本项目的支持!

著　者

2022 年 12 月

# 目　　录

# 第1章 绪　　论

## 1.1　研 究 目 标

　　本研究选题目的是观察在华外商直接投资布局的空间特征、演化规律及关键影响因素,进而通过合理的干预引导在华外资空间布局的进一步优化。伴随改革开放的日渐深化,中国国内市场不断扩大,投资环境日益改善,吸引了大量的外资,这对中国经济社会发展有着重要的意义,然而外资在中国的空间分布极不平衡,呈现出明显的东高西低的阶梯状分布态势。我们试图以外资企业生态位策略为线索,针对在华外资分布不均衡、空间溢出缓慢以及"中心—外围"分布等空间特征,运用基于"微观—中观—宏观"的外资空间布局演化机理规范分析以及空间计量为主的实证检验相结合的方法,探究外资空间布局演化内生机理,提取关键影响因素,为监管方优化在华外资空间布局提供理论支撑,使宏观监管优化与微观企业区位选择相协调,进而矫正市场扭曲,降低资源错配,探索理论引导实践的可行性路径。

## 1.2　研 究 背 景

　　引进外资始终是发展中国家开放经济的重要问题之一。资本形成是发展中国家经济发展的基本约束,改革开放以来,稳定的政局、巨大的市场及迅猛增长的经济使中国成为最具吸引力的外商直接投资目的国之一,持续流入的外资为弥补中国资金、外汇、技术、产业、就业等方面缺口做出了重要贡献。

　　改革开放以来,中国庞大的市场规模、相对廉价的劳动力成本以及丰富的自然资源,无一不吸引着国外各类型的企业进入中国市场,中央政府与地方政府不断出台的引资政策吸引了大批外商来华投资,外商直接投资在中国取得了长足发展,也已成为中国经济社会发展的重要力量。20 世纪 80 年代,中国开放外资试点后,仅用了 7 年时间就一跃晋升为发展中国家引资榜首,成为全球范围内仅次于美国的第二大外资流入目的国。进入 20 世纪后,中国加入世界贸易组织、融入世界经济体系等一系列鼓励外资进入的措施的顺利推进使得中国进一步成为国际投资热点。即使在 2020 年跨国投资大幅下滑,全球外国直接投资总额大幅下降 42%,达 20 世纪 90 年代以来最低水平的背景下,中国吸收外资势头仍逆势而上,一举超过美国,成为全球最大外资进入国。联合国贸易和发展会议《全球投资趋势检测》报告显示,2019 年中国吸引外商直接投资 1 412 亿美元,与 1997 年的 510 亿美元相比,增长了近两倍;2020 年中国吸收外资更是达到了 1 630 亿美元,相比 2019 年上涨 4%,占全球跨境资本流动的 19%。

外资空间布局演化已成为中国经济中不可忽视的现象,外资空间布局深刻影响着投影在其上的东道国经济活动。20 世纪 80 年代以来,原有的以追求市场优势、资源优势、垄断优势、技术优势等传统优势为目的的跨国公司转向追求全球可持续竞争优势。相关资料表明,这一演变过程不仅是某一个或者某一类企业的微观决策,更是最终累积为宏观现象,外资通过空间溢出效应、空间依赖效应与空间示范效应深刻影响其所进入区域及其邻域的效率与速度,进而影响东道国内部区域间的协调发展走势。

目前讨论外资空间布局演化与优化的研究尚有很大待拓展空间。一方面,新经济地理学、产业区位理论、空间经济学等诸多经济学理论都表明空间集聚是经济发展的客观规律,它强调在规模报酬递增条件下,区域间差异化、协调的要素集聚可以通过降低各类经济活动的交易成本、获得技术外溢、实现知识共享等多种渠道来获得规模经济,进而提高一国(或一地区)的贸易能力和产业集群的国际竞争力;另一方面,中国数十年引资实践中,在华外资空间布局不均衡特征始终没有得到根本改观,东部地区相对中、西部地区接受外资较多,泛长江三角、珠江三角及环渤海湾地区出现了显著的空间聚集,这可能成为充分发挥区域资源生产效率、实现外资跨区域辐射带动作用的障碍之一。因而,甄别引资对象,合理引导外资区位选择行为,适时进行外资空间布局引导便具有了重要的理论与现实意义,这既是中国深化改革开放的现实需要,又是外资空间布局理论进展的必经阶段。

# 1.3 研究意义

外商区位选择与外资空间分布优化是中国对外开放领域供给侧改革的题中应有之意,是国家战略的重要组成部分。本研究将通过将现有外资区位理论、投资决策理论和企业仿生学理论纳入研究框架,建立符合中国国情的外资空间布局研究框架,探索外资空间分布优化机制,这一选题既是重要的理论建构,又是迫在眉睫的实践需要,具有重要的理论前瞻意义与针对性的实践操作意义。

## 1.3.1 理论前瞻意义

本研究试图通过理论梳理与机理分析为理论发展提供如下帮助:(1)有助于丰富东道国区域经济发展与外资进入间互动关系研究。作为资本供求双方,外资与东道国各有其自身投融资动因与诉求,对于两者互动耦合的深刻理解有助于构建外资空间布局宏观特征形成的理论基础。(2)有助于丰富跨国公司市场进入、区位选择与空间迁移理论。我们试图以企业生态位策略分析丰富跨国公司区位选择与空间迁移理论,以企业仿生理论丰富产业结构理论,以协同演化分析丰富企业演化理论。(3)有助于丰富外资空间布局演化研究。东道国外商空间布局演化是复杂的宏观现象,它始于企业微观区位选择,终于宏观布局,我们试图通过外资空间分布表征、演化分析与收敛的度量来丰富对区位演化、产业转移及外资聚集的认识。(4)有助于理解中国引资政策变动历程。以目前存在的相关文献中关于是否应继续引进外资的争议为例,一方认为,引进外资对于弥补中国经济的技术缺口、储蓄缺口、就业岗位缺口、引资政绩缺口以及产业结构缺口做出了重要贡献,是不可或缺的;另一方则认为,在当今居民储蓄大量剩余的条件下,外资已不再必要,而且外资空间布局失衡还应当为中国区域经济失衡负一定责任。这意味着对外资空间布局演化的分析将有助于我们深化对中国改革开放政策演进的认识。(5)有助于将空间计量方法引入跨国公司空间布局分析中来。与传统的面板回归相比,无论是探索性空间分析还是空间计量检验,空间分析都可以高效实现研究对象可视化,更可以借助回归分析有效识别各类影响因素的相关关系、影响方向与影响力度。

## 1.3.2 实践操作意义

本研究试图通过理论分析与实践检验,从以下方面为实践发展提供理论支撑:(1)为中国引资政策从第二代向第三代升级提供理论支持。本研究响应 2017 年

1月国务院《关于扩大对外开放积极利用外资若干措施的通知》的号召,为推进外资利用提高,实现全方位、多层次、宽领域对外开放提供理论支撑。(2)为中国产业转型升级提供帮助。本研究预测与引导外资合理选址,使其服从、服务于东道国产业结构升级需要,提升外资进入微观决策与西部大开发、中原崛起、振兴东北老工业基地等国家导向性宏观政策的契合度。(3)有助于减小外资大规模迁移带来的经济波动。对外资空间选择行为与意图进行干预将直接影响外资空间分布,有助于减小外资布局波动的负面冲击,平抑经济波动。(4)为金融危机爆发后发展中国家引资空间布局策略提供范本。对政府干预功能机理的讨论有助于提升发展中国家引资效率,实现干预在激励与约束间的平衡,避免资源错配与逆向选择。(5)为应对国际间引资政策竞争未雨绸缪。国家间引资政策竞争激烈可能诱发低端产业转向发展中国家,高端产业转向发达国家,本研究通过为外资与事宜区间的匹配,积极服从、服务于"一带一路"倡议,未雨绸缪,积极应对国际间引资政策竞争。(6)为协调区域发展提供帮助。东道国不同区域间存在发展竞争,差异化产业发展需求与市场需求必然要求对外资空间布局进行再造与规范。

# 1.4 文献综述

外资空间布局优化本质上是外资需求方与供给方之间关于资本空间布局意见的耦合,本研究整体上遵循"提出问题""分析问题""解决问题"的研究范式,因而文献综述部分按照"外资空间布局演化特征相关研究""资本供给方区位选择依据研究现状分析""外资空间布局演化机理相关研究""东道国引资方空间布局依据相关研究""政府干预相关研究"的逻辑进行梳理,为后续研究的展开提供初步的理论基础。

## 1.4.1 相关概念内涵分析

### 1.4.1.1 外商直接投资

外商直接投资是外国企业和经济组织或个人(包括华侨、港澳台同胞以及中国在境外注册的企业)按中国有关政策、法规,用现汇、实物、技术等在中国直接投资的行为。中国吸收的外商投资一般分为直接投资方式和其他投资方式,采用最多的直接投资方式是中外合资经营企业、中外合作经营企业、外商独资经营企业和合作开发。其他投资方式包括补偿贸易、加工装配等。本研究所指外资包括外商独资、中外合资和中外合作三种形式的外商投资,即通常意义上的"三资企业"。为表达便捷,后续内容中凡涉及"在华外商直接投资"之类表达均简化为"在华外资"。

#### 1.4.1.2 外资空间效应

同一变量在区域之间存在关联,而此等联系与地区之间的距离相关,表明区域间的活动存在空间的相互作用,这种关系叫作"空间效应"(spatial effects)。传统的计量经济学假设认为,不同区域之间的经济变量是独立的,对于区域经济,不同空间单元的彼此作用缺乏重视。但是,真实的情况却是不同地区甚至同一地区的变量都存在广泛的联系。早期关于空间效应的研究散见于古典理论、新古典理论、产业经济学、行为理论和制度理论等领域,其后企业仿生学、演化经济学、新地理经济学和空间经济学亦出现相关研究,其中少部分研究开始逐渐提及"空间效应"这一术语。

外资空间分布是指外资在东道国的微观区位选择行为所累积反映出来的宏观的空间特征,属于区域经济学、新经济地理学及空间经济学交叉范畴。20世纪60年代后期以来,越来越多的文献开始关注外资布局区域差异,跨境直接投资区位选择包括新进外资区位选择以及原有外资在东道国境内的迁移、追加投资、建立多中心等行为所涉及的区位选择,这些微观选择反映了外资在东道国区域市场的进入意愿,并最终反映为外资在东道国境内的空间聚集、空间分异,以及中心—外围等空间布局特征。既有研究经历了案例讨论到数据分析的过程,主要集中在外资空间分布特征、区位选择依据、空间布局演化等方面。

### 1.4.2 在华外资空间布局现状相关研究

现有文献集中在整体与区域分布特点、模式及影响因素等方面。既有研究比较一致地认为在华外资空间分布显著失衡。具体来说,具有以下显著特征:

第一,在华外资存在东部地区多,中、西部地区少的区域失衡,在华外资空间布局差异显著,具有集聚趋势。外资空间布局遵循先东部地区后中西部地区的次序进行,泛长三角、泛珠三角、环渤海三地区聚集特征显著,尤以广东、福建、江苏、北京、上海、山东以及辽宁最为集中。

第二,第二产业占比一枝独秀,来自亚洲的外资多,欧、美的外资少。大量研究发现,长期以来,第二产业外资进入占比显著,甚至一度达到70%。同时,从外资来源视角看,来自亚洲尤其是日本、韩国的企业较多,而来自亚洲区域以外的国家占比则显著小于亚洲内部区域,这在外资结构中为很多文献所诟病。

第三,空间布局呈现显著的"中心—外围"特征。泛长三角地区以沿海和沿长江南岸最为集中,上海、苏州、无锡、南京四地聚集了泛长三角地区外资总量的75.43%。其中,上海外资份额不断下降,但仍占地区首位。泛长江三角洲南翼的浙江地区FDI占泛长三角的比重不断增加,而北翼的江苏和上海占比则不断下降。泛珠三角地区中,深圳居首位,外资集中在深圳、广州、东莞、佛山、惠州、珠海及江门等地。

第四,跨国企业呈多中心特征。相关资料表明,出现制造中心、采购中心、研发中心、服务中心及地区营运中心等多中心趋势,主要分布在环渤海、泛长三角、泛珠三角等具有一定产业集群的地区。

第五,聚集指向具有特殊地理特征区位。城市外资多,农村外资少,城市体系中的特大城市和大城市因其完善的投资环境引进外资较多,各类开发区、大学、各级政府所在地拥有特殊地理要素,则构成了外资空间集聚的次中心。

### 1.4.3 在华外资空间布局演化历程相关研究

FDI区位选择问题是多年来经济学理论研究的重要课题,涉及区位理论、外商投资理论、跨国公司投资理论等多个学科。既有研究运用区域经济学方法,从时间、空间与行业三个层面分析了在华外资规模变化动态,基本判断集中在以下几方面:

第一,演化阶段方面,中国利用外资经历了四个阶段,发展不均衡、阶段特征明显、利用外资时空演变与中国对外开放及区域发展战略演进高度一致。首先是1978—1991年的从无到有的"量变"阶段,外资主要来自港、澳、台,集中在东南沿海;其次是1992—1997年从分散到集中的"产业剧变"阶段,邓小平南方谈话后外资规模与行业分布均迅速扩张;再次是1998—2009年由弱到强的"聚集强化"阶段,亚洲金融危机减弱与中国入世的交汇使中国利用外资出现高速发展,在此期间,除了2003年非典和2008年美国次贷危机影响造成大幅回落外,其余年份均呈递增态势,外资聚集效应凸显;最后是2010年至今的"实力剧变"阶段,虽然受到2008年美国次贷危机滞后效应影响,但这一阶段能够进行跨国投资的恰恰都是实力较强的大型外资企业。

第二,演化结构方面,虽然外资出现了东部地区向中西部地区逐渐扩散的特征,但是事实存在的聚集与分异又使这一趋势进展缓慢。首先,在华外商投资集中度呈东—中—西递减的阶梯状格局,投资重心长期偏离东经103.5度、北纬36度的自然地理重心,整体上向东北方向移动,但是与中国整体改革开放次序、区域发展战略及地区自身发展密切相关;其次,多中心特征突出,三大外资聚集地带间差异大于三大地带内差异,以京津冀、环渤海、泛长三角、泛珠三角和海峡西岸为代表的东部地区依然是外资富集区,具有较高垄断特征。中、西部地区则出现了山西、安徽、四川、重庆和贵州等区域投资热点;同时,泛长三角、泛珠三角内部结构变迁显著。20世纪80年代末90年代初,外资集中于沿海、经济特区和中心城市,90年代中期后,外资出现扩散,以深圳为中心的外资单核集聚首先被以深圳和广州为中心的双核集聚取代,然后又被泛珠三角地区所取代。

第三,不同来源外资空间偏好呈现差异化特征。20世纪80年代,在华外资主要是港、澳、台华人资本,在历史、文化及民族的联系驱使下集中在东南沿海,尤其是珠三角和闽南地区;90年代,外资逐渐多元化,在聚集效应驱使下,美、日、韩及欧洲国家外资集中在以泛长三角为核心的中部沿海、以环渤海为核心的北部沿海,值得注意的是,外资在南部沿海投资比重不大,广西和海南相对较少。

第四,演化方向方面,在华外资区位呈现显著地理集中,同时出现缓慢扩散转移。首先,邻域投资环境对外商直接投资区位分布类型转移产生不对称影响,引资水平差距越小,转移概率越大,反之则概率越小,这可能源于外资企业间地理比邻效应、技术溢出效应及产业关联效应;其次,在华外资分布呈较强高水平和低水平趋同俱乐部。外资区位分布由高度聚集向均衡的“波动式”扩散,东部省(市、区)际差异趋近平稳,而中西部省(市、区)际差异波动显著。外资热点、次热点、冷点区域发生显著演化,最终形成以江苏为核心、东部沿海地区为次热点、中部为次冷点及西部地区为冷点的“核心—外围”结构。全局看,外资分布呈高水平与高水平省域趋同、低水平与低水平省域趋同。局域上看,外资分布表现为持续不均衡,并存在高和低两个俱乐部趋同,并以空间组团式分布;最后,相关资料表明,外资分布存在“马太效应”,外资更倾向于进入富集区,经济发达引进外资,外资进入刺激经济,这一循环必定拉大地区间引资差异。

第五,演化速度方面。在华外资空间分布呈现渐进式转移,区域分布差异由急剧上升到稳步下降。1987年,东部地区吸收外资占比达85%以上,年代中期以来,东部地区外资占比有所下降,但并没有发生根本性改变。外资逐步由南部沿海地区向中部和北部沿海地区,尤其是以上海为中心的泛长三角和环渤海地区转移,而转移到中、西部地区的仍很少。中西部地区内部,长江中游和中北部地区,尤其是长江中游占比迅速提高,西部的西南和西北地区占比仍很小。1987—2003年,外资占比超过3%的共有9个省(市、区);1987—1992年,外资占比超过3%的共有8个省(市、区);1992—2003年,外资占比超过3%的共有9个省(市、区);2003—2016年,外资占比超过3%的则有11个省(市、区)。

第六,演化的收敛与稳定性方面。首先,在华外资区位分布类型表现出明显空间集聚,存在低—低、高—高、中—低和中—高四类趋同俱乐部,大部分省(市、区)

投资类型趋于稳定,不同类型呈团状聚集,聚集主要发生在泛珠三角、泛长三角和环渤海地区。其次,低水平和高水平俱乐部稳定性较强,而"中间层"俱乐部稳定性一般。不同类型外资转移中"渐进式"概率较大,"跨越式"概率较小;再次,省际差距突出,非均衡化态势较显著。东部大部分省(市、区)排名变化不大,但江苏、天津、海南和浙江变化较大。中部各省中山西、江西和安徽持续上升,湖南持续下降,河南、吉林和黑龙江排名则升降反复。最后,外商直接投资区位分布类型转移与邻域同时平稳的省域数量逐步减少,相关资料表明,1985—2002 年和 2003—2013 年,分别达到 16 个和 12 个省(市、区),整体呈现向中部及环渤海地区扩散的趋势。

### 1.4.4 资本供给方区位选择依据研究现状分析

区位理论是研究经济活动,尤其是工业活动在空间分布规律的科学,主要包括两大流派,分别是成本学派和市场学派。成本学派以杜能、韦伯为代表,主要以成本最小化的思路研究产业的空间分布。该学派认为,运输距离和运输成本对产业区间分布产生重大影响,是主要影响因素。随着基础设施的建设,对产业的区位分布的影响因素发生变化。以克里斯塔勒和勒施为代表的市场学派提出,目标市场是影响企业在区位选择方面的主要因素。勒施进一步将这些因素细分为经济因子、自然因子、人的因子、政治因子、其他因子等五个方面,并考察了一些有关制度和政策因素。

东道国的区位因素对 FDI 的影响逐渐成为 20 世纪后期国际直接投资理论发展的一个重要方向。这些理论大多以东道国劳动力成本、交通运输成本、基础设施状况、市场规模、产业基础及结构等经济因素以及政府优惠政策、货币外汇政策、政局稳定性、文化包容程度等政治、文化因素作为影响因子来检验其与 FDI 的相关性,对 FDI 的地理分布有较强的解释力。截至目前尚没有解释外资空间分布的一般性理论,既有研究多从某个侧面描述外资企业或某类产品的跨境移动,既有研究散见于一般性企业研究、产业组织研究、跨国公司理论、国际贸易理论、新地理经济学与空间经济学等领域。

一般企业研究中的区位选择中首先要提到的就是产品生命周期理论。该理论在贸易和投资为互补而非替代关系的基础上,将跨国公司垄断优势分析动态化,认为产品寿命呈现初创、成长、成熟和衰退等阶段。不同生命阶段适用不同产地,产地的转移一方面延长了产品寿命,另一方面使跨国公司优势得到跨境发挥。首先是三位一体模型更直接地提出通过产品创新、市场接近、降低成本来延伸产品生命周期。这意味着,一方面,发达国家跨国公司可以通过进入发展中国家延长其产品寿命周期;另一方面,发展中国家可以通过投资发达国家实现技术研发地的接近,享受发达国家技术溢出。其次是企业成长理论。企业跨境进入的重要原因是自身发展的需要,企业在其萌芽期、成长期、成熟期直至衰退期的成长中需要不断拓展成长空间,实施国际化战略的企业跨境进入是企业架构调整与国际化战略重构匹配的结果。最后是企业生态位理论视角下的区位选择。企业生态位始于20世纪60年代鲍尔丁的生态经济学理论,真正引起经管领域关注是在70年代末。企业生态位可分为宏观生态位和微观生态位两类。根据相关资料,种群宏观生态位把生态位定义为"种群在同所有其他种群的竞争中取胜的限制性空间领域",此处的企业种群指同一地域同行业企业或者产品具有类似功能的企业所组成的企业群。企业微观生态位认为企业生态位是"企业资源需求和其生产能力的交集,是对企业在资源需求和生产能力方面与环境互动匹配后所处状态的描述",进而出现了描述企业生态位的基础生态位(fundamental niche)、现实生态位(realized niche)等术语,出现了关于资源获得的生态位资源分割观和生态位宽度观。前者关注企业种群在一个已存在竞争者环境中发展的运营效率,后者关注企业种群获得竞争性基础资源的可能,这蕴含着企业专业化与通用化战略的分野。相关资料表明,不同生态位意味着不同竞争空间,两个生态位上的企业的竞争状况取决于其生态位重叠度。企业生态位策略从企业与产业资源配置的视角来分析企业空间布局。早期相关研究主要关注企业种群生态位策略,后期研究则倾向于企业个体生态位策略,尤以企业生态位战略的K—R策略最为典型。K策略企业倾向于通过提升外部资源利用率来提升种群企业饱和度,适用规模大、市场份额高、物耗低、处于稳定环境的资本密集型产业;R策略企业通过强大的变异力来适应环境,提升种群内部出生率,适用于规模小、转产率与物耗高,处于不稳定环境的劳动密集型和技术密集型产业。较成熟的K—R策略包括基于生态位分化的生态位错位策略、基于生态位扩大的资源扩充策略,以及基于生态位拓展的价值创新战略。

产业组织理论中亦涉及区位选择问题。产业组织理论并没有直接讨论跨国公司区位问题,但强调了区位选择壁垒与行业承载力等因素的影响。产业组织理论对企业进入和退出问题的研究始于对某些产业长期超额利润开始的,长期超额利润下的进入壁垒被视为影响企业区位选择的关键因素。壁垒理论把进入作为一种长期利润决定机制,认为行业竞争程度、产业集中度、产业发展态势、产业成长率、相关产业发展趋势及利益集团都会影响企业区位选择。产业集中度高的在位者区位变动可能性较低,产业发展趋势影响下,跨国企业区位变动是两国产业交替、传导与创新的产物,产业成长率反映市场成长机会,成长率低的产业面临不稳定性和未来收益不确定性,可能带来企业区位选择。值得注意的是,产业组织理论区位强调了企业和行业在区位选择中的作用,强调了投资目标国的特征,但是对母国关注不多。

国际贸易领域中,区位选择本就是传统跨国公司理论的重中之重。传统跨国直接投资方向选择循着新古典范式进行,无论微观、宏观还是综合理论,均强调成本最小化和利润最大化。国际直接投资理论主要包括垄断优势论、内部化理论、产品生命周期理论和国际生产折中理论。

垄断优势论由美国经济学家海默提出,主要从微观企业进行分析,认为只有具有垄断优势的企业才能够从事国际直接投资。垄断优势理论将不完全竞争理论引入国际直接投资领域,较好地揭示了跨国公司进行对外直接投资要具备的条件,但没有直接回答应该去哪里投资的问题,也就是说该理论分析的出发点是资本输出国的企业,而不是东道国的区位因素。

内部化理论由英国学者巴克莱和卡逊及拉格曼提出,该理论指出,在由于市场的非效率性造成中间产品交易的低效率的背景下,投资国企业大多通过国际直接投资,将外部市场的功能转移到企业内部,进而有效控制各子公司的经营管理。

产品生命周期理论由美国学者弗农提出。该理论认为,企业产品在市场上呈现周期性,分为三个阶段:创立阶段、成熟阶段和标准阶段。按照产品生命周期理论,伴随着对外直接投资的开展,跨国企业的梯度转移的顺序首先是其他发达国家,然后是发展中国家。

在进入 20 世纪 80 年代后该理论,适用的局限性日益显现,表现为只能解释一定范围内的跨国投资现象,因此不具有普遍意义。

国际生产折中理论是由英国著名经济学家邓宁提出的。该理论继承了垄断优势理论,吸收了内部化优势理论,同时借用了区位优势理论研究方法,并将这三项优势分别命名为所有权特定优势、内部化优势和区位特定优势。他认为跨国公司的 FDI 活动必须同时具有所有权优势、内部优势和区位优势,三者缺一不可。其中,该理论将所有权优势定义为一国企业或厂商拥有或可以获得而国外其他同类企业没有或无法获得的资产及其所有权;内部化优势是指企业或厂商为避开外部市场的不完善性,将外部交易市场内部化;"区位优势"指一国比其他国家能为国外企业或厂商在该国投资提供更为有利的条件。综合上述理论可知,首先,微观视角中,无论是最早提出应凭借其规模、技术、市场网络、国际声誉等优势选择投资方向的垄断优势理论,还是强调市场势力的不完全市场理论,均传承了产业组织理论的认识,强调市场不完全下比较优势的跨境发挥。寡占反应理论更是直接以"进攻性投资"与"防御性投资"区分寡头对外投资的区位选择;内部化理论则从生产组织过程中交易成本的角度来分析跨国投资的缘起;其次,宏观视角中的边际产业扩张理论提出跨境投资应瞄准原材料和中间品获取成本低的区域;最后,综合性视角中的国际生产折中理论认为,跨境直接投资方向的依据是所有权优势、区位优势和内部化优势的结合,只有三者皆备才能够通过投资进入,否则只能出口或技术转移。

从单纯的跨境贸易角度看,国际贸易理论与跨国公司理论紧密关联,无论是古典贸易论、新古典贸易理论、新贸易理论还是新新贸易理论均有关于跨国公司区位的探讨。古典贸易理论中,无论是亚当·斯密的绝对成本说,还是李嘉图的比较成本学说,抑或是赫克歇尔-俄林的资源禀赋论,都在分工框架下,运用与区位相联系的因素解释资本流向问题;小岛清的雁阵理论则试图通过强调跨国产业转移从夕阳产业开始来构建基于比较优势的贸易与投资统一理论。新贸易理论方面,20世纪80年代以来,有学者提出,外商直接投资一般发生在技术偏好和资源禀赋相似的国家间,跨国企业借助垄断优势突破东道国贸易壁垒,最近数十年出现的新新贸易理论则在交易成本差异化条件下,进一步强调了效率差异带来的企业跨境进入。企业效率异质性与区位的结合是其关注的重点,该流派对企业效率异质性的强调意味着新新贸易理论开始关注企业的空间集聚,异质性视角下并非所有企业都选择迁往核心竞争区,高效率企业在投资难度较大国家更具投资能力,低生产率企业往往选择规模较小的国家。

新兴的经济地理学源于地理科学研究,并在19世纪末从地理学中分化成为一门独立的学科。传统区域经济理论主要包括中心外围理论、梯度转移理论,总体强调区域之间初始状态下的发展不平衡,强调区域间生产要素的非均衡流动,这些理论忽视了地理空间关联性带来的影响,导致了产业空间上的聚集与分异并不受人关注。变化出现在克鲁格曼所构建的新经济地理学理论,该理论强调经济在空间上活动,即聚集与扩散效应,认为地理空间对经济增长也存在一定的影响,而这种影响会随着时间发生分异。新经济地理学理论最初是围绕"冰山成本"假说发展起来的,此假说直接将空间距离与交易成本联系起来。新的经济地理理论将运输成本归纳到经济行为的框架之中。交通设施的完善会降低运输成本,进一步提升运输效率,而此时运输成本不同的企业会向不同的方向聚集——成本高的中心化,成本低的边缘化,这种现象会改变各地区的离心力,进一步影响本地区经济的聚集和扩散,从而产生空间溢出效应。该理论尤其强调,在报酬递增和不完全竞争的前提下,贸易成本、地理位置和历史条件将导致产业初始集聚,而相关资料指出,规模报酬递增和正反馈效应则进一步强化集聚,形成"中心—外围"结构。规模经济、运输费用、生产要素不可移动性、历史发展偶然性及路径依赖等是新经济地理学研究经济活动区位的基本视角,集聚和分散的相互关系是空间经济发展的内在动力,不完全竞争条件下,运输费用的差异造成自我增值与集聚。类似的还有自由资本模型、自由企业家模型、全域溢出模型和局部溢出模型、自由资本垂直联系模型,均强调地理区位、生产技术和效率等因素会导致产品差异,产品差异导致垄断竞争和规模报酬递增,进而出现产业聚集与经济发展间的循环累积。新经济地理学视角下,企业区位选择影响因素被归结于生产与生活成本、市场竞争程度、聚集效应、技术溢出效应、循环累积因果效应及环境与人文等方面因素。

空间经济学方面的区位选择肇始于 20 世纪 90 年代,主要从整体上观察经济行为空间分布、流动规律及空间相关性,进而讨论空间与经济活动间的互动。新经济地理所讨论的经济活动区位选择最终反映出来的宏观空间布局特征是空间经济学所关注的主要内容。该理论特别强调,虽然前述两者都强调异质性和规模经济的影响,但是新经济地理学强调的是产品异质性,空间经济学则强调企业异质性,这一差异被广泛关注到的一个重要原因可能是新经济地理对异质性企业刻画技术的匮乏,而空间经济学的模型化思想则可以较好地解决异质性的描述问题,它的日渐兴起为区域经济学和城市经济学中许多重要思想建立了严格的经济学模型。Baldwin & Okubo(2006)的 BO 模型将异质性企业生产率分布设定为帕累托分布,这实现了将企业异质性特征引入空间分析一般均衡框架的目的,并以选择效应和分类效应来分析企业区位选择行为。这意味着空间经济学更关注差异化企业和环境互动下的内生区位选择,具有更丰富的微观基础与更深刻的政策含义。空间上看,异质性企业带来溢出效应主要通过技术溢出、竞争、产业关联及人力资本等既互相关联又相互独立的空间溢出来实现,这些溢出客观上有助于缩小区域差异,推动跨区转移,助推传统理论所谓"中心—外围"模式的广泛形成。

综上,既有研究主要关注了外资进入动因、分布演化趋势以及外资区位选择的理论依据,新古典理论框架下的制度和行为分析已成为主流。

首先,早期区位理论视企业为同质,强调"第一自然"(first nature)和"第二自然"(second nature)属性对企业区位选择的影响。一方面,企业同质、规模报酬不变条件下,线性静态分析以禀赋差异解释企业的区位选择,对企业与环境间的互动与博弈关注不足,运用千篇一律的企业决策函数与行为分析,通过求出临界值来判断不同生产率区间企业的区位选择与国际分工,这意味着,价格机制会消减区域差距,经济增长趋向收敛,经济活动分布趋于分散,但实践中普遍集聚现象却诱发了质疑。另一方面,企业同质性假设意味着相同的经济选择,所以更像一个产业而非单个企业,难以构成解释宏观问题的微观基础,难以解释事实存在的企业及个体空间异质性,难以描述突发性集聚的不存在,难以在企业生产率分类、企业与城市的匹配、企业策略分析中得到运用。

其次,新经济地理显著有别于早期企业区位理论,强调了产品异质性、消费者偏好异质性及地理条件异质性对企业区位选择的影响。它认为不完全竞争假设下,存在着收入递增的可能,这可能带来外资的空间聚集,经济集聚及生产成本差异化显著影响着外资区位选择,而聚集带来的自我增值则进一步强化了区域经济的集聚趋势。

再次,空间经济学则关注了经济活动在宏观层面的空间特征,强调企业异质性,关注多重异质性假设下,企业内生因素与外部因素间的互动(或曰匹配),这突破了传统新古典学派国际经济学束缚。既有研究缺乏对企业选择与制度形成过程的分析,必须以内生视角进行讨论。空间经济学对区域政策、成本、聚焦、异质性偏好等因素的考虑使企业区位研究从外生转向内生,并试图以微观决策来解释经济集聚的一般均衡,认为虽然企业异质性在总体上不会改变产业活动空间,但具体到不同效率水平企业,其空间布局又存在巨大差异,强调企业异质性和区域异质性与外部因素呼应下的企业区位选择内生决策过程。

最后,企业仿生学领域的企业生态位策略分析可能成为统领企业区位选择理论的关键思想。前述企业区位分析、跨国公司理论、新经济地理学、空间经济学都对外资空间布局做出了重要贡献,但仍存在各有侧重的问题,需要一个全面的统领性视角。企业区位选择与空间布局本质在于企业区位演化,强调迁移决策内生性,关注企业与环境互动,而这正是企业仿生学中企业生态位的强项。企业生态位策略分析强调突破企业孤立个体的认知,更多关注企业与周边环境的协调与共生。宏观生态位研究把企业种群作为基本单元,关注同一环境机制下企业群如何适应环境变化,环境如何对企业群进行选择,并由此寻找企业种群多样化和差异化原因;微观生态位则以企业为基本单元,关注企业种群内单体企业间的差别,试图寻找企业与其所占据生态位相互作用的机理。

### 1.4.5 在华外资空间布局演化机理相关研究

外资空间布局演化由新进入外商区位选择与原有外企在东道国境内的空间迁移行为演进构成。既有研究聚焦于以下几方面:

第一,在华外资迁移动因研究。20 世纪 90 年代前,迁移动因研究将迁移视为跨境进入相对的行为,强调是经营失败的被动反映;90 年代后,迁移开始被理解为跨国企业对环境的主动适应,即所谓进攻型迁移。企业迁移动因首先是经营失败。其代表性理论是对外直接投资前提逆转理论,一旦企业不再具有竞争优势或内化优势已丧失,就应迁移。类似结论多循着新古典范式下利润最大化规则获得进行。其次是经济周期诱发跨国公司投资能力减弱。母国与东道国经济波动是影响跨国公司迁移的阶段性决定因素,是迁移决定发生的压倒性变量,可能带来跨国公司迁移。市场期望值过高、国际资本流动特征变化、市场发展转折、投资者有限理性、合资企业内部失误和母国障碍都可能是外资企业迁移的现实原因。再次是跨国公司策略调整。当母公司全球战略调整或管理者投资偏好与委托代理关系发生冲突时,迁移就成为可能,这是跨国公司架构调整与战略重构的结果,甚至可能是跨国公司对前期多元化拓展策略再评价的产物。最后是各国外资政策竞争。外资从某国迁移可能归因于各国外资政策竞争。钱纳里双缺口理论指引下,众多发展中国家纷纷制定引资优惠政策,国家间引资竞争日趋激烈,许多国家(地区)为引进外资,纷纷让本币贬值,降低投资成本,增加要素价格优势,吸引 FDI 流入。硬件改善、超国民待遇、劳动力成本低廉、市场容量客观成为可能的影响因素。尤其值得一提的是,贸易保护主义与发达国家再工业化政策影响可能十分显著。金融危机以来,各国纷纷退出贸易保护主义政策,鼓励跨国公司回母国投资。2017 年初,美国更是要求制造业回流,限制本国产业对外转移。

第二,在华外资空间分布稳定性研究。在华外资空间分布呈"中心—外围"特征,但这一模式不稳定,往往先聚集后分散,通过溢出效应由中心向边缘渗透,实现跨界转移。早期外资投资重心在泛长三角、泛珠三角的双核地带,后期逐渐变为整个东部地区都是核心,目前则缓慢向中、西部地区扩散,已初步形成甘肃、陕西、重庆、四川、云南、广西、江西、湖北及湖南等二级聚集次中心。但是,相关资料表明在产业聚集黏性与路径依赖作用下,东部地区中心地位暂时难以撼动。值得注意的是,一些研究实践中,运输成本低、劳动密集度高的产业能向中、西部地区移动,但运输成本高、劳动密集型产业西移进度十分缓慢。值得一提的是,西进虽不明显,但是西进路上的中部地区却有了较大改善,环渤海的京津冀地区和以上海、苏南为核心的泛长三角及泛珠三角均呈现显著圈层结构与点轴特征,这启发我们寄希望于通过推进多中心的"中心—外围"模式破解外资西进的难题。

## 1.4.6 东道国引资方空间布局依据相关研究

既有研究集中在迁移障碍、营商环境改善与外资企业进入许可等方面。

首先,外资迁移障碍研究。外商迁移决策的一个重要考量是迁移障碍。实践中,投资回报率低于机会成本并不必然带来迁移,还必须考量迁移障碍。外资迁移障碍多由资产专用性、直接退出成本、战略性退出壁垒、信息壁垒、管理和情感壁垒以及政府和社会壁垒构成。这意味着,迁移障碍的提高可能是干预外资迁移的途径之一。

其次,营商环境干预以实现迁移"迟滞"。如上述提到的,对外商迁移过程的干预可能带来迁移障碍提高,出现外资迁移的"迟滞"。外资所在行业沉没成本越高,需求不确定性越大;分支机构冗余性越高,投资灵活性越高,越可能出现迁移迟滞。

最后,迁移方向引导与进入许可研究。为避免大规模外资迁移的出现,首先要注重外资进入许可,改革开放之初不加甄别引资的方法已不合时宜,今后外资进入应采取一定甄别措施,变引资为选资,选择技术含量高、对本国产业成长有促进作用的外资进入;其次要防范借直接投资名义流入的热钱;再次要加强外资迁移方向引导。当出现外资迁移迟滞难以奏效时,应通过提供替代方案进行引导,引导其向拥有更好配套产业的地区、向拥有更好基础设施的地区迁移;最后要改善外资来源国结构,通过外资来源多元化会减少迁移波动。

### 1.4.7　政府干预相关研究

政府干预被认为是市场化不足的一种制度性替代机制,在处于经济转型的中国十分常见。总体来看,大多数学者认为政府干预会引发企业的过度投资,干预程度越高,企业的过度投资行为越严重,这种影响对国有企业更加显著。政府干预甚至会导致投资扩张,推动了通货膨胀的频繁发生。与之对应的政府干预是否会缓解企业的投资不足问题则存在不同的看法。有学者认为政府干预也能缓解融资约束企业的投资不足,尤其是国有企业的投资不足。细分到不同类型投资,既有研究引入制度的地理纬度差异,发现制度环境的改善会削弱政府干预对企业 OFDI 的负面影响,且对不同企业、地区、行业有所不同;另外基于制度理论视角,得出政府干预会抑制企业 OFDI 的行为和数量,但对不同资源的企业影响不同;最后通过理论模型与实证检验研究政府不同类型的干预对风险投资的影响,得出资金供应型干预政策无显著效果,收益改善型有显著效果。

此外,研究通过面板数据,使用多种实证模型,将行政干预作为调节变量检验政治晋升激励与国有企业过度投资的关系,认为在较强的行政干预下,政治晋升激励对国有企业过度投资的抑制作用不显著;而在较弱的行政干预下,政治晋升激励对国有企业过度投资的抑制作用显著。通过借鉴 Wurgler 模型,得出在 2000 年之后,政府干预削弱了金融深化对行业投资配置效率的改善作用。通过基于中国上市公司的面板数据,利用 OLS 回归,发现同地区不同行业的投资存在同伴效应,且地方政府干预较强的地区同伴效应更加显著。同时基于中国存在的户籍制度与地区发展差异,讨论空间中性政策或空间干预政策的可行性,认为应当实施基于地方的空间干预政策。

随着近年来空间计量的发展,也有学者开始检验政府干预存在的空间效应,例如分析地方政府干预造成产能过剩的传输机制,实证研究地方政府干预行为对产能过剩产生的空间外溢效应。通过运用空间效应分解方法,分析政府干预对连片特困地区金融发展的空间效应,结果表明在县域层面,政府干预对连片特困地区金融发展存在正向空间溢出效应。有学者发现各省市经济高质量发展呈空间负相关，政府干预对本地区高质量发展产生积极影响，对周边地区的溢出效应为负，且空间溢出效应存在地区异质性。

中国引资政策干预方面，外商投资的一个重要关注点是产权的法律相关安排，法律制度越完善，吸收外资越容易。在中国财政体制下，外商投资产生的大部分税收收入都留在当地，当地有更多的财政支出用于改善基础设施与改进公共服务，由此带来的投资环境的改善会进一步增强对 FDI 的吸引力。研究表明基于企业所得税"两税合并"改革的准自然实验，运用倾向得分匹配法和双重差分法，分析税率变动对 FDI 的动态空间分布影响，认为地区税率的上升与地区吸引 FDI 的能力呈负相关，地方政府可以利用税收政策引导资本的空间布局。有学者基于面板数据考察了国内的贸易开放度和知识产权保护对中国外资流入的影响，得出贸易开放度与知识产权保护对 FDI 均具有正向作用，且其协同作用有助于外资的引进。通过实证研究发现，政策引导、信息成本和竞争空间会影响已有外商投资规模与区域的市场规模，进而影响中国吸引外资的区位。最后通过实证分析认为，受国家政策、投资环境以及地理位置的影响，外商直接投资确实存在地理位置即区域上的集聚，外商直接投资在各个区域地带的聚集程度表现出差异较大的不均衡状态。

## 1.4.8　研究现状评价

综合前述梳理可以看到既有研究呈现以下显著特征：

第一，外资空间布局演化方面，研究越来越注重对于引进外资意义的关注，讨论是否应当引进外资，这蕴含着引进什么样的外资，以及在什么样的区位适合什么样的外资进入的问题。因而，未来研究应重视以下问题：(1)如何解释现在布局的形成；(2)如何引导空间分布优化；(3)如何在中、西部地区引入更多外资，如何实现产业在东、中、西部地区的转移；(4)如何推进外资分层分布，将不同类型外资布局到不同区位去；(5)如何丰富测量方法，以实现多种方法对研究结论的相互印证；(6)如何以时空视角对外资空间演化进行分析，考察哪些因素导致了外资分布空间差异。

第二，资本供给方区位选择依据方面，既有研究对"引进来"关注较多，对于"利用好"关注不足，都未意识到外资区位选择最终还是企业内生选择，忽视了对中国正在经历的引资政策从第二代向第三代引资政策转变的进程。引资政策经历了三代变迁：第一代政策强调规制功能，着眼于外国投资者的进入条件，这在事实上造成了外资的畏难情绪；第二代政策强调激励功能，着眼于通过经济优惠帮助外资提升收益率、降低风险，这一政策的门槛较低，造成引资政策竞争的同时增加了东道国引资成本;第三代政策强调提供配套服务,着眼于为外资提供相关联的配套软硬件环境,更加关注跨国公司在东道国发展得好,强调信息服务、技术升级、人才培训和资金支持等政策对外资本地化的帮助。具体路径上,应积极从生态位视角出发,引入多重异质性因素,吸收传统国际直接投资区位影响因素,以微观企业区位选择为基本决策单元,重视选择效应和分类效应在异质性外资空间溢出效应中作用的考察,推动外资空间布局在经济发展、贸易与投资及技术创新等方面的运用。因而,未来应积极换位思考,切实理解外资区位选择,引入异质性因素,推动企业与外界互动,实现以内生动力推动引资政策从第二代向第三代升级。其主要拓展方向包括:(1)深入分析企业生态位因子组成。既有研究缺乏基于生态位因子视角的企业与其环境互动研究,建立企业生态位因子模型十分必要。(2)强化生态位实证研究。由于企业样本历史数据获取的难度较大,企业生态位研究多为简单结合其基本原理的定性分析,特定产业实证和数理分析较少,事实依据不足。(3)深化指标测定。既有研究对测度公式等做了介绍,但未对各公式适用性等进行全面述评,导致指标测度可操作性不强。

第三,外资空间布局演化机理方面,未来研究应充分重视地域分布连续空间过程中的外资活动空间自相关性。既有研究将各地区作为独立个体,忽视了地区间的空间自相关性(spatial autocorrelation)和空间依赖性(spatial independence)对空间分布的影响,故由此得到的研究结论也是有偏算的。

第四,监管方引资空间布局引导方面,应同时注重迁移障碍分析的科学性与迁移引导的可行性。首先,迁移障碍方面,现有研究认为外资迁移是拉力与推力的较量与均衡。当企业意识到迁移动因出现时,如果不迁移,那么企业将在低于预期利润水平生产,不久将会亏损,因而必须做出迁移决策。影响企业迁移的因素可以分为推力与拉力。其中推力使企业离开现有区位,主要推力因素有:产业匹配度下降、生产成本上升、企业缺少发展空间、通达性不够、要素成本波动。同时企业还受到拉力影响,拉力阻止其离开原来位置,这一因素多由迁移成本引发。拉力因素有区位优势、交通便利、资源禀赋、政策环境及员工情感与技能等。事实上,推力、拉力只是给出了企业迁移的表面解释,需要深入考察企业迁移过程以及该过程的约束条件。该过程是连续决策过程,至少应包括:迁移刺激的出现—现状审视与测量—替换方案的拟定—迁移决策的做出—迁移决策的实施等步骤。其中,前两个阶段由企业内因主导,其余阶段则是内、外部因素的均衡。连续决策中约束条件与自身因素的变动可能造成决策犹豫,影响其犹豫的因素的识别值得我们深入观察。其次,迁移引导方面。未来迁移决策干预中,应积极利用沉淀成本和行业未来条件的改善可能对于迁移的影响。考虑沉淀成本的新古典模型下,企业迁移决策是非理性的,存在沉淀成本谬误的可能。实物期权理论认为,实践中,沉没成本假设下,投资的不可逆性提高了企业迁移"迟滞"的倾向,行业未来状态的不确定性会显著影响迁移决策的做出,如果沉淀成本巨大或者行业获利性存在改善可能,那么继续留在行业中或承受一定损失可能是有利的。如果行业条件好转,已退出企业不仅要遭受沉淀成本的损失,还要再次投入不可逆的沉淀成本,而未退出企业则获得了未来的获利期权及在位者优势。

第五,政府干预方面,政府干预对过度投资的影响结论较为一致,但是对投资不足的影响结论还存在不同意见。在围绕政府干预的研究中对于政府干预的衡量,大多数采用的是 2011 年樊纲编制的中国各地区"减少政府对企业的干预"得分或多个指标构建综合指标作为替代变量,也有只通过某一项数据来作为替代变量。但无论采用哪种方式来衡量都较为笼统或者片面,不同类型的政府干预可能对投资影响呈现不同效果,因此通过上述方法得出的结论,对政府干预投资的微观机制意义不大。未来值得进一步拓展的方向在于,除了政府引导基金外,政府还能通过哪种方式来引导投资,其引导效应又如何。

第六,研究方法方面,已有文献既有案例分析又有规范分析,更有因果检验,但值得注意的是,大部分研究采用时序面板检验,这种方法的不足在于忽视了经济活动的空间相关性,一地区经济发展与邻域间经济发展密切相关,不仅存在时序相关,还存在空间相关,尤其值得注意的是,在政府引导和干预的实证研究中,学者普遍使用 Logit、Tobit、面板模型、联立方程模型。但是面对资源的稀缺性和政绩考核压力,一个区域对 FDI 的引导干预政策会导致周边地区为争夺有限资源竞争攀比。已有研究通过实证检验证明政府干预有空间溢出效应,因此误差空间随机分布的经典假设难以适应政府干预和 FDI 之间的复杂关系。考虑空间效应的空间计量是更好的办法。未来的研究方法应强化空间误差模型与空间滞后模型等空间计量在外资空间效应方面的运用。空间相关性来自样本数据采集的测量误差及邻域间经济变量的"空间依赖性",这两者的存在打破了时序检验中的相互独立假设,而时序检验模型又难以将地理因素纳入解释变量,因而单纯的时序面板检验结果可能出现偏误,未来应以空间计量来予以改进。进一步,为降低可能出现内生性问题,我们将摒弃大部分既有研究所选择的样本匹配法,而换之为 PSM – DID 法,以避免前者可能存在的样本选择偏误。

# 1.5 创 新 之 处

资本跨境流动本就是典型的空间现象,蕴含着深刻的空间关联、空间溢出与空间依赖。所有的忽视空间视角或者从空间均质化假设出发的观察结论均值得进一步商榷。本研究致力于在摒弃空间独立假设的前提下,引入空间依赖,对在华外资跨境流动与跨区域流动空间属性进行基于多维耦合视角的再描述与再讨论。

本研究具有以下创新与特色之处。

(1)研究对象特色。选题特色方面,现有外商区位选择与外资空间分布优化多关注发达市场经济,中国企业研究很少触及,瞄准在华外资空间布局的研究则更少。本研究试图为发展中国家外商区位选择与外资空间分布优化提供新思路、新方法及新案例,为实践提供理论支撑。

(2)研究思路特色。我们调整了研究思路以提升结论可操作性。目前研究结论可操作性不强,既有研究集中在分布特征观察上,缺乏对空间分布演化过程的分析,直接导致对策的操作性不够强。外商在东道国面对的挑战不仅是获利更是复杂环境变动的应对,企业能否同步调节与适应是存亡的关键。应积极深入企业区位选择行为内部,在宏观冲击、市场结构、竞争状态及企业自身结构日趋复杂的条件下,以控制论、系统论为方法,从整体角度来看待问题,寻求系统的解决办法才是根本。思路创新主要体现在以下几方面:

①以外资供求双方区位诉求的耦合改善研究结论偏向东道国的立场问题。既有研究对外资"请进来"关注多,对"用得好"关注不足。1994 年之前,中国存在储蓄与外汇缺口,引进外资成为当务之急,而国内廉价劳动力则迎合了发达国家劳动密集型产业转移的需要,这促使外资大规模流入。但 1994 年之后,中国储蓄过剩与外汇盈余双双出现,因而继续引进外资显然与钱纳里"双缺口模型"条件相矛盾,忽视供求双方诉求差异将降低研究结论的可操作性,其根本问题在于部分研究粗暴地从引资方视角展开研究,而忽视资本逐利的本性。要优化外资空间布局,必须同时注重供求双方诉求,实现空间选择的企业内生。这一内生决策很大程度上取决于企业与外界环境的互动过程,一方面要积极内生培育企业,加强资源、能力以及与环境互动能力建设,另一方面还需要东道国监管方从第三代引资政策出发,从构建企业群落的空间聚集优化、产业匹配、撤资替代方案等方面提供制度性支持与引导。因而本研究从外资供求双方动机差异性出发,通过资本供给方市场进入动因与资本需求方引资动因间的耦合,将不同类型外资与中国不同区域进行匹配,考察异

质性进入动因下不同外资的区域配置,邻域间应形成什么样的聚集与分异关系。

②以多维异质性的引入来改善古典假设,提升研究结论普适性。目前研究对直接投资区位分布复杂性分析不足,仍强调规模报酬不变与市场出清的假设,导致结论普适性不强。实践中,企业间差异并非只有规模经济度量的生产率差异,其综合竞争能力差异是多维度的,制度环境、投入产出效率、组织效率、创新能力、企业产品、加成率、成本、竞争能力、消费者偏好异质性都会显著影响区位选择。我们引入多维异质性来改善古典假设,构建 VES 框架下垄断竞争模型来改善 CES 框架下产品偏好对称性假设和不完全竞争市场行为描述不准确的缺陷,通过强调多重异质性因素的影响,加强对企业异质性、资源异质性与市场异质性的考量。

③以动态分析改善目前研究动态史观不足问题。目前研究动态分析不足,多着眼于单维时间变量,研究对象局限于独立的匀质个体,从静态角度考虑,动态史观运用不足。而实际上,历经数十年引资,前期入华外资已进入成熟与衰退期,其股权策略、市场战略、行为特征已发生巨变,路径依赖、环境变动均要求引入演化因素,因而,本研究考虑在演化经济学视角下,引入传统马尔可夫和空间马尔可夫链,从时间、空间多维视角分析外商直接投资区位分布演变过程、特征与规律。

④以企业生态位策略分析来改善目前研究中理论统领不清晰问题。本研究引入仿生学方法构建统一理论框架,以企业仿生学促进理论融合,引入资源生态位、市场生态位、技术生态位实现对直接投资理论、产业组织理论、企业战略管理理论和区域经济理论的统领,从整体考察企业资源、能力建设及企业与外环境合法性认证与互动。既有研究为外资空间布局做出了重要贡献,但均各有侧重,需要一个全面的统领性视角。我们的解决办法是运用企业仿生学方法统领整个理论体系。仿生学研究生命系统与环境系统之间的相互关系和作用机理,其企业生态位策略分析关注企业与环境间的协调与共生、选择适应,强调从个体到整体的多样化与差异化,这种系统特性的外部表现用企业生态位来描述十分便捷与合理,可以避免机械的理性人假设,避免产业聚集易受政策影响的弊端,通过引入规模经济、聚集、成本、消费者偏好异质性及区域政策等因素,实现企业迁移影响因素内生化,加强过程内生分解与影响因素内生化分析。

⑤以"微观—中观—宏观"的思路改善演化机理分析不足的问题。目前研究存在宏观现象微观基础不足的问题,既有文献多从实证角度展开,考察分布现状、演化趋势,但是对这些特征与外资区位选择的内在联系、作用机制等方面探讨较少,对演进机理与路径的分析显著不足。本研究从微观企业区位选择入手,延伸到中观产业的区位布局,最后落脚于宏观产业集群的空间布局演化与收敛稳定,最终实现演化机理的深入分析,实现研究思路从外因转向内外兼顾,而企业生态位分析则

恰恰可能成为反映"微观—中观—宏观"研究逻辑的桥梁。

⑥以政府干预存在性分析与路径分析来提升在华外资空间布局干预研究结论的可操作性。既有研究对政府干预的具体路径少有提及,只有少数基于现状的理论阐述,缺少实证检验。本研究在针对政府干预和引导对在华外资的空间布局影响中,着重分析影响的微观机制,将作用路径具体化并进行检验,从直接路径与间接路径入手,为政府干预和引导的实施提出可操作的具体建议。

(3)研究方法特色。既有研究发现在华外资的地区分布不平衡、产业结构不合理,加剧了热门行业市场竞争,存在挤出效应,认为政府应当通过政策干预缩小外资的地区分布不平衡并提供相关措施,但是缺少规范分析与实证检验。具体来讲,本研究摒弃了传统研究长期秉持的空间独立假设条件,以生态位策略分析为统领,遵循从微观到宏观的范式,基于跨国公司理论、空间经济理论、新经济地理理论,综合运用规范分析与实证分析方法,通过 GIS 技术进行特征描述,通过探索性空间分析与空间计量检验进行回归分析,在时间和空间双维度上考察在华外资空间布局特征、演化机理与干预路径,进行制度供给与企业行为模拟。

其中,规范分析方法主要包括:

①文献研究法。该方法主要用于文献述评以及仿真模型构建。

②博弈仿真与数值模拟。该方法主要用于企业区位选择模拟、外资空间分布收敛分析、东道国干预过程模拟与数值仿真。

实证分析方法主要包括:

①田野调查分析。该方法主要用于微观数据采集、配对,问卷调查,大样本搜集等方面。

②统计描述分析。该方法采用绝对指标与相对指标,用于数据预处理、外资网络结构分析、内外资企业种群描述、在华外资空间分布现状、演化过程、演化收敛与稳定性分析等方面。其中绝对指标主要有极差、极均差与方差,相对差异指标主要有变异系数、极值比率、极均值比率、平均差系数、变异系数、基尼系数与洛伦兹曲线以及广义熵。

③数据可视化分析。忽略外资空间作用可能导致重要解释变量遗漏,实证结果不可靠,应推动区位选择与迁移策略的结合,强调空间聚集与分异的影响,深化空间经济学在企业区位演化中的运用。因而本研究在空间聚集探索性检验、空间分异检验、外资社会网络分析、外资空间聚集等方面,运用全局 Moran' I 指数、Moran 散点图及重心演化分析进行数据可视化展示。

④面板计量检验。在迁移决定因素检验、区位演化因素分析等方面,首先运用 SPSS 分析进行主成分因子分析,接着运用 R 软件包,基于引力模型进行面板检验。

⑤空间计量检验。在外资空间分布特征描述、中心外围结构分析、外资空间格局演变等分析中,运用 MATLAB,基于空间滞后模型与空间误差模型进行空间相关性分析。

⑥空间演化分析法。采用地理集中度指数、泰尔指数等指标,从空间、时间、时空转移等多重视角观察外资区位演变、"核心—外围"结构变动、外资俱乐部趋同、外资溢出特征及邻域间外资相互影响的规律。

⑦社会网络分析法。本研究在"中心—外围"模式的网络结构、特征、稳定性以及影响因素分析中,运用中心度、介数以及层级相关系数等指标进行分析。

(4)研究内容特色。本研究通过强化机理分析来丰富研究内容。以企业生态策略分析为主线,循着从微观选择到宏观现象的模式,将整个研究分为问题提出、问题分析、问题解决等三大部分。

①问题提出部分,主要包括在华外资空间分布特征描述、研究问题提出、研究目标确认、研究现状评述、理论体系构建及数据搜集等内容。

②问题分析部分,通过生态位策略驱动下微观企业区位选择演化、宏观外资演化收敛与稳定的结合,来分析外资空间布局演化机理。在不确定条件下,按照"微观—宏观"的逻辑,在仿生学视阈中,引入不确定性因素的影响,扬弃新古典范式,考虑不完备知识、信息不对称、行为人假设下的企业资源、能力与生态位,首先基于动因耦合理论分析考察外资区位选择决策与实施过程,接着基于东道国与外资间的空间互动分析实现宏观上外资空间布局形成分析。

③问题解决部分由外资空间布局干预必要性分析、空间布局引导路径分析、外资布局干预影响因素与干预机制分析组成。本部分将从监管方角度出发,运用空间计量分析监管方干预外资空间布局的有效性及其影响因素与实现路径,并进一步以社会网络分析明确各省级单位在外资空间布局优化中应该承担的相关角色,最后据此提出针对性对策,达到既优化在华外资空间布局又促进在华外资健康发展的双赢目标。

# 1.6　本 章 小 结

本章在文献回顾的基础上,阐述了本研究的背景、目标与意义,梳理了目前国内外研究现状,点明了本研究的创新之处,为后续研究的展开提供了选题依据,划定了研究边界,构建了研究线索。下一章将分析外化外资空间布局特征,并提出本研究需要解决的关键问题。

# 第2章 在华外资空间布局演化分析与本研究关键问题的提出

在前一章讲述本研究缘起的基础上,我们将在外资空间布局评价方法简介的基础上,首先从空间视角分析在华外资空间布局演化历程,接着分析在华外资空间布局特征,并据此提出本研究需要解决的关键问题。

## 2.1 外资空间布局评价方法简介

外资空间布局测算主要涉及探索性空间分析、变异系数分析、标准差椭圆分析、重心演化分析等手段。

### 2.1.1 探索性空间分析

以空间自相关为基础的探索性空间分析有助于考察变量区域差异性的空间依赖与空间溢出特征。空间自相关包括全局自相关与局域自相关。全局自相关解释了研究区域是否存在集聚现象,即如果是高值与高值聚集在一起(H~H)或是低值与低值聚集在一起(L~L),则称为空间正相关;反之,如果是高值与低值相邻,则称为空间负相关。局域自相关则进一步基于指数散点图或聚集图解释不同单元间具体的空间聚集关系与集聚显著性特征。其中所涉及的空间权重矩阵设置方面,本书采用二元对称空间权重矩阵表示各位置的空间区域的邻近关系,形如式(2-1),其中区域的临近关系通常用邻接或距离标准来测度。

$$W = \begin{bmatrix} W_{11} & W_{12} & \cdots & W_{1n} \\ W_{21} & W_{22} & \cdots & W_{2n} \\ \vdots & \vdots & & \vdots \\ W_{n1} & W_{n2} & \cdots & W_{nn} \end{bmatrix} \quad\quad (2-1)$$

本研究使用全局莫兰指数、局域莫兰指数分析同一区域内某变量观测数据间潜在的相互依赖性。

使用全局莫兰指数进行自相关分析的目的在于检验某个变量在同地区的样本数据之间是否相互依赖,其计算公式如下:

$$\text{Moran's} \quad I \in [-1, +1] \begin{cases} \text{Moran's} \quad I \in (0, +1] \\ \text{Moran's} \quad I = 0 \\ \text{Moran's} \quad I \in [-1, 0) \end{cases} \quad (2-2)$$

$$I_i = \sum_{j=1}^{n} W_{ij}(X_i - \overline{X})(X_j - \overline{X}) \quad (2-3)$$

式中,Moran's $I$ 指数值域为 $[0,1]$,绝对值越大表明相关性越强,取值为正说明观测值空间正相关,反之亦然。

全局莫兰指数不能刻画出不同区域空间自相关的分异性特征,它并没有很好地揭示出不同区域范围内 FDI 水平的分别性和集聚性特征,而不同区域范围内 FDI 水平的空间自相关程度普遍存在着较大的差异。为进一步揭示中国各省(市、区)之间 FDI 水平发展的巨大差异,本部分选取 4 年的横截面数据,借助局部莫兰指数的 LISA 散点图、集聚地理图和显著性图等方法来探讨如何建立不同省(市、区)之间的 FDI 水平空间互动联系的模型。局部莫兰指数计算公式如下:

式中,LISA 散点图包括"H ~ H"高效、"H ~ L"极化、"L ~ H"塌陷、"L ~ L"低效四种类型,值得关注的是同一个象限不一定存在显著的空间溢出效应。

## 2.1.2  变异系数分析

在此我们采用变异系数来反映中国各省(市、区)FDI 水平的总体差异。变异系数又称标准差系数等,用统计学中的标准差和均值比来表示。参考多数学者的方法,本研究采用实际利用外资总额来计算变异系数,具体如下:

$$CV = \sqrt{\frac{\sum_{i=1}^{n}(y_i - u)^2}{n}} \Bigg/ u \quad (2-4)$$

式中,$y_i$ 为省的实际利用外资总额;$u$ 为各省(市、区)域创新能力均值;$n$ 为省市个数。

## 2.1.3  标准差椭圆分析

标准差椭圆分析是一种通过计算离散点集的平均中心与其他点之间的标准距离来同时测量一组离散点的方向和分布的经典算法,最早由美国南加州大学社会学教授韦尔蒂·利菲弗于 1926 年提出。其优点在于能够得到包含大部分元素的椭圆,以及主次轴、中心点和方位角等其他特征,可以可视化地表达地理空间分布的总体与局部特征。因此,本部分试图通过绘制中国各省(市、区)历年 FDI 的标准差椭圆,进而可视化地比较这些椭圆随时间推移的变化趋势,可以形象地跟踪中国各省(市、区)FDI 的年际变化,进而揭示区域 FDI 空间动态过程总体特征。其中,涉及的椭圆圆心以算数平均中心来计算,计算公式如下:

$$\text{SDE}_x = \sqrt{\frac{\sum_{i=1}^{n} (x_i - \overline{X})^2}{n}} \tag{2-5}$$

$$\text{SDE}_y = \sqrt{\frac{\sum_{i=1}^{n} (y_i - \overline{Y})^2}{n}} \tag{2-6}$$

式中,$x_i$ 和 $y_i$ 为要素 $i$ 的空间坐标;$\overline{X}$、$\overline{Y}$ 为算数平均中心;$\text{SDE}_x$ 和 $\text{SDE}_y$ 为标准差椭圆的长短轴;$n$ 为要素的数量。长轴表示要素的分布方向,短轴表示要素的分布范围,长短半轴的差值越大(扁率越大),表明要素的方向性特征越明显。

进一步,以 $X$ 轴为基准,正北方(12 点方向)为 0°,顺时针旋转得到计算公式如下:

$$\tan \theta = \frac{A + B}{C} \tag{2-7}$$

$$A = \left( \sum_{i=1}^{n} \tilde{x}_i^2 - \tilde{y}_i^2 \right) \tag{2-8}$$

$$B = \sqrt{\left( \sum_{i=1}^{n} \tilde{x}_i^2 - \tilde{y}_i^2 \right)^2 + 4 \left( \sum_{i=1}^{n} \tilde{x}_i \tilde{y}_i \right)^2} \tag{2-9}$$

$$C = 2 \sum_{i=1}^{n} \tilde{x}_i \tilde{y}_i \tag{2-10}$$

式中,$\theta$ 为标准差椭圆的旋转角度;$\tilde{x}_i$ 和 $\tilde{y}_i$ 为平均中心和 $xy$ 坐标的差。

## 2.1.4　重心演化分析

重心概念来源于牛顿力学,是指区域空间上存在某一点,在该点的前后左右各个方向的力量对比保持相对平衡。重心是在动态地权衡了各个地区作用力大小以后表现为向作用力大的方向移动,移动的方向即为变量格局变化的方向。决定重心的主要因素有各地的地理位置和核心变量属性。

FDI 重心测算则是以所分析样本的 FDI 标准重心演变来分析考察变量时空演化轨迹,FDI 标准重心测算公式如下:

$$
\begin{cases}
X_i = \dfrac{\sum\limits_{i=1}^{n} R_i x_i}{\sum\limits_{i=1}^{n} R_i} \\[4ex]
Y_i = \dfrac{\sum\limits_{i=1}^{n} R_i y_i}{\sum\limits_{i=1}^{n} R_i}
\end{cases}
\tag{2-11}
$$

假设某地区由 $n$ 个次区域组成,第 $i$ 个次区域中心坐标为 $(x_i, y_i)$,$R_i$ 为第 $i$ 次区域某一属性测量值,则该区域属性重心坐标为 $(x_i, y_i)$。本研究中,各市 FDI 总值为该区域属性值,各省(市、区)空间地理坐标以该地区政府驻地坐标表示,将各市 FDI 标准属性值和相应坐标代入模型,就可得到中国各省(市、区)历年 FDI 重心,进而可以依时间线建立空间演化轨迹。

## 2.2　数据采集与预处理

本研究采用 1997—2019 年的省际样本展开研究,所涉及数据采自历年《中国统计年鉴》《中国对外经济贸易年鉴》《中国经济年鉴》《中国人口统计年鉴》,以及各省(市、区)国民经济和社会发展统计公报、中经网、中国资讯行等相关权威数据。同时,为消除货币对数据的影响,使指标数据更加科学、可靠,利用 GDP 平减指数、CPI 平减指数对剔除各类涉及价格数据所受通胀影响,并对空缺数据进行插值化处理以保证数据的连续性与平稳性。

## 2.3　在华外资空间布局演化历程分析

本部分将运用探索性空间分析、变异系数分析、标准椭圆分析、重心演变分析等方法,进行在华外资空间聚集特征、空间分异特征与布局重心演化等方面特征的解构。

### 2.3.1　在华外资空间聚集分析

#### 2.3.1.1　在华外资全局自相关特征分析

为更直观地表达中国各省(市、区)FDI 的空间分布状态和演化过程,本研究利用 STATA16 软件包计算各年莫兰指数,测算结果详见表 2.1。可以看到,中国 2004—2018 年 FDI 水平的全局莫兰指数,$P$ 的最小值为 2015—2018 年的 0.000,其中 2011 年达到最大 0.160;1997—2019 年中国外资莫兰指数出现增大—减小—增大—减小的趋势,呈现出一定的周期性规律。2015—2019 年 $P$ 值均小于 0.010,表明中国外资进入存在着显著地区间空间溢出效应。从时序视角看,全局莫兰指数呈波动上升态势,说明在考察期内中国外资进入空间互动性扩大,空间相关性较高。

表 2.1  1997—2019 年在华外资全局莫兰指数

| Variables | $I$ | $E(I)$ | sd($I$) | $z$ | $P$ 值 |
|---|---|---|---|---|---|
| 1997 年 | 0.194 | −0.033 | 0.099 | 2.287 | 0.011 |
| 1998 年 | 0.163 | −0.033 | 0.097 | 2.023 | 0.022 |
| 1999 年 | 0.172 | −0.033 | 0.099 | 2.082 | 0.019 |
| 2000 年 | 0.150 | −0.033 | 0.098 | 1.877 | 0.030 |
| 2001 年 | 0.170 | −0.033 | 0.103 | 1.975 | 0.024 |
| 2002 年 | 0.167 | −0.033 | 0.106 | 1.885 | 0.030 |
| 2003 年 | 0.186 | −0.033 | 0.106 | 2.055 | 0.020 |
| 2004 年 | 0.322 | −0.033 | 0.115 | 3.099 | 0.001 |
| 2005 年 | 0.334 | −0.033 | 0.114 | 3.231 | 0.001 |
| 2006 年 | 0.287 | −0.033 | 0.112 | 2.865 | 0.002 |
| 2007 年 | 0.267 | −0.033 | 0.110 | 2.723 | 0.003 |
| 2008 年 | 0.228 | −0.033 | 0.109 | 2.389 | 0.008 |
| 2009 年 | 0.150 | −0.033 | 0.110 | 1.666 | 0.048 |
| 2010 年 | 0.116 | −0.033 | 0.111 | 1.350 | 0.089 |
| 2011 年 | 0.078 | −0.033 | 0.112 | 0.994 | 0.160 |
| 2012 年 | 0.108 | −0.033 | 0.112 | 1.261 | 0.104 |
| 2013 年 | 0.130 | −0.033 | 0.115 | 1.417 | 0.078 |
| 2014 年 | 0.172 | −0.033 | 0.118 | 1.740 | 0.041 |
| 2015 年 | 0.358 | −0.033 | 0.119 | 3.295 | 0.000 |
| 2016 年 | 0.456 | −0.033 | 0.119 | 4.100 | 0.000 |
| 2017 年 | 0.420 | −0.033 | 0.120 | 3.785 | 0.000 |
| 2018 年 | 0.365 | −0.033 | 0.120 | 3.321 | 0.000 |
| 2019 年 | 0.358 | −0.033 | 0.120 | 3.274 | 0.001 |

﹡:采用空间相邻权重矩阵,随机性检验中,采用 999permutation。

### 2.3.1.2 在华外资局域自相关特征分析

采用 GeoDa 软件绘制中国各省(市、区)FDI 业的 LISA 散点分布图,并进行初步统计,详见图 2.1。从莫兰指数来看,在华外资空间关联显著,且呈上升趋势,说明中国各省(市、区)空间依赖性日渐增强,各地区 FDI 空间溢出日趋加强。其中,典型年份处在第四象限的省份较少,分布于第一、三象限的省份较多,说明中国 FDI 聚集效应明显,且可以清晰地看到:整个观察期中,初期呈现低～低聚集(第三象限)特征的省份较多,说明中国 FDI 水平较低;后期呈现高～高聚集(第一象限)特征的省份则较多,说明中国 FDI 水平逐渐提高,引进外资呈现日渐向好的趋势。

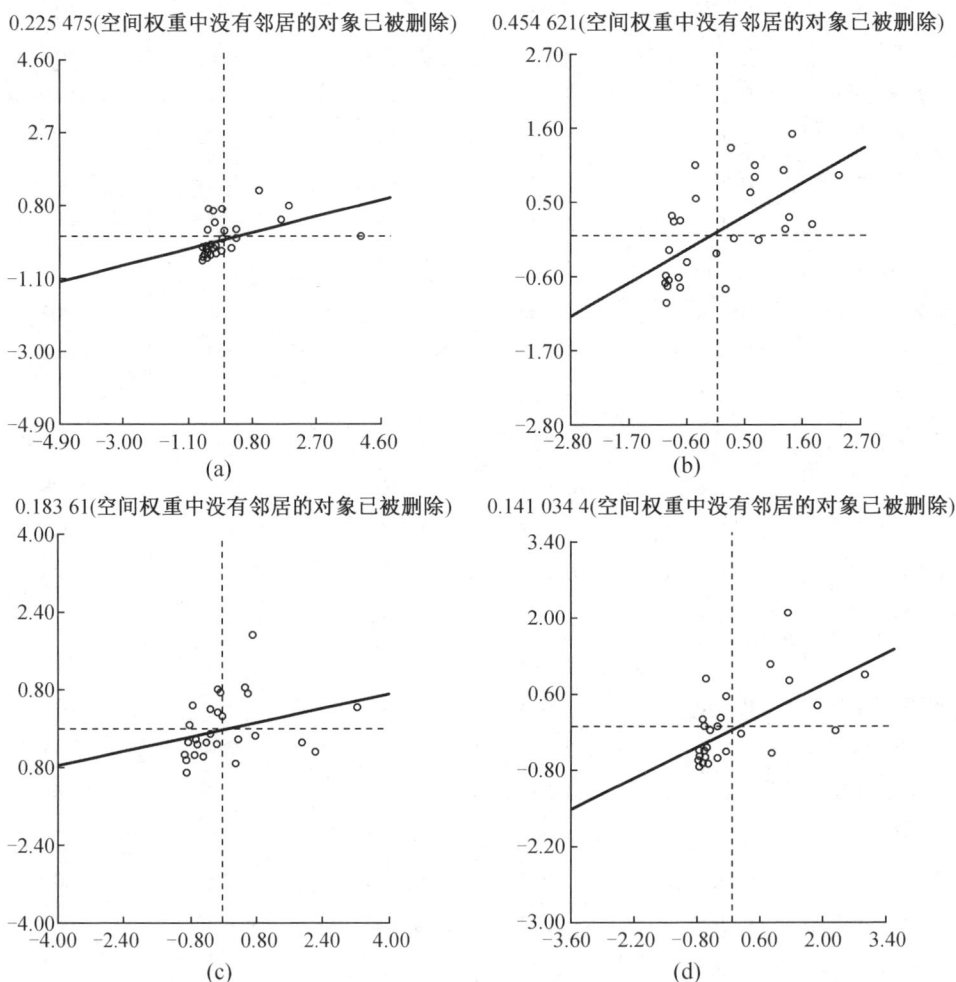

0.225 475(空间权重中没有邻居的对象已被删除)　　0.454 621(空间权重中没有邻居的对象已被删除)

0.183 61(空间权重中没有邻居的对象已被删除)　　0.141 034 4(空间权重中没有邻居的对象已被删除)

图 2.1　在华外资莫兰指数散点图

为了进一步观察和分析,将图 2.1 整理得到表 2.2。

表 2.2 显示,整体上,中国各省(市、区)FDI 集聚空间分布变化较大。1997 年落入第一象限的有上海、浙江、江苏、山东、广东 5 个省市,到 2019 年数量增加到了 10 个,说明随着中国经济的快速发展,外资水平也逐渐提高。其中浙江转移到了第二象限,说明浙江 FDI 水平较高,但周围地区水平相对较差,没有形成空间聚集效应。第一象限中的省份,虽零星分布在西部地区,但总体以东部地区为主,且呈现集中连片的态势,说明中国东、中、西部地区外资水平不平衡,东部地区水平较高,中部地区次之,西部地区最差。1997—2019 年第二象限中省(市、区)数量变化不大。2019 年第二象限有浙江、天津、重庆、广西、山西 5 个省市,以中东部地区为主,呈现出地区性极化发展的态势,山西由第三象限转到第二象限,说明山西省外资进入水平提高,经济社会进一步发展,但个体发展并不是最终的目标,该省周围地区外资水平较低,不利于地区发展。1997—2019 年第三象限中省(市、区)数量变化较大。2019 年第三象限有黑龙江、辽宁、吉林、陕西、海南、云南、贵州、青海、甘肃、内蒙古、宁夏、新疆、西藏 13 个省,以西部地区为主,基本符合中国中西部地区外资水平较差的现状,表中反映出西部地区在外资水平较差以及空间溢出效应有待加强的问题。1997—2019 年第四象限中省(市、区)数量变化不大,以中部地区为主。其中,2011—2019 年数量变化较大,可能的原因是 2008 年经济危机对东部地区经济造成冲击,外资水平浮动变化,各省(市、区)间外资水平发生显著变化。

综上可知,中国 FDI 水平较高的省份多集中于东部地区,水平较低的省份全部集中于西部地区,东、中、西部 FDI 水平差异明显。2011—2019 年中国 FDI 高～高(H～H)聚集类型地区明显增多,说明中国 FDI 发展速度较快,FDI 空间效应增强,水平进一步提高。尤其值得注意的是,2019 年中国 FDI 水平较高的省份集中在东部地区,并且有向中部地区蔓延的趋势。其中"高～高"(H～H)类型的省份包括山东、河南、河北、福建和江苏;"低～高"(L～H)类型的省份仅有湖北;"低～低"(L～L)类型的省份有新疆、内蒙古,主要分布在西北部地区,该地区由于地理位置偏远和资源缺乏,FDI 发展受到了一定程度的限制。除海南省(无相邻省份)以外,其他省份集聚特征不明显,说明这些省份和周边地区处于均衡的分布状态。

表 2.2　各省(市、区)引进外资空间聚集演化比较

| 相关模式 | | 1997 年 | 2004 年 | 2011 年 | 2019 年 |
|---|---|---|---|---|---|
| 第一象限 | H～H | 上海、浙江、江苏、山东、广东 | 上海、浙江、江苏、山东、福建 | 上海、浙江、江苏、山东 | 上海、安徽、福建、江苏、山东、湖北、湖南、河南、江西、广东 |

**表 2.2(续)**

| 相关模式 | | 1997 年 | 2004 年 | 2011 年 | 2019 年 |
|---|---|---|---|---|---|
| 第二象限 | L~H | 北京、福建、广西、湖南、江西、安徽 | 北京、广西、吉林、福建、江西、安徽、河北 | 北京、福建、广西、江西、吉林、河北、安徽 | 浙江、天津、重庆、广西、山西 |
| 第三象限 | L~L | 黑龙江、吉林、河北、河南、湖北、陕西、海南、四川、云南、贵州、青海、甘肃、内蒙古、宁夏、新疆、西藏、广西、重庆 | 黑龙江、吉林、河北、河南、湖北、陕西、海南、四川、云南、贵州、青海、甘肃、内蒙古、宁夏、新疆、西藏、广西、重庆 | 黑龙江、湖北、湖南、山西、陕西、海南、云南、贵州、青海、甘肃、内蒙古、宁夏、新疆、西藏、重庆 | 黑龙江、辽宁、吉林、陕西、海南、云南、贵州、青海、甘肃、内蒙古、宁夏、新疆、西藏 |
| 第四象限 | H-L | 天津、辽宁 | 天津、辽宁、广东 | 辽宁、广东、天津、四川、河南 | 北京、河北、四川 |

## 2.3.2 在华外资空间布局分异特征分析

### 2.3.2.1 在华外资空间布局变异系数分析

通过改革开放以来40多年的发展,中国各省(市、区)FDI水平有了明显的提升,但是始终没有改变外资空间布局的非均衡特征,在此我们采用变异系数来反映中国各省(市、区)FDI水平的总体差异。根据前述测算公式,我们绘制图2.2所示变异系数图形。可以看到,中国各省(市、区)FDI水平的总体差异呈下降—上升的阶梯式上升态势。其中,1997—2003 年,中国 FDI 水平变异系数由0.606 7变为0.807 1;2004—2012 年,变异系数快速增加至0.958 7;2012—2018 年,变异系数变为0.877 4。从整个考察期来看,总体上中国 FDI 水平差异扩大,究其原因,这可能与中国地区经济发展相关,另外中国颁布的各项地区性发展政策也有可能促进个别省市的快速发展。

变异系数

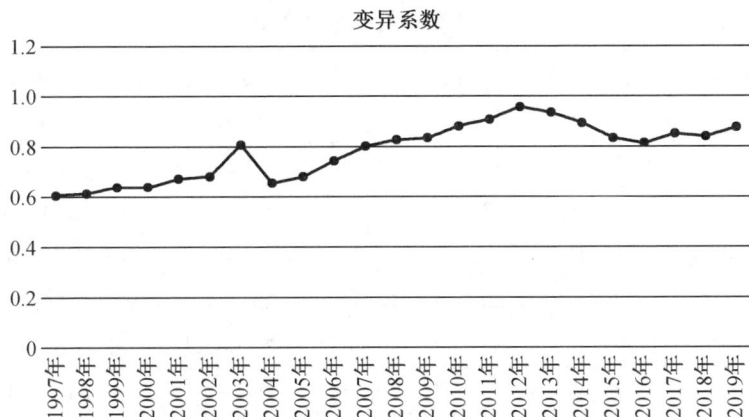

**图 2.2　在华外资空间布局变异系数图**

#### 2.3.2.2　在华外资空间布局标准差椭圆分析

为更直观地表达中国各省(市、区)FDI 空间分布状态和演化过程,本研究通过椭圆分析在华外资空间布局演化整体规律,测算结果详见表 2.3。

可以清晰地看到,首先,中国各省(市、区)FDI 分布范围在研究时间范围内呈下降—下降—上升的“N”字形发展态势,标准差椭圆中心的交集主要分布于安徽、河南两省。其中 1997—2003 年标准差椭圆分布范围呈下降态势,2003—2013 年标准差椭圆分布范围呈上升态势,2013—2019 年标准差椭圆分布范围呈下降态势。其次,中国各省(市、区)FDI 分布水平标准差椭圆长半轴标准差和短半轴标准差总体呈现下降态势。从长轴方向看,1997—2018 年,长半轴标准差主要呈缓慢下降的态势,说明该时段中国各省(市、区)FDI 发展在主要方向上呈现极化发展特征。2019 年长半轴标准差呈上升的态势,说明该时段中国各省(市、区)FDI 发展在主要方向上呈现扩散特征。再次,短半轴标准差和长半轴标准差演化趋势一致,中国各省(市、区)FDI 发展在短轴方向呈现先集聚后扩散特征。最后,总体看,考察期内,中国各省(市、区)FDI 的标准差椭圆中心空间结构稳定,呈现“南北”规律分布,空间结构呈现东南地区主导特征,相对集中地分布在山东、浙江、安徽、江苏、上海、福建、广东等中东部区域。其原因可能在于 1997—2019 年中国各省(市、区)FDI 发展呈现极化趋势,FDI 发展主导力量可能是该区域的山东、江苏、浙江、福建、广东等省份。

### 表 2.3 各省（市、区）外资标准差椭圆分析

| 年份 | 重心坐标 | | 短轴标准差 /km | 长轴标准差 /km | 转角 /(°) | 周长 /km | 面积 /km² | 扁率 |
| --- | --- | --- | --- | --- | --- | --- | --- | --- |
| | 经度/(°) | 纬度/(°) | | | | | | |
| 1997 | 116.955 | 31.028 | 4.786 | 10.376 | 27.627 | 49.266 | 156.011 | 2.168 |
| 1998 | 116.622 | 30.896 | 4.803 | 10.227 | 26.745 | 48.767 | 154.310 | 2.129 |
| 1999 | 116.983 | 31.038 | 4.746 | 10.261 | 26.067 | 48.748 | 152.962 | 2.162 |
| 2000 | 116.991 | 31.198 | 4.750 | 10.322 | 25.877 | 48.979 | 154.002 | 2.173 |
| 2001 | 117.227 | 31.205 | 4.802 | 10.063 | 27.006 | 48.172 | 151.795 | 2.096 |
| 2002 | 117.199 | 31.596 | 4.749 | 9.930 | 26.484 | 47.562 | 148.137 | 2.091 |
| 2003 | 117.418 | 31.418 | 4.497 | 9.605 | 27.328 | 45.769 | 135.700 | 2.136 |
| 2004 | 117.598 | 32.311 | 5.021 | 9.313 | 25.914 | 46.047 | 146.903 | 1.855 |
| 2005 | 117.261 | 31.970 | 5.170 | 9.224 | 24.558 | 46.120 | 149.796 | 1.784 |
| 2006 | 117.598 | 32.311 | 5.021 | 9.313 | 25.914 | 46.047 | 146.903 | 1.855 |
| 2007 | 117.261 | 31.970 | 5.170 | 9.224 | 24.558 | 46.120 | 149.796 | 1.784 |
| 2008 | 117.245 | 32.228 | 5.282 | 9.294 | 24.965 | 46.660 | 154.194 | 1.760 |
| 2009 | 117.212 | 32.415 | 5.320 | 9.375 | 25.805 | 47.049 | 156.686 | 1.762 |
| 2010 | 117.003 | 32.473 | 5.646 | 9.624 | 28.794 | 48.789 | 170.696 | 1.705 |
| 2011 | 116.943 | 32.880 | 5.712 | 9.745 | 31.361 | 49.389 | 174.864 | 1.706 |
| 2012 | 116.886 | 33.097 | 5.795 | 9.882 | 33.864 | 50.090 | 179.893 | 1.705 |
| 2013 | 116.537 | 33.226 | 5.994 | 9.894 | 38.020 | 50.669 | 186.309 | 1.651 |
| 2014 | 116.671 | 33.325 | 5.978 | 9.780 | 37.607 | 50.227 | 183.656 | 1.636 |
| 2015 | 116.611 | 33.377 | 5.957 | 9.835 | 37.193 | 50.363 | 184.057 | 1.651 |
| 2016 | 116.498 | 33.206 | 5.902 | 9.850 | 36.691 | 50.266 | 182.621 | 1.669 |
| 2017 | 115.917 | 32.553 | 6.082 | 9.281 | 35.097 | 48.787 | 177.321 | 1.526 |
| 2018 | 116.103 | 32.423 | 5.968 | 8.924 | 32.688 | 47.246 | 167.309 | 1.495 |
| 2019 | 116.955 | 31.028 | 4.786 | 10.376 | 27.627 | 49.266 | 156.011 | 2.168 |

## 2.3.3 在华外资布局重心演变历程分析与未来迁移趋势预测

### 2.3.3.1 在华外资空间重心演变分析

本部分基于空间地理图形数据库和中国各省（市、区）FDI 重心坐标，运用 ArcGIS10.6 软件，绘制中国各省（市、区）FDI 重心移动轨迹和标准差椭圆形如

图 2.3 所示,在此基础上,进一步分析空间结构重心、空间范围、空间旋转角变化等重心特征,进而刻画出中国各省(市、区)FDI 重心演化路径。

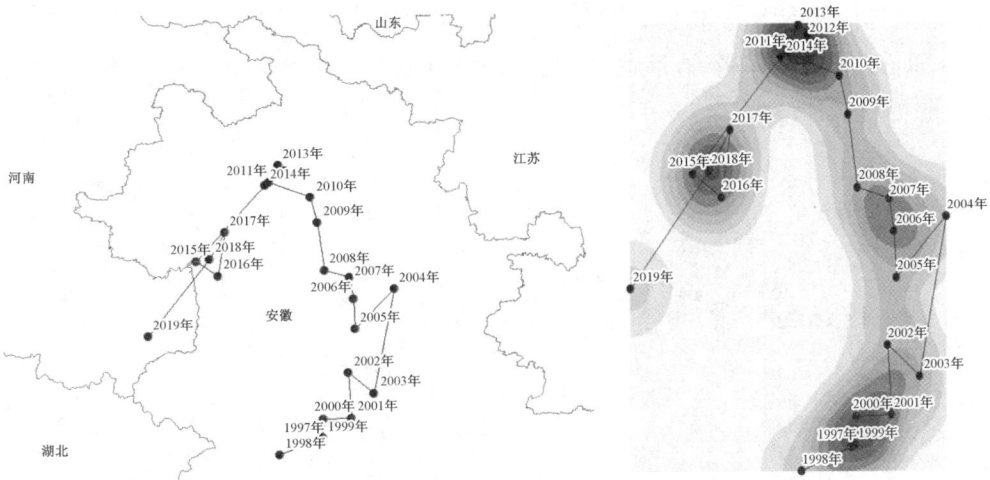

**图 2.3　在华外资空间重心演化示意图**

从图 2.3 中可以看出,空间结构重心演化特征如下:首先,FDI 重心窄幅移动特征明显,仅在 2003 年及 2019 年出现较大距离的宽幅移动;其次,考察期内 FDI 重心转移路径主要是由安徽省内部转移再到河南省内部转移,具体路径为 1997 年安徽省的西南部—2004 年安徽省的东部—2014 年安徽省的西北部—2019 年河南省的东部。引人注目的是,1997—2018 年重心轨迹始终处于安徽地区,2019 年则转移至河南地区,这意味着引资水平发展迅速的西南地区在 2019 年前后对全国外资分布演化起到了显著的西南向牵引作用。

#### 2.3.3.2　在华外资布局重心发展预测

为考察中国各省(市、区)外资重心的演变规律,我们采用重心轨迹预测方法,将重心移动轨迹用数学模型拟合,以便从定量角度把握其特征。为避免随机跳动性的干扰,加之预测对时间序列的要求,我们将中国各省(市、区)FDI 重心分解为纬度和经度随时间变化的态势,分析在华外资布局重心经纬度发展趋势。通过运用 EXCEL 软件,根据拟定的函数模型利用用户自定义板块设定公式,拟合出函数各参数并给出拟合曲线图形,如图 2.4、图 2.5 所示。同时,系统给出的检验函数模型拟合优度的指标中,标准误差接近 0,相关系数接近 1,意味着函数模型拟合优度较好。

观察两图可以看出:首先,中国各省(市、区)FDI 重心近几年没有大幅的跳跃现象,两曲线大致沿水平方向对称,均有一个周期性振动现象,其中纬度大致在 32°N附近波动,经度大致在 116.5°E 附近波动;其次,未来五年在华外资重心纬度 向北偏移、经度向西偏移,这意味着未来几年中国各省(市、区)外资重心将向西北 部偏移,即向河南省内部迁移,其牵引的主要力量为山东、江苏、浙江、广东等地区。 未来重心演化的另一个结果就是,在华外资空间结构由最初的"极化型"结构向 "扩散型"结构转化。

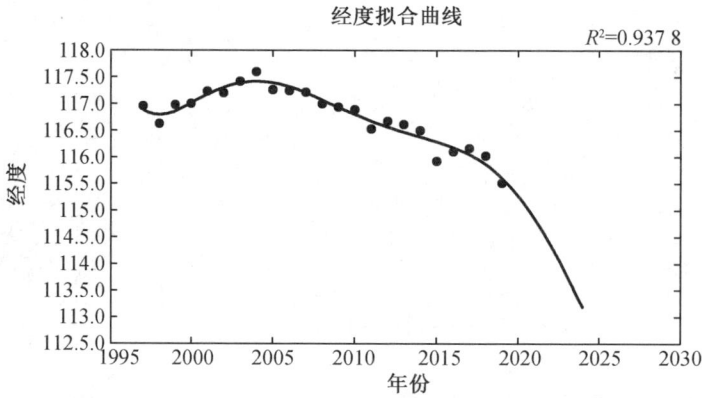

图 2.4 经度拟合图

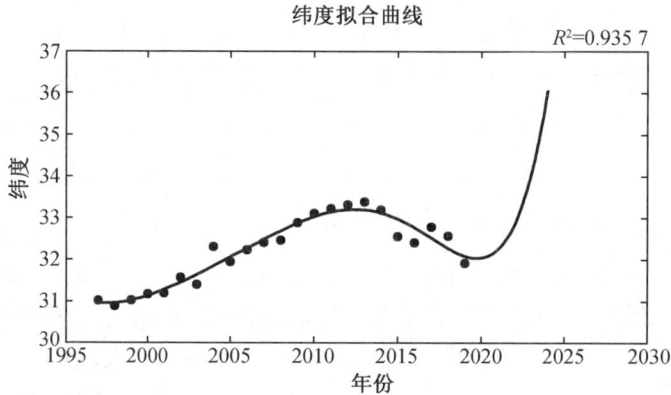

图 2.5 纬度拟合图

# 2.4　在华外资空间布局优化关键问题的提出

前述分析显示在华外资呈现两大显著特征:首先,在华外资空间不均衡现象依旧突出,外资水平较高地区多集中于山东、江苏、浙江、福建等东部沿海地区,内陆地区相对落后,不利于地区性的带动作用。东部地区外资利用水平较高,中西部地区外资利用水平较低,外资利用水平显著不均衡。中西部地区外资利用水平呈现显著的极化态势,山西、安徽、河南等个别地区外资利用水平不断提高,但周围地区外资利用水平依旧较低。其次,在华外资空间溢出效应较弱。在华外资空间溢出效应虽然整体显著,但局部来看多数地区并不显著,且 L~L 地区较多,低水平的空间溢出并不能很好地带动周围地区的快速发展,而其他空间溢出效应模式中省市数量占比较小,空间溢出效应较弱,不利于中西部地区 FDI 水平的提高和经济社会的快速发展。最后,尚未实现外资从东部地区向中西部地区的有效转移。东、中、西部地区引资差异显著,1997—2019 年外资利用水平较高地区始终集中于东部地区,直到 2019 年,河南、安徽等中部地区的引资水平才得以提升,但没有出现大规模西向转移,不利于在华外资整体发展。

据此,本研究提出我们试图解决的核心问题——如何通过对在华外资空间布局的形成、演化、收敛及引导规律分析,实现在华外资空间布局的优化。该问题可以进一步细化为四大基本问题:(1)在华外资空间布局形成、演化与收敛遵循怎样的规律;(2)生态位视角下,怎样的软硬件环境才能吸引外资进入;(3)在华外资时空变化是否实现了收敛,是否存在路径依赖;(4)如何改善可能存在的路径依赖,引导、优化在华外资空间布局。

最终我们试图从空间视角为中国引资实践提供以下几方面建议:(1)如何通过监管方激励实现在华外资空间布局更趋优化;(2)如何优化引资环境,避免资源错配,提升区域引资能力;(3)如何提升引资效率,避免逆向选择,吸引更多高技术、低能耗、低污染的优质外资进入中国;(4)如何通过引资优化提升中国全域与局域外资利用水平的迅速收敛。

本研究后续部分将以企业生态位分析为统领性线索,循着微观选择到宏观现象的范式,针对在华外资空间布局不均衡、扩散缓慢及多处呈现的中心—外围结构等空间特征,将研究分为问题提出、问题分析、问题解决三大部分。其中,问题提出部分包括在华外资空间演化特征描述、问题提出、目标确认、研究现状述评、理论体系构建及数据搜集;问题分析部分,通过生态位策略驱动下微观企业区位选择、区域引资生态位与适宜度评价、外资与东道国子区域的空间耦合等内容的分析来探究外资空间布局演化的内在机理;问题解决部分由外资空间布局干预必要性分析、外资空间布局引导路径分析、外资空间布局干预关键因素提取与区域外资干预角色划分等内容组成。

# 2.5　本章小结

本章运用空间探索性分析考察了在华外资空间布局的空间聚集性、空间分异以及外资重心演化的外资空间布局演化进程,发现在华 FDI 不均衡现象依旧突出,空间溢出效应较弱,尚未实现外资从东部地区向中西部地区的转移,进而提出本研究要讨论的关键问题——如何通过在华外资空间布局的形成、演化及收敛规律分析,实现在华外资空间布局的优化。下一章将分析中国引进外资动因与外资进入动因间的互动与耦合。

# 第3章 中国引进外资动因与外商直接投资动因互动分析

在前一章提出本研究关键问题的基础上,本章将分析中国引进外资动因与外资进入动因间的互动与耦合。我们将在检验外资进入中国动因、分析中国引资动因演化的基础上,考察各区域是否实现了其引资初衷。

## 3.1 外资进入中国的动因分析

### 3.1.1 外资进入动因规范分析

跨国公司理论发展历史悠久且方兴未艾,众多学者针对外资进入动因方面进行研究。整体而言,寻求获取更高的利润是进行对外直接投资最本质的动因,也是资本的天然属性,当企业在国内市场因某些原因投资利润不如在国外对外直接投资利润时,企业资本投资必然将流入外国市场。有学者早在20世纪60年代就提出了著名的垄断优势理论,自此就开始了对外直接投资理论研究的迅速展开。几年后,产品周期理论被提出理论认为产品的生产地点由其所处于的生命周期所决定。通过整合相关理论,《贸易,经济活动的区位和跨国企业:折中理论方法探索》中提出了国际生产折中理论,该理论最初是建立在所有权优势(O)、区位优势(L)和内部化优势(I)上的,它将国际投资的目的、必要条件、充分条件结合起来进行综合分析,得出国际投资主要取决于特定优势、内部优势、区位优势三个因素,也就是若一个投资者在国外生产能比在国内生产获得更大利润,则将进行国外投资,国外的A地区比B地区更能使企业获利,则生产投资进向B地,即国外投资更多取决于东道国区位优势。进一步,Dunning 20世纪80年代出现了题为《解释国际投资的地区:一种动态的或发展的方法》的论文,文章提出"投资发展阶段论"。在这个理论中,学者们认为不同国家国际投资吸引力的大小取决于各国人均国民生产总值(GNP)的高低,GNP越高,则对国外资本进入的引力就越大。

在华外商直接投资动因研究集中在引资方与投资方的互动、跨国公司全球战略分析、对外直接投资溢出效应研究等方面。第一从宏观层面研究外资进入的动因,提出了对华外商直接投资的决定性因素,大体上分为经济因素、自然禀赋、法规政策三方面。第二根据不同属性将对外投资动因归为五类,分别是自然资源动因、市场动因、生产效率动因、战略动因以及政治动因。第三通过引力模型对FDI区位选择动因进行分析,根据引力大小将动因归为类似的五类。第四针对对外直接投资动因、条件及效应,从宏观视角分析了具体动因、条件及效应的构成及三者间联系。第五以时间跨度将动因理论分为三个阶段,认为虽然各阶段理论大不相同,但总的来说都是比较优势或者竞争优势思想的运用,其中20世纪以来跨国直接投资动因理论的早期以利息率或收益率的差异作为诱因,中期研究则多关注静态因素,后期研究则更加关注跨境投资形式的多样性。第六从中观的行业细分对中国外商直接投资撤资原因及影响进行了研究。第七发现中国外资规模、中国人均GDP、银行业对外开放政策均是影响外资银行进入中国的决定性因素。第八的实证分析表明中国人力资源的质量和水平对服务业FDI有着正向影响。第九针对FDI技术追寻、市场导向与工业绿色创新效率进行了基于叶贝斯修正空间杜宾模型的考察,发现市场导向型FDI为中国提供了"干中学"及"模仿中学"的机会。第十运用最小二乘法分析得出外商投资对中国产业存在技术溢出效应,同时R&D投资强度影响了中国产业对外资技术溢出效应的吸收。另外,通过实证分析表明中国人力资源的质量和水平对服务业FDI有着正向影响。引入生产模型实证研究地区二元型、出口导向型FDI地区分布不均衡性,研究发现出口导向型FDI对地区经济增长呈现显著正向影响。最后,采用制造业企业微观数据讨论出市场导向型FDI的增长有助于企业生产率的提升,并存在借由外资企业进口活动实现的技术溢出效应。

关于外资进入中国某一确定区域的影响因素的研究集中在两方面。一支文献关注外资空间结构影响因素。总结出共有五个因素影响FDI空间分布,分别为集聚效应、地缘关系、技术势差、市场容量及成本。通过构建地理权重回归模型,得出了能够促进FDI增长的五个方面,分别为劳动力质量、市场规模、科技创新、集聚经济以及国家政策,其中,影响中国南方FDI增长的主要因素为劳动力质量和市场规模,影响中国北方FDI增长的主要因素为科技创新和集聚经济。另一支文献关注外资质量影响因素。由于发展中国家越来越重视环境的保护和创新能力的提升,其引资重点已逐渐从规模追求转向外资质量追求上来,分析影响外资质量的影响因素成为引资政策研究的热点。有学者使用倍差法建立了实证分析模型,认为升级产业结构、降低环境污染和改善创新环境等方案可提升低碳试点政策的引资质量。通过发现,中国国内市场规模的优势被发挥出来可打破国外政策制度的屏障,并进一步影响外资的"出口导向",这便是提升外资质量的重要因素。只有让中国成为更加重要的全球制造和研发基地才能吸引高质量外资,应通过加强技术创新能力、规范市场秩序、深化体制改革、优化技术创新环境、推动中小企业对外合作等手段来实现。

综上,除去发达国家竞争激烈、投资利润率低等所有权优势及内部优势易产生国外投资冲动外,中国具有较其他国家明显的区位优势,更能够吸引国外投资企业流入。具体来说,影响外资进入的因素可以分为硬环境因素和软环境因素两大类,具体包括基础设施、FDI集聚、区域市场容量、资本产出率、国内生产总值、道路交通条件、教育水平、文化差异、地理距离、环境规制强度、劳动力工资水平、地区对外开放水平、科技创新等方面因素。

鉴于已有研究多就单一动因与整体外商直接投资进行分析或是单一产业市场与多种动因分析,尚未进行市场与进入动因相互匹配与结合的分析,为使后续分析更具有针对性,本部分将利用柯布－道格拉斯生产函数建立外资进入动因影响模型,将外商直接投资的行业根据其自身性质分为市场导向型行业、要素导向型行业、技术导向型行业以及资源导向型行业四大类,进而利用相关行业数据进行外资进入动因的中观检验。

### 3.1.1.1　市场导向型外资进入动因简析

随着经济全球化的发展,跨国企业对于利益追求不再局限于本国市场,转而开始寻求国外市场,并借由直接投资进入目标市场是市场导向型外资的特征之一。市场导向型外资进入国外市场的动因一般分为四类:一是开辟新兴市场。当发现原来不属于自己的出口目标国具有一定的市场容量,或者当本企业产品在母国由于市场饱和等原因失去原有竞争力时,向外扩张对东道国进行直接投资。二是接近目标市场和保护原有市场。接近目标市场的典型例子是食品类企业,由于食品产品无法长期保存,对运输过程要求严格,而国外某一地区又拥有一定的受众群体,为了满足该地区的需求,就以直接投资的形式进入需求地区,同时获取更多的利润,以保护原有市场为动因的外资进入主要集中于企业原本以出口销售的方式布局的海外地区,当布局程度到达某一程度后,为了今后更好地销售或发展,对该地区进行直接投资。三是提供跨境直接投资,避免贸易保护政策干预或绕过贸易壁垒阻挡。当主要出口国家对企业实施贸易保护或东道国对进口商品实行各种限制措施时,企业为了避开限制条件继续发掘东道国市场,将国际贸易转化为国际直接投资,在东道国建立生产基地就地销售。四是追随行业领头羊或竞争者,行业中有部分或领头企业进入某东道国进行直接投资时,为维持自身一定的市场占比及行业地位,企业不会贸然放弃国外市场,而往往通过追随该先行企业的国际化步伐,调整企业战略,通过直接投资进入东道国。在某些领域中,更是存在跟随客户进入目标市场的情形,例如外资银行进入某东道国市场的重要目的之一可能就是为某特定客户提供长期稳定服务。

### 3.1.1.2 要素导向型外资进入动因简析

获得东道国低成本的生产要素是要素导向型外资进入东道国的重要原因之一。自身有较强技术能力的跨国企业跨境进入的动因与东道国要素状况息息相关,劳动密集型企业对生产力成本较低的东道国地区进行直接投资,将会大大减少其生产成本。资本密集型企业对与东道国汇率波动将会更加敏感,汇率波动在最终目的不变的情况下直接影响了企业进行直接投资的总成本,从而影响投资获利的多寡。具体来说,从事不同行业的跨国公司有着不同的需求要素,最引人注目的是东道国人力资本和基础设施状况,其中人力资本是无论何种企业都需要考虑的基本要素,特别是需要与顾客直接接触或需要与顾客亲密接触,进而了解其特殊需求的行业,对服务提供者技术或者素养要求相应较高,东道国能否向企业提供有较高的综合素质并掌握特定专业知识或技能的劳动力成为企业跨境进入决策的关键。另外,制造业跨国企业对东道国交通设施和通信设施的发达程度要求相对较高,因为这一因素直接决定着企业生产效率,东道国交通、通信、物流设施是否符合企业要求是抉择投资与否的关键。同时,一些与成本相关的要素状况也不可忽视,如劳动力水平、汇率波动等均是重要的影响因素。

### 3.1.1.3 技术导向型外资进入动因简析

技术导向型对外直接投资可以大体分为两类:一类是技术获取型对外直接投资,另一类是技术优势跨境发挥型对外直接投资。首先,技术获取型对外直接投资中,跨国企业在选择对外直接投资东道国时,会比较看重东道国技术水平,偏向选择先进技术聚集度高的地区。近年来随着高新科技的发展,跨境投资获得东道国先进技术成为跨国投资重要目标之一，且集中体现在实用性技术领域。这类跨境投资主要集中于欧美及亚洲的日本地区，此类跨境投资行为在投资获利的同时，利用"干中学"的技术溢出效应获取东道国的先进技术，并传授回母国，进而提高母国技术水平。关于长三角、珠三角、环渤海地区的专利发明数、申请数的技术数据与FDI流入关系的实证检验显示，对外直接投资行为主要由东道国企业的所有权技术优势和经济发展水平所决定。其次，技术优势跨境发挥型对外直接投资往往发生在来自发达国家的、拥有成熟的管理流程以及先进的专利技术的跨国企业，这类企业寄希望于通过市场话语权，将自己所拥有的技术优势作为重要竞争手段，携带自身技术对外直接投资，以外商投资形式进入技术水平相对落后的国家，在东道国开辟新的生产加工基地，或是以技术授权方式推广企业专利技术进而获利。

#### 3.1.1.4　资源导向型外资进入动因简析

资源导向型对外直接投资往往是某些企业在母国已发展到一定高度，国内自然资源开发无法满足企业生产需求，或为了防止本国自然资源过度开发，这类企业往往倾向于选择外国的自然资源丰富地区进行直接投资。这类跨境投资既可以减少原料运输成本，又可以绕过关税、配额等贸易门槛，达到追求利润最大化的目的。相反，对于一直依赖从外国进口原材料的制造企业来说，在资本累积到一定水平后，这类企业也会考虑向材料供应国进行跨境直接投资，就地利用某些天然资源制造企业产品，以降低生产成本，提高企业生产率，获取更大利益。中国是一个自然资源丰富的国家，更是引人注目地拥有高科技制造业所必需的多种稀有资源，这自然吸引着大量资源贫乏国家跨国公司对中国进行直接投资。

### 3.1.2　外资进入动因实证检验

本部分按照通用的分类方法，将在华外资划分为市场导向型、要素导向型、技术导向型和资源导向型四种类型，并据此分类对在华外资进入动因进行检验。

#### 3.1.2.1　模型设定及说明

1. 模型设定

本研究参考前人的模型建立思路，通过相关变量分析动因的相关性，以形如式（3－1）的柯布－道格拉斯生产函数（Cobb-Douglas Production Function）为基础建立外资进入动因计量模型，对不同类型企业外资进入动因进行初步的分析与探讨。

$$Y_t = A_t K_t^{\alpha} L_t^{\beta} \tag{3－1}$$

式中,$Y_t$、$L_t$、$K_t$、$A_t$分别表示$t$年的国内生产总值、劳动力、资本和技术系数;$\alpha$、$\beta$分别表示劳动力和资本的生产弹性。

将市场因素、成本因素、技术因素、资源因素分别引入前述模型,形如式(3-2)~式(3-3)。

$$FDI = f(L, K, M, N) \tag{3-2}$$

$$FDI_{it} = L_{it}^{\alpha} K_{it}^{\beta} M_{it}^{\gamma} N_{it}^{\delta} control_{it}^{\lambda} \varepsilon_{it} \tag{3-3}$$

式中,$L_{it}$、$K_{it}$、$M_{it}$、$N_{it}$分别表示中国不同类型企业利用外资金额、市场因素、成本系数、技术因素、资源因素;$\alpha$、$\beta$、$\gamma$、$\delta$、$\lambda$分别表示以上因素的生产弹性;$control_{it}$为控制变量;$\varepsilon$为扰动项。

对上式取对数并对时间求导得到

$$\ln FDI = \alpha \ln L_{it} + \beta \ln K_{it} + \gamma \ln M_{it} + \delta \ln N_{it} + \lambda control_{it} + \varepsilon_{it} \tag{3-4}$$

考虑到外资进入受其他变量滞后的影响,因而本研究参考朱英明(2017)的处理方法,引入外资的滞后一期作为控制变量之一,由此得到

$$\ln FDI = \alpha \ln L_{it} + \beta \ln K_{it} + \gamma \ln M_{it} + \delta \ln N_{it} + \lambda control_{it} + \mu \ln FDI_{it-1} + \varepsilon_{it} \tag{3-5}$$

2. 样本、变量与数据采集

从数据有效性和代表性出发,本研究将样本整体考察期确定为2000—2020年,选取全国数据进行检验。在分行业外资类型检验部分,由于分类外资数据缺失,将样本范围确定为2004—2020年。

被解释变量为外资流入强度(FDI)。该变量采用学术界常用的外资依存度进行表征各省市当年实际利用外资规模衡量各地区的外资流入情况,该数值越大,表明该地区的外资流入强度越大。在后续区分外资类型的讨论中,外资流入强度将根据不同类型行业划分进行细分处理。

核心解释变量为市场因素($L_t$)。本研究采用市场化指数衡量市场经济制度进行表征。市场化指数通过构建涵盖5个大方面涉及25个指标的测量体系,深入分析了中国各省市的市场化进程,能够较好地反映市场化程度。

要素因素($K_t$),在影响外资进入的要素因素方面,影响面较广的是人力成本,以各省市年度人均收入对劳动力成本进行间接测度。

技术因素($M_t$),以高科技出口占制成品的比例为技术水平的替代变量。

资源因素($N_t$),本研究参考能源生产总量表示中国自然资源的状况,以原煤、

原油、天然气、水电换算成万吨标准煤表示资源因素。

控制变量包括两个:一是产业结构($Secthir_t$),我们采用各省市第三产业产值与第二产业产值之比进行表征;二是交通设施($Traff_t$),选择各省级区域客运量总数的对数值进行表征。所涉及的数据均采自历年各省统计年鉴、政府工作报告、《中国统计年鉴》。同时,为使指标数据更加科学、可靠,我们利用GDP平减指数、CPI平减指数对剔除各类涉及价格数据所受通胀影响,并对空缺数据进行插值化处理以保证数据的连续性与平稳性。诸变量描述性统计详见表3.4。

表3.4 变量设定及描述性统计分析

| 变量 | 变量含义 | 样本数 | 均值 | 标准差 | 最小值 | 最大值 |
|------|----------|--------|------|--------|--------|--------|
| FDI | 外资流入的强度 | 21 | 9 807 414.3 | 3 207 868.1 | 4 967 200 | 14 437 000 |
| $L$ | 市场化程度 | 21 | 6.65 | 1.064 | 4.29 | 7.719 |
| $K$ | 要素成本影响 | 21 | 43 328.81 | 28 746.958 | 9 371 | 100 512 |
| $M$ | 技术水平因素 | 21 | 29.238 | 3.748 | 18.58 | 32.1 |
| $N$ | 资源水平因素 | 21 | 304 859.44 | 86 542.109 | 156 007.18 | 398 441.39 |
| Secthir | 产业结构水平 | 21 | 1.06 | 0.195 | 0.874 | 1.442 |
| Traff | 交通设施水平 | 21 | 2 137 498.8 | 730 382.09 | 966 539.7 | 3 804 035 |

#### 3.1.2.2 在华外资流入整体动因检验

首先,进行外资进入中国的整体动因检验。检验结果详见表3.5。可以清晰地看到,市场因素与成本因素显著影响外资进入,而技术与资源两个因素的影响均不显著。这与现有的大量研究基本一致,在市场化转型的努力下,中国巨量的市场与人口红利仍然是外资进入的重要因素,而技术与资源不出意外地没能成为吸引外资进入的依据。

表3.5　在华外资流入整体动因检验结果

| | （1）lnfdi | （2）lnfdi | （3）lnfdi | （4）lnfdi |
|---|---|---|---|---|
| lnl | −0.927* | −1.184** | −0.720* | −1.087* |
| | （0.332） | （0.364） | （0.319） | （0.348） |
| lnk | 0.309*** | 0.336*** | 0.374*** | 0.357*** |
| | （0.0397） | （0.0426） | （0.0472） | （0.0437） |
| lnm | −0.396 | −0.357 | −0.378 | −0.354 |
| | （0.663） | （0.516） | （0.584） | （0.526） |
| lnn | 0.813*** | 0.471 | 0.571* | 0.415 |
| | （0.186） | （0.238） | （0.199） | （0.245） |
| lnsecthir | | −0.587* | | −0.534 |
| | | （0.262） | | （0.264） |
| lntraff | | | 0.0680 | 0.0243 |
| | | | （0.0500） | （0.0358） |
| _cons | 5.698 | 10.11* | 6.618* | 10.05* |
| | （2.976） | （3.363） | （2.908） | （3.468） |
| N | 17 | 17 | 17 | 17 |
| R2 | 0.979 | 0.985 | 0.981 | 0.986 |
| adj. R2 | 0.972 | 0.979 | 0.973 | 0.977 |

注：*、**、***分别代表在10%、5%、1%的水平上显著。

### 3.1.2.3　异质性视角下外资进入动因检验:分行业考察

1.市场导向型外资进入动因及其演变分析

根据2017年国民经济行业分类标准,将建筑业、住宿和餐饮业、批发和零售业、房地产业、金融业、租赁和商务服务业以及居民服务、修理和其他服务业归入市场导向型产业,因而将其每年直接利用外资金额之和作为市场导向型被解释变量的表征,进行回归检验。检验结果详见表3.6。可以看到,市场化程度的影响不显著,并未成为吸引外资进入的因素,甚至起到了负面作用。

表3.6　市场导向型外资进入动因检验

| lnfdil | Coef. | St. Err. | t – value | p – value | 95% Conf | Interval | Sig |
|---|---|---|---|---|---|---|---|
| lnl | − 0.508 | 1.297 | − 0.39 | 0.704 | − 3.399 | 2.383 | |
| lnk | 0.436 | 0.135 | 3.22 | 0.009 | 0.135 | 0.738 | * * * |
| lnm | − 1.240 | 9.903 | − 1.37 | 0.200 | − 3.252 | 0.771 | |
| lnn | 0.747 | 0.611 | 1.22 | 0.249 | − 0.614 | 2.109 | |
| lnsecthir | − 2.151 | 0.753 | − 2.85 | 0.017 | − 3.829 | − 0.472 | * * |
| lntraff | 0.075 | 0.143 | 0.52 | 0.613 | − 0.245 | 0.394 | |
| Constant | 5.139 | 6.069 | 0.85 | 0.417 | − 8.384 | 18.662 | |

| | Mean dependent var | | | | | | |
|---|---|---|---|---|---|---|---|
| R – squared | 15.192 | | SD dependent var | | | 0.607 | |
| F – test | 0.978 | | Number of obs | | | 17 | |
| Akaike crit. （AIC） | 76.855 | | Prob > F | | | 0.000 | |
| * * * $p < 0.01$, <br> * * $p < 0.05$, * $p < 0.1$ | − 20.863 | | Bayesian crit. （BIC） | | | − 15.030 | |

注：* 、* * 、* * * 分别代表在10%、5%、1%的水平上显著。

## 2. 要素导向型外资进入动因及其演变分析

如前所述,人力成本是影响要素导向型外资进入动因的关键因素,因而以年度人均国民收入对东道国的劳动力成本进行间接测度,以此作为成本系数的计算指标进行实证分析。同时,根据2017年国民经济行业分类标准,将交通运输、仓储和邮政业、住宿和餐饮业、批发和零售业以及建筑业归为要素导向型产业,进而以上述行业直接利用外资总额作为要素导向型利用外资金额进行回归检验。检验结果详见表3.7。可以清晰地看到,要素的影响不出意外地成为吸引外资进入的关键因素,而且正向作用的弹性很大。

表3.7　要素导向型外资进入动因检验结果

| lnfdik | Coef. | St. Err. | t – value | p – value | 95% Conf | Interval | Sig |
|---|---|---|---|---|---|---|---|
| lnl | − 3.007 | 1.185 | − 2.54 | 0.029 | − 5.647 | − 0.367 | * * |
| lnk | 0.585 | 0.322 | 1.82 | 0.099 | − 0.132 | 1.302 | * |
| lnm | − 1.484 | 1.251 | − 1.19 | 0.263 | − 4.27 | 1.303 | |
| lnn | 0.288 | 1.09 | 0.26 | 0.797 | − 2.139 | 2.716 | |

表 3.7（续）

| lnfdik | Coef. | St. Err. | t – value | p – value | 95% Conf | Interval | Sig |
|---|---|---|---|---|---|---|---|
| lnsecthir | − 3. 284 | 1. 132 | − 2. 90 | 0. 016 | − 5. 805 | − 0. 762 | ＊＊ |
| lntraff | − 0. 054 | 0. 244 | − 0. 22 | 0. 831 | − 0. 598 | 0. 490 | |
| Constant | 15. 727 | 12. 622 | 1. 25 | 0. 241 | − 12. 397 | 43. 851 | |
| Mean dependent var | | 13. 959 | | SD dependent var | | 0. 588 | |
| R – squared | | 0. 971 | | Number of obs | | 17 | |
| F – test | | 159. 595 | | Prob > F | | 0 | |
| Akaike crit. （AIC） | | − 17. 149 | | Bayesian crit. （BIC） | | − 11. 317 | |

＊＊＊p < 0. 01，＊＊p < 0. 05，＊p < 0. 1

注：＊、＊＊、＊＊＊分别代表在 10%、5%、1% 的水平上显著。

### 3. 技术导向型外资进入动因及其演变分析

技术导向型外资方面，参考对技术水平的度量，以高科技出口占制成品的比例为技术水平的替代变量作为技术因素的表征进行实证分析，同时将技术导向型产业直接投资金额作为因变量，其数额为制造业、信息传输、软件和信息技术服务业以及科学研究和技术服务业每年直接利用外资金额的综合，以此为技术导向型外资的表征进行回归检验。检验结果详见表 3.8。可以看到，如同我们预想的那样，技术尚未成为吸引外资进入的依据。

表 3.8　技术导向型外资进入动因检验结果

| lnfdim | Coef. | St. Err. | t – value | p – value | 95% Conf | Interval | Sig |
|---|---|---|---|---|---|---|---|
| lnl | − 1. 214 | 0. 452 | − 2. 69 | 0. 023 | − 2. 22 | − 0. 208 | ＊＊ |
| lnk | 0. 333 | 0. 147 | 2. 27 | 0. 047 | 0. 006 | 0. 66 | ＊＊ |
| lnm | 0. 088 | 0. 568 | 0. 15 | 0. 881 | − 1. 179 | 1. 354 | |
| lnn | − 0. 34 | 0. 476 | − 0. 71 | 0. 492 | − 1. 4 | 0. 721 | |
| lnsecthir | − 0. 2 | 0. 422 | − 0. 47 | 0. 646 | − 1. 141 | 0. 741 | |
| lntraff | 0. 251 | 0. 071 | 3. 56 | 0. 005 | 0. 094 | 0. 408 | ＊＊＊ |
| Constant | 14. 59 | 5. 724 | 2. 55 | 0. 029 | 1. 836 | 27. 344 | ＊＊ |
| Mean dependent var | | | | | | | |
| Mean dependent var | | 15. 420 | | SD dependent var | | 0. 109 | |
| R – squared | | 0. 812 | | Number of obs | | 17 | |

表 3.8（续）

| lnfdim | Coef. | St. Err. | t – value | p – value | 95% Conf | Interval | Sig |
|--------|-------|----------|-----------|-----------|----------|----------|-----|
| F – test | | 18.821 | | Prob > F | | 0.000 | |
| Akaike crit.（AIC） | | – 42.661 | | Bayesian crit.（BIC） | | – 36.829 | |

* * * p < 0.01，* * p < 0.05，* p < 0.1

注：* 、* * 、* * * 分别代表在 10%、5%、1% 的水平上显著。

### 4. 资源导向型外资进入动因及其演变分析

在实证分析中，本研究选择使用许和连（2002）能源生产总量表示中国自然资源的状况，将原煤、原油、天然气、水电换算成万吨标准煤表示资源因素（Nt），并且将农、林、牧、渔业和采矿业、制造业以及电力、热力、燃气及水生产和供应业归为资源导向型产业，以直接利用外资总额作为资源导向型外资进入金额的表征进行回归检验。检验结果详见表 3.9。可以看到，资源禀赋，尤其是不可再生资源，同样并未成为吸引外资进入的依据。

表 3.9　资源导向型外资进入动因检验

| lnfdi | Coef. | St. Err. | t 值 | p 值 | 95% Conf | Interval | Sig |
|-------|-------|----------|------|------|----------|----------|-----|
| lnl | – 0.653 | 0.568 | – 1.15 | 0.277 | – 1.920 | 0.613 | |
| lnk | – 0.166 | 0.144 | – 1.15 | 0.276 | – 0.488 | 0.155 | |
| lnm | 0.361 | 0.828 | 0.44 | 0.672 | – 1.484 | 2.206 | |
| lnn | 0.822 | 0.427 | 1.93 | 0.083 | – 0.129 | 1.773 | * |
| lnsecthir | 0.359 | 0.563 | 0.64 | 0.539 | – 0.896 | 1.614 | |
| lntraff | 0.239 | 0.094 | 2.54 | 0.029 | 0.029 | 0.448 | * * |
| Constant | 3.224 | 6.479 | 0.50 | 0.629 | – 11.211 | 17.659 | |
| Mean dependent var | | | | | | | |
| Mean dependent var | | 15.324 | | SD dependent var | | 0.135 | |
| R – squared | | 0.854 | | Number of obs | | 17 | |
| F – test | | 31.747 | | Prob > F | | 0.000 | |
| Akaike crit.（AIC） | | – 39.566 | | Bayesian crit.（BIC） | | – 33.734 | |

* * * p < 0.01，* * p < 0.05，* p < 0.1

注：* 、* * 、* * * 分别代表在 10%、5%、1% 的水平上显著。

综上,比较中国整体检验与分行业检验,可以看出,能够在引资中始终起作用的只有劳动力因素,而整体检验符合预期的市场化程度在分行业检验中并未起到明显正向作用。

## 3.2 中国引资动因及其演化进程分析

下面我们从中国区域发展策略入手,分东、中、西部地区依次回顾和总结中国与各区域引资政策的历史走向,从动态视角剖析中国经济发展导向和对外开放的内在逻辑,考察四大区域目前的引资政策与对外开放局面,这必将有助于我们更加深刻地理解中国政府制定引资政策的理论基础与现实走向。

### 3.2.1 中国整体引进外资目标演化进程分析

改革开放伊始,中国就开始引入外资,外部环境的复杂性和内部需求的动态变化都要求中国不断调整引资政策,只有紧跟时代的步伐才能立于不败之地,我们只有时刻明确国际局势变化,才能抢占先机,保持中国引资优势的国际竞争力。

截至目前中国引进外资一共经历了四个阶段,每个阶段外资进入动机和中国的引资目标都在变化,引资政策也在随之变化,本研究将以入世作为时间的分割点来分析引资政策的演化进程。改革开放初期,中国存在着"两缺口"的问题,即储蓄缺口和外汇缺口,需要大量引进资金来弥补,当时中国采取的战略为出口导向型战略,因为那时中国劳动力成本较低,吸引了大量的劳动密集型外资企业到中国投资,尤其是工业产业引资成效最为明显,并且可以通过在中国加工再出口的形式赚取外汇。20 世纪 90 年代以来,中国对外开放领域发生了翻天覆地的进步,首先,进入 20 世纪 90 年代,中国已经不存在"两缺口"问题,引进外资的动机已经发生了变化。为了实现中国经济的长期增长、促进技术创新和产业结构升级并提高中国的国际竞争能力,中国采取了以市场换技术战略,吸引了一大批跨国公司到中国投资,希望通过引导外资企业的技术溢出,获取国外的先进技术,最终助力中国独立自主的研发能力。其次,在入世五年过渡期结束后,中国外资政策重点开始向规范高能耗、高污染行业外资的方向转移,对低水平、高污染、高消耗的外资项目加以限制,更加注重提高利用外资效率。最后,最近十数年,伴随全球经济复苏,美国等发达国家鼓励产业回归母国,许多其他发展中国家也加大了引资优惠力度,这都对中国引资进程造成了显著冲击,但是此时中国已经开始切实将引资重点转向高技术产业、中高端制造业和产业链的中高端环节。相关引资政策变迁详见表 3.10。

表 3.10　中国引进外资阶段性目标分析

| 1997—2000 年 | 2001—2012 年 | 2013 年至今 |
|---|---|---|
| 1. 采取市场换资源、市场换技术战略。<br>2. 采取经济自由化政策,从税收激励转为公平竞争机制,减少准入限制和非国民待遇限制。<br>3. 1997 年《外商投资产业指导目录》明确了鼓励、允许、限制和禁止外资参与的四类产业 | 1. 为符合世贸组织规定的相关原则,全国人大及其常委会修订了《中华人民共和国外资企业法》《中华人民共和国中外合作经营企业法》《中华人民共和国中外合资经营企业法》,这些法律不但保护了外商投资企业在中国的合法权益,而且规定了外资股权比例,有利于外资在中国开展多种形式的投资活动。<br>2. 全面融入世界战略,从"以市场换技术"到利用外部资源提升创新能力。<br>3. 国家发展和改革委员会于2006 年公布的《利用外资"十一五"规划》表明利用外资的重点是弥补资金与外汇不足、引进先进技术与高素质人才,并且更加注重综合利用、地区平衡、环境保护、生态建设及资源能源节约。<br>4. 促进外资进入各行业,引导外资流向高精尖产业,从制造业向三产延伸 | 1. 采取创新驱动战略。<br>2. 产业政策方面,2017 年调整《外商直接投资产业指导》为《外商投资产业指导目录(2017 年修订)》和《自由贸易试验区外商投资准入特别管理措施(负面清单)》,且详细分为限制外商投资产业目录和禁止外商投资目录。<br>3. 在审批制度方面,外商投资管理制度下放并简化。2016 年将不涉及国家规定实施准入特别版管理措施中的外商投资企业设立及变更事项的审批流程改为备案管理流程;2017 年将备案管理适用范围扩大,外资可以并购符合条件的境内非外商投资企业。<br>4. 2018 年公布引资三项税收优惠政策。(1)增加不分国别不分项的综合抵免方法。(2)凡外商将中国境内居民企业分配到的利润直接投入到国家鼓励类投资项目者,实行递延纳税政策,暂时对符合条件的外商免除10% 的预提所得税。(3)为了高新技术、高附加值服务业吸引外资,对中国境内已被认定的技术先进型服务企业减所得税,按15% 税率征收,符合规定的企业职工教育经费开支可扣除后再计算税额 |

## 3.2.2　省际视域下的区域引资目标演进分析

下面从省际样本视角入手分析各区域引资政策变迁历程。这里所涉及的东、中、西部地区的划分方法有两种:一种是按照包括地理特征与风俗文化内涵在内的地理位置进行划分,另一种是按照经济发展程度进行划分。在剔除数据缺失或统计口径不同的中国港澳台等地区样本后,本研究按照常见的经济发展程度进行区域划分,其中所涉及的区域划分具体如下:东部包括北京、天津、江苏、福建、河北、山东、辽宁、海南、上海、浙江、广东等地区;中部包括河南、湖北、湖南、山西、黑龙江、安徽、江西、吉林、内蒙古等地区;西部则包括四川、贵州、云南、广西、甘肃、陕西、青海、宁夏、西藏、新疆等地区。

### 3.2.2.1 东部地区引资动因演化分析

与中西部地区相比,东部地区区位优势明显,市场环境较为完善,一直是外商投资偏好的重点。改革开放以来,东部地区经济实现了快速发展,引资目标和市场环境在不断变化,引资竞争日趋激烈,主要引资模式已从刚开始的政策引资逐渐向市场引资转变。

1997 年,东部地区率先实行了"市场换技术"战略,通过有意识提升劳动力质量、引进大量高素质人才来满足强大的投资需求,这吸引了来自欧美的大量投资,技术型外资也越来越多。

2006 年,国家《十一五规划纲要》提出"坚持实施推进西部大开发,振兴东北地区等老工业基地,促进中部地区崛起,鼓励东部地区率先发展"的区域发展总体战略。此后,其他地区经济开始快速增长,但走的多是传统粗放型发展老路,难以实现高质量发展,此时为了鼓励东部地区勇敢地站出来,发挥其示范、引领和拉动作用,2007 年,党的十七大报告一方面提出在不影响中西部发展前提下,继续支持东部地区率先发展,另一方面提出"创新利用外资方式、优化利用外资结果、发挥利用外资在推动自主创新、产业升级、区域协调发展等方面的积极作用",以激励东部地区更加着力改善区域投资环境,并有意识地加强外商投资的产业导向和地区导向,重点发展现代服务业。

最近 10 年,为了提高自主创新能力,东部地区以引进高质量技术型企业为主,放弃了对于高耗能、高污染的"低质量"外资的追逐,积极引入高质量的外资,实现引领、拉动全国经济高质量发展成为区域引资的主要目标,加之 FDI 本身具有规模经济性,大量高新技术产业外资集中于东部地区,发挥了提升技术效率、强化技术溢出效应的排头兵作用。具体引资政策变动趋势详见表 3.11。

**表 3.11　东部地区引进外资阶段性目标分析**

| | 1997—2000 年 | 2001 年至今 |
|---|---|---|
| 上海 | 1. 发挥资源优势和政策优势,以政策优势为先导,从无条件欢迎到倾斜性和有选择性。<br>2. 外资从合资合作形式向独资形式转变,从劳动密集型逐渐转为技术密集型。<br>2. 修订了《外商投资产业指导目录》,对外商直接投资实行产业导向,且更加注重外资质量,体现出了出口导向和技术导向 | 1. 于 2003 年出台了《上海市外商投资重点产业目录》《上海市外商投资产业布局导向》,着力发展第三产业。<br>2. 为提高外资质量,在技术密集型、知识密集型等项目上给予政策优惠。<br>3. 改变投资管理制度,完善外商投资企业审批工作和设立中外合资合作企业的程序。<br>4. 完善外资相关法律、税收等政策,建立一个更加公平的竞争环境 |
| 深圳 | 1. 重点引进欧美发达国家的外商直接投资。<br>2. 完善投资政策,实施外商国民待遇政策,使审批程序简洁化和规范化 | 1. 完善投资政策,根据最惠国待遇和国民待遇原则,外商投资企业和内资企业一律享受同等的优惠、特权和豁免政策。<br>2. 采用多种利用外资方式,实行跨国并购。<br>3. 在 2016 年修订了《深圳市产业结构调整优化和产业导向目录》,在传统制造业发展的基础上扩大开放范围和投资领域,目录包含重点发展的五大类产业:战略性新兴产业、未来产业、软件和信息技术服务业、制造业及现代服务业。<br>4. 通过利用外资对国有企业进行改造,使企业内部治理结构得到完善,国企改革资金得到保障。<br>5. 引进外资重点发生变化,从注重引进资金到注重利用国外先进技术 |

表 3.11（续）

| 1997—2000 年 | 2001 年至今 |
|---|---|
| 1. 拓宽外商投资领域,房地产、高新技术产业和第三产业逐渐成为投资热点。<br>2. 投资主体发生变化,欧、美、日等发达国家投资比重增加。<br>3. 兴办经济技术开发区和工业园区,使其成为外商投资企业集中投资的区域 | 1. 拓宽开放领域,优化投资结构,如实施现代制造业项目和发展现代服务业,引入大型跨国公司投资,发挥科技园区、技术开发区等区域的优势。<br>2. 深入推进服务业,扩大开放综合试点工,放宽外资准入限制。<br>3. 支持跨国公司总部在北京发展。<br>4. 鼓励外商投资企业在北京开展研发创新,并投资高精尖产业。<br>5. 提高重点地区利用外资水平,利用创新要素集聚提升外资水平。<br>6. 简化外商投资企业办事流程。<br>7. 营造安全投资环境,加强知识产权保护,创新监管方式,提升外商投资服务水平,建立营商环境评价机制 |

（北京）

### 3.2.2.2 中部地区引资动因演化分析

中部地区的综合优势条件弱于东部地区,但是在地理位置上具有承东启西、连南通北的优势,其人力资源较为丰富,工业基础较好,产业门类齐全,产业集群发展态势明显,因而中部地区可以吸引市场导向型的、科技含量高的、空间外溢效应强的外资。这些外资的总体特征是产业结构均衡、出口贡献大、R&D 投资比例高、具有较强出口竞争优势。

整体上看,20 世纪 90 年代以来引资政策有如下变化。

首先,为进一步开放市场,1999 年中部地区多省份提出鼓励型项目,采取以市场换投资、以市场换技术的政策吸引外资,外资企业在享受优惠政策期满 3 年内,可按减为 15% 的税率征收企业收入税,投资领域在以制造业为重点的基础上逐渐向第三产业转移。

其次,中国在 2001 年加入世贸组织之后,利用外资政策从税收激励机制为主的优惠政策转向以公平竞争为主的规则政策,在东部地区逐步取消引资中超国民待遇政策的同时,中部地区维持原有针对外资的优惠政策,通过减少市场准入限制和非国民待遇,保障法律法规信息的透明性,改善投资环境等手段促进外资向中部地区转移,优化外资空间结构,实现 FDI 均衡分布。

再次,面对现在国际经济合作和竞争格局的深刻变化,中部地区坚定实施中部地区崛起战略。2004 年,中央明确提出促进中部地区崛起的概念。加入世贸组织进一步促进了中国的开放,中国产业面临着更大竞争,为使中国优势产业在国际竞争中占有优势,必须展开以产业开放带动产业升级的开放式结构调整战略,充分挖掘中部地区的传统优势产业,同时降低境内市场的准入标准,确保法律法规的公开性和透明性,改善外商投资的整体环境,允许中西部地区省会或首府的开发区升级为国家级开发区,允许处于东部地区的外资企业承包中西部地区的企业,允许外商在东部和中西部地区同时进行投资试点。其后的 2008 年、2013 年和 2017 年,国家都对《中西部地区吸收外商投资优势产业目录》进行了修订,完善了对区域比较优势产业的引导政策,推动产业转型升级,支持高新技术产业的发展并鼓励加快发展服务业。2006 年的《中共中央、国务院关于促进中部地区崛起的若干意见》、2009年的《促进中部地区崛起规划》更是明确提出建立中部各省(市、区)联动、协调发展机制,保证资源和要素在本区范围内合理流动,实现资源和要素在全国范围内的有效互动和优化组合,着力缩小 20 世纪 90 年代以来日益扩大的地区差异,实现区域经济协调发展。

最后,最近数年中部地区致力于形成更高层次的对外开放新格局。2016 年 12月,《促进中部地区崛起"十三五"规划》中提出了"一中心四区"的战略定位,中部崛起进入新阶段。2019 年,习近平总书记在推动中部地区崛起工作座谈会上强调,"扩大高水平开放,把握机遇积极参与'一带一路'国际合作,推动优质产能和装备走向世界大舞台、国际大市场,把品牌和技术打出去"。目前中部地区进出口贸易规模不断扩大、利用外资质量提升,但外贸总量仍然较少,进出口大型企业较少。出口商品以资源型、成本型为主,附加值低、品牌产品少、拳头产品少,正面临着发达国家外资回流和发展中国家低成本竞争双重挑战,出现了"低端产业不想要,高端产业难引进"的双重困境。具体引资政策变动趋势详见表 3.12。

**表 3.12　中部地区引进外资阶段性目标分析**

| | 1997—2000 年 | 2001 年至今 |
|---|---|---|
| 河南 | 创造宽松、透明的政策环境来适应世界贸易组织的相关政策,并以此恢复中国经济 | 1. 制定了"优化环境,外引内联,四面辐射,梯次发展"的对外开放带动策略,充分利用区域的劳动力和资源等优势,并进一步加强基础设施建设,改善硬件环境。<br>2. 2009 年,提出"大招商"战略,创新招商引资方式,采取委托招商、中介招商、会展招商等形式建立了与国际接轨的招商机制,目的是保增长、保民生、调结构、促转型。<br>3. 拓宽外商投资进入领域,符合规定条件者还可享受税收优惠政策。如支持外商投资基础设施建设,鼓励与科研机构进行研发合作。<br>4. 优化市场环境,对内外资企业一视同仁、平等看待。<br>5. 采用"负面清单管理模式",使外商投资项目的管理程序和外资企业成立及变更的程序得以简化。<br>6. 提供政策和资金上的支持,鼓励外资企业的功能性机构进入,对经济发展和科技创新有重大贡献的外资项目在土地、税收等方面给予支持,增加外资企业融资支出 |

### 3.2.2.3　西部地区引资动因演化分析

西部地区经济发展水平相对滞后,1997—2000 年间西部地区引资形式具有如下特征:

第一,加大西部地区的开放力度是由西部自身特征、国内发展阶段与国际复杂形势共同决定的,其核心目标是"大保护、大开放、高质量发展"。1999 年中国开始实施西部大开发战略,结合区域特色出台相应政策,以产权改革和资产重组为重点加快国企发展,以引进大型跨国公司为重点,目的在于学习发达国家先进技术和管理经验。

第二,随着中国特色社会主义进入新时代,区域发展对对外开放提出了新要求。自 2000 年西部大开发战略实施以来,西部地区综合实力显著增强,主要经济社会指标提升明显,东西部地区在人均 GDP 方面的相对差距有所减小,但其他多项指标的绝对差距仍在不断增大,因而,2001 年《国务院办公厅转发国务院西部开发办关于西部大开发若干政策措施实施意见的通知》、2007 年《企业所得税法》针对性地提出了对西部地区企业的税收优惠。2011 年为鼓励跨国公司在中国的研发和技术创新活动,更是明确提出将西部地区鼓励类项目所享受的 15% 所得税优惠期限延长至 2020 年,中西部地区外资研发中心购买国产和进口设备所享受的免退税政策延长到 2015 年底。

第三，加大西部对外开放力度成为新时代推进西部大开发形成新格局的重要举措。2020 年 5 月 17 日《关于新时代推进西部大开发形成新格局的指导意见》给西部地区发展带来新的重大机遇，该文件明确提出，通过扩大转移支付规模、实行土地使用优惠政策、矿产资源优惠政策、西部开发人才培养、免除鼓励类及优势产业项目自用先进技术设备的进口关税和环节增值税等一系列优惠政策来促进西部经济社会发展。具体到拓宽外商投资规模和渠道的手段则集中体现在以 BOT、TOT 和项目融资方式吸引外商扩大投资规模，积极推进外企上市、兼并重组等方面。

第四，实行全面开放战略和开放型经济，从以制造业为主逐步转向以服务业为主，尤其是依靠创新摆脱传统的粗放式发展道路，以共建"一带一路"为基础，深化产业链条，培养具有自主创新技术和竞争优势的产业，建造面向欧亚的国际平台，开辟具有西部地区特色的新的区域经济发展模式，成为西部对外开放的首要任务。

第五，实现贸易和投资自由化，通过取消贸易障碍相关政策来促进贸易自由化，通过促进外商直接投资自由化政策促进投资自由化。争当建设"一带一路"与面向欧亚的重要平台，提升西部地区产品出口数量和质量，寻求出口贡献度大的外资，以释放国内市场产能压力。

第六，以生态环境保护、循环经济发展为导向实现经济社会发展与生态环境保护共生的、可持续的、高质量发展格局。西部地区对外开放首先要基于生态脆弱特性、资源丰富性特征、劳动力成本相对较低的特征，引入要素导向型和市场导向型外资。同时，在保护生态与经济高质量发展的要求下，西部地区主动寻求技术含量高、负向外部效应低、产业结构接纳性好的外资。具体引资政策变动趋势详见表 3.13。

表 3.13　西部地区引进外资阶段性目标分析

| | 1997—2000 年 | 2001 年至今 |
|---|---|---|
| 四川 | 坚持"以大开放促大发展"的方针，积极营造良好的外商投资环境 | 1. 由西部大开发战略带来的税收优惠政策、土地优惠政策、矿产资源优惠政策以及针对基础设施和优势产业项目放宽利用外资条件。<br>2. 由国家级开发区税收优惠政策带来的对外商投资企业的税收优惠政策以及出口加工区相关优惠政策。<br>3. 四川省发布的省级优惠政策包括矿产资源、投资保障等多方面优惠政策 |

综上,在宏微观政策激励下,各地区引资政策在与诸如西部大开发战略、中原崛起、振兴东北老工业基地等全国整体引资政策保持一致的前提下,进一步出台了大量符合本地区资源禀赋与市场环境的差异化政策,这使得区域引资政策在更趋符合实际的同时亦呈现纷繁复杂的特征,因而,深入引资实践检验区域引资政策是否实现初衷成为必要。

# 3.3  区域引资目标达成程度检验

引进外资动因与外资进入动因间的互动直接反映为区域引进外资目标的达成程度,因而下面将检验外资进入对区域经济社会发展的影响。

## 3.4.1  东部地区引资目标达成程度检验

本部分基于数据可得性,选择 2008—2018 年间东部 11 个省份的数据来分析FDI 对东部地区创新能力的影响。改革开放初期东部是中国重点引资区域,历经数十年引资,目前东部地区外资市场已经非常完善,区域引资目标已经从追逐规模效应转向重视创新绩效的高质量发展,因此本部分在柯布－道格拉斯生产函数基础上构建引资模型考察外资进入与当地追求高质量发展间的关系。检验模型选择方面,考虑到区域创新能力具有基于空间依赖与空间溢出的显著特征,为突显本研究对于区域引资差异的关注,我们选取经典 OLS、空间误差模型、空间之后模型进行比较检验。变量方面,选取区域创新指数( cre )作为被解释变量,外商直接投资额( fdi )做解释变量,并选取政府技术支出( tech )和教育资本投入( edu )作为控制变量,数据来源于历年《中国区域创新能力报告》和中国年鉴,为使指标数据更加科学、可靠,利用 GDP 平减指数、CPI 平减指数对剔除各类涉及价格数据所受通胀影响,并对空缺数据进行插值化处理以保证数据的连续性与平稳性。同时,为减小出现变量非正态分布和异方差问题的可能,对数据进行对数化处理。检验结果详见表 3.14。其中,$c$、$p$、$\lambda$ 分别为三类模型的空间回归系数,度量各模型中样本的空间依赖强度。

表 3.14　东部地区引进外资面板回归检验结果

| | OLS | SLM | SEM |
|---|---|---|---|
| Lnfdi | 0.077 * * * | 0.034 * * * | 0.013 |
| Lntech | 0.154 | − 0.084 * * | − 0.088 * * * |
| Lnedu | − 0.005 * * * | 0.032 * * | 0.015 * * |
| C | 1.945 * * * | | |
| ρ | | 0.148 | |
| λ | | | 0.267 * * * |

注: * 、* * 、* * * 分别代表在 10% 、5% 、1% 的水平上显著。

表 3.14 中多方法面板模型比较检验显示,FDI 对东部地区区域创新能力有一定的促进作用,特别是在 OLS 回归、空间滞后检验结果均通过了 1% 水平下的显著性检验,这意味着在其他因素不变的条件下,FDI 每增加 1 个百分点,区域创新指数就会上升 0.05 个百分点左右,说明外资的进入在大概率上促进了区域创新能力的提升,可以说一定程度上达成了东部地区近阶段的引资目的。

## 3.4.2　中西部地区引资目标达成程度检验

中西部地区较东部地区引资规模增长较慢,目前的主要引资努力尚停留在引资规模提升阶段,其引资政策的导向主要是充分利用该区域的资源禀赋优势,发掘市场潜力,提升经济总量,实现区域经济增长。与前面检验类似,本部分同样基于数据可得性,选择 2008—2018 年间中、西部地区省级样本,探索外资进入对中西部地区经济增长的影响。检验模型选择方面,考虑到市场一体化的发展趋势,为突显本研究对于区域引资资源禀赋与市场潜力的关注,我们同样选取经典 OLS、空间误差模型、空间之后模型进行比较检验。变量方面,则以人均社会消费品零售总额增速( shxf )作为被解释变量,FDI 为解释变量,对外开放程度( open )和基础设施( road )为控制变量,所需样本各类数据均源于历年中国年鉴,为使指标数据更加科学、可靠,利用 GDP 平减指数、CPI 平减指数对剔除各类涉及价格数据所受通胀影响,并对空缺数据进行插值化处理以保证数据的连续性与平稳性。以前面类似,将 FDI 进行对数化处理。检验结果详见表 3.15。

空间面板模型回归结果显示,外商直接投资促进了中西部地区社会消费品零售总额增速的增长,且通过了可接受的显著性检验,即 FDI 每增长一个百分点社会消费品零售总额增速会增长 0.3 个百分点左右,说明中西部外资的进入基本实现了该区域的阶段性引资目标。

表 3.15　中西部地区引进外资面板回归检验结果

|  | OLS | SLM | SEM |
|---|---|---|---|
| Lnfdi | 0.412 * * | 0.174 * * | 0.179 * |
| Open | 0.664 | − 0.417 | − 1.860 |
| Road | − 0.352 | 0.261 * * | 0.564 |
| $C$ | 8.894 * * * | − 0.684 | 10.947 * * * |
| $\rho$ |  | 0.798 * * * |  |
| $\lambda$ |  |  | 0.814 * * * |

注:* 、* * 、* * * 分别代表在10%、5%、1%的水平上显著。

　　综合前述检验可以看到,各区域引进外资的发展大体可以分为"引资""择资"和"导资"三个阶段,各区域基本达到本区域的阶段性引资目标,未来各区域对于高质量发展的追求必将逐渐成为区域引资发展的共同趋势。

# 3.4　本 章 小 结

　　本章在上一章主要问题提出的基础上,基于空间计量分析了各区域引资动因与外资进入动因间的互动,考察了区域间引进外资目标达成程度的差异。面板检验显示,东部为中国早期引资重点区域,外资市场已非常完善,东部地区引资动机已由规模扩大转向质量提升,FDI对东部地区区域创新能力有一定促进作用,FDI每增加1个百分点,区域创新指数上升0.05个百分点,初步实现了东部地区引资目标。中西部地区引资目的是充分利用区域资源禀赋,发掘市场潜力。空间面板检验显示,外资促进了西部地区消费品零售总额增速,FDI每增长1个百分点,社会消费品零售总额增速会增长0.3个百分点,说明外资进入实现了中西部地区引资目标。下一章将分析与评价中国各区域引资生态位具体情况。

# 第4章 中国区域引资生态位评价

在上一章分析各区域引资动因与外资进入动因间互动结果的基础上,本章将评价中国各区域引资生态位具体情况。我们将在生态位理论概述的基础上,构建生态位评价体系,进行省际引资生态评价与区域生态位评价,了解各区域引资生态位状况,并为后续分析提供引资生态位相关数据基础。

## 4.1 生态位理论概述

生态位是生态学中的一个重要概念,又称生态灶,主要指自然生态系统中的一个种群在时间、空间上的位置及其与相关种群之间的功能关系。本质上,生态位就是目标种群在其生存生态系统中的位置,即生态系统中被一个物种所占据的最终生存单位。

生态位的宽度(niche breadth)是指一个物种所利用各种资源的总和,主要反映物种或种群对环境的适应状况或对资源的利用程度。一个物种生态位宽度越宽,其特征化程度越高。生态位宽度的大小与其可接受的资源条件的数量有关,可接受生态环境条件越广泛,生态位越宽广,可接受生态环境条件越特定的种群,生态位就越狭窄。生态位宽度会根据资源变化情况有所变化,如果资源丰富,生物体会选择自己倾向的物质条件,这样使宽度变小。如果资源匮乏,生物体因为自身需求,不得不选择更为广泛的资源以满足自身需求,此时会导致生态位宽度的增加。总而言之,生态位宽度是反映某个生物单元对其所处的特定生态位系统的适应情况以及对资源利用情况。基于多样性指数为基础的生态位指数,计算公式如下:

$$B_i = - \sum_{j=1}^{n} \frac{N_{ij}}{N_i} \log \frac{N_{ij}}{N_i} \tag{4-1}$$

式中,$B_i$ 为物种 $i$ 的生态位宽度;$N_{ij}$ 为物种 $i$ 利用 $j$ 资源等级的数值;$N_i$ 为物种 $i$ 在所有资源等级中的数值。

生态位的重叠(niche overlap)是两个物种在生态上的相似性,即两个物种对一定资源位的共同利用程度。在一定的地域空间范围内,生物单元为了获得生存所需的空间环境和资源,那么彼此间便存在着生态位的重叠。一般情况下,因为物种可以获取的资源具有限制性,生态位越相似,生态位重叠度越高,物种之间的竞争力越强,进而形成竞争状态;生态位越相异,重叠度越低,物种之间的竞争力越弱,进而形成共存状态。Schoener 生态位重叠指数计算公式如下:

$$C_{ih} = 1 - \frac{1}{2} \sum \left| \frac{N_{ij}}{N_i} - \frac{N_{hj}}{N_h} \right| \qquad (4-2)$$

式中,$C_{ih}$ 为物种 $i$ 和 $h$ 生态位重叠指数,取值范围为 $[0,1]$,其中 0 表示完全不重叠,1 表示完全重叠;$N_{ij}$ 为物种 $i$ 在 $j$ 资源等级中出现的数值;$N_i$ 为物种 $i$ 在所有资源等级中的数值;$N_{hj}$ 为物种 $h$ 在 $j$ 资源等级中出现的数值;$N_h$ 为物种 $h$ 在所有资源等级中的数值。

生态位的态势理论他提出"态"和"势"是自然和社会中的物种都具有的属性,并明确"态"是指物种的状态,"势"是指物种对环境的现实影响力和控制力。这一定义的提出丰富了生态位理论内涵,既能静态地表示生物体目前的现实能力,同时又可以从各指标的增长率等方面动态地展现生物体的发展潜力,也已成为目前学术界使用较多的理论。计算公式如下:

$$N_i = \frac{S_i + A_i P_i}{\sum\limits_{i=1}^{m} (S_i + A_i P_i)} \qquad (4-3)$$

$$S_i = \sum\limits_{j=1}^{n} x'_{ij} \qquad (4-4)$$

$$P_i = \sum\limits_{j=1}^{n} x'_{ij} \qquad (4-5)$$

式中,$x'_{ij}$ 为第 $i$ 项单元第 $j$ 项指标标准化后的数据;$N_i$ 为物种 $i$ 的生态位;$S_i$ 为物种 $i$ 的态;$P_i$ 为物种 $i$ 的势;$A_i$ 为量纲转化系数。

# 4.2 引资生态位概念的建构

本部分依据生态位宽度理论、生态位重叠度理论和生态位态势理论对各省(市、区)引进外资的能力进行综合评价。主要指标包括引资生态位宽度、生态位重叠度、生态位态势值。如前所述,虽然中国吸引外商直接投资体量排名世界第二,但是外商直接投资在中国内部分布极不平衡,各省域吸引外商直接投资能力存在一定的差距,同时伴随新一轮高水平全面开放政策的大力实施,外商直接投资将更加活跃于中国市场,各省域之间的竞争也将加剧,这意味着,对中国各省(市、区)引进外资的能力进行评价,了解各省(市、区)引资优势与不足,必将有利于各个区域更好地吸收外资,提升整体引资水平。因而,本部分我们将借鉴城市生态位、企业生态位和产业生态位的相关理论研究来探讨区域引资生态位。

随着生态位理论的不断发展,其近年来不再局限于生态系统的研究,而是逐渐扩展到一些非生态学领域的研究之中。目前,国内外关于生态位理论的应用主要涵盖产业、企业、城市、港口、旅游、高校、科技和品牌等社会科学范畴的领域。

其中,在城市生态位研究方面,有学者提出,城市生态位是城市群背景下,城市生命体从其城市群所在区域中所能获得的各种自然资源、生产资本、人力资源和社会资源等各种资源的综合,包括各种资本或资源的数量和类型及其在空间上和时间上的变化。同时利用生态位态势理论从生态环境、经济资源和社会资源三个维度构建评价指标体系,对甘肃省 14 个城市生态位及其属性进行了定量分析评价。研究运用生态位理论的生态位宽度模型、重叠度模型分析了关中地区城市间的竞争程度及变化情况。我们从旅游资源、旅游市场、社会人文、旅游经济、旅游环境五个维度构建旅游城市生态位综合测评指标体系,综合测评了河北省主要旅游城市生态位。同时采用主成分分析方法、城市生态位宽度模型和分异指数模型,测度分析新疆天山北坡城市群的生态位宽度和生态位分异特征。最后根据生态位理论,从资源环境、经济情况和社会保证三个维度构建城市综合发展水平指标体系,评价了河西走廊 20 个县域城市的竞合关系。

在企业生态位研究方面,企业生态位可以理解为一个企业与其他企业相关联的特定资源位置、市场位置、地理位置和功能地位。生态位态势理论阐述了集群环境下企业的态势互动机制和集群企业生态位的协同进化。"价格生态位"的概念表述了汽车生产企业的生态位,利用价格生态位分析了主要轿车生产企业之间的竞争态势。有学者运用企业生态系统和生态位理论,建立企业生态系统竞争共生战略模型,分析了企业从竞争到合作、到竞争共生的平衡条件,为中国企业获取竞争优势提供了新的可操作性思路。既有研究从生态位理论的宽度、密度和重叠度三个维度分析了不同生存策略对小微企业生态位的要求,以及由此形成的企业"态""势"。同时,基于生态位理论,从诚信因子、效用因子、服务因子和联通因子四个生态因子维度提出了新零售企业资源需求生态位,并给出了新零售企业生态位宽度、重叠度以及竞争优势测度方法,构建测度家族企业跨代创业空间集聚特征的指标体系,分析了家族企业跨代创业活动的地区差异。我们采用物流企业生态位模型和计数模型,从区县尺度和街道尺度甄别物流企业优势区位及影响因素,并基于生态位理论和 PSM – DID 模型评估高新技术企业认定对企业技术生态位的政策效应。

在产业生态位研究方面,将生态位的概念引入电信产业,从环境维度和内部维度构建了电信产业生态系统的企业生态位,阐述了产业生态系统中生态位的表现因子及其与战略选择的关系。我们认为产业生态位是一个产业在产业生态大环境中依据自身及外部条件获得的生态系统中的资源空间总和,并基于生态位理论阐释了民族文化旅游产业演化的动力机制和演化路径。既有研究运用生态位理论,对农产品加工产业集群竞合关系进行了测度,并构建了高新技术产业创新生态位评价指标体系,采用创新生态位宽度模型和创新生态位适宜度模型对中国 30 个省区高新技术产业创新生态位进行测度与实证分析。有学者基于生态位理论及相应测度方法,分别对广东省港口产业生态位宽度、强度与重叠度测度、分异度、态势与适宜度进行了测度。同时,我们从资源维度、技术维度和市场维度建立了物流产业竞争力评价指标体系,并运用生态位态势理论分析了物流产业三个维度、综合生态位及其排名。最后运用生态位理论构建文化创意产业评价指标体系,从时间维度和空间维度分析了中国 31 个省(市、区)文化创意产业的宽度、重叠度及态势。

但尚未有学者对引资生态位进行研究,因而我们尝试以全新的视角把生态学领域的理论应用于引进外资的研究当中,将中国 31 个省(市、区)(不包含港澳台地区)视为一个多区域生态系统,各省(市、区)看作生物单位,则引资生态位可定义为:特定生态系统中,各省(市、区)引进外资受多维因素的影响和制约,与所处系统和其他省份之间相互影响,最终获得的相对地位、功能和价值,即各省单位在引进外资过程中所获得的生存资源及发展能力。

进一步,考虑到既有研究中生态位在社会科学领域的测算多采取单一年份的截面数据,在观测研究对象的时序变化上存在不足,加之截面数据存在一定的偶然性,会导致结果产生偏差,具有一定的片面性和偶然性。加之多维超体积生态位理论所强调物种生态位的测算受到环境、资源等多维因素的影响,我们提出,外资进入中国市场同样受到多维因素影响,东道国各区域凭借其所拥有的制度环境、物理禀赋与市场机制成为外商直接投资的生存环境与产业对象。

在引进外资的能力测算指标的选择上将根据多维超体积生态位理论,遵从评价指标的科学性、系统性、可行性和可比性原则,综合考虑到多维影响变量,构建基于市场导向、资源导向、技术导向和生产要素导向的四维引资生态位评价体系,从生态位宽度、生态位重叠度和生态位态势入手,使用时间跨度为 1997—2019 年的面板数据测算各省引进外资的生态位值,对中国各省(市、区)引进外资的能力进行评价,为引进外资能力评价提供一种新的研究思路。分维度引资生态位指标评价体系详见表 4.1。

**表 4.1　分维度引资生态位指标评价体系**

| 一级指标 | 二级指标 | 三级指标 | 编号 |
|---|---|---|---|
| 引进外资能力 | 市场 | 地区生产总值(亿元) | A1 |
| | | 货物进出口总额(亿美元) | A2 |
| | | 规模以上工业企业单位数(个) | A3 |
| | | 第一产业增加值(亿元) | A4 |
| | | 第二产业增加值(亿元) | A5 |
| | | 第三产业增加值(亿元) | A6 |
| | 资源 | 地方财政资源税(亿元) | B1 |
| | | 地方财政耕地占用税(亿元) | B2 |
| | 技术 | 专利申请受理量(件) | C1 |
| | | 专利申请授权量(件) | C2 |
| | | 固定电话年末用户(万户) | C3 |
| | | 移动电话年末用户(万户) | C4 |
| | | 技术市场成交额(亿元) | C5 |
| | 生产要素 | 年末人口数(万人) | D1 |
| | | 普通高等学校数(个) | D2 |
| | | 普通高等学校在校生(人) | D3 |
| | | 铁路营业里程(km) | D4 |
| | | 公路里程(km) | D5 |
| | | 发电量(亿千瓦小时) | D6 |
| | | 文化距离:民族个数(个) | D7 |
| | | 制度距离:省会距离北京的距离(km) | D8 |
| | | 地理距离:省会距离最近出海口的距离(km) | D9 |

其中所涉及的各类指标数据均采自历年中国统计年鉴、各省统计年鉴以及国家统计局所发布数据,时间跨度为 1997—2019 年,同时,为使指标数据更加科学可靠,利用 GDP 平减指数以及 CPI 平减指数对涉及价格金额的数据进行平减,剔除了价格及通货膨胀影响因素。进一步,考虑到各项指标可能从不同方面影响着引进外资的能力,存在着量纲冲击,为消除量纲影响,采用离差标准化方法对各项评价指标进行标准化,具体公式如下:

对于正向指标,

$$r_{ij} = \frac{x_{ij} - \min\limits_{j}\{x_{ij}\}}{\max\limits_{j}\{X_{ij}\} - \min\limits_{j}\{X_{ij}\}}, 1 \leqslant i \leqslant n, 1 \leqslant j \leqslant m \qquad (4-6)$$

对于负向指标,

$$r_{ij} = \frac{\max\limits_{j}\{x_{ij}\} - x_{ij}}{\max\limits_{j}\{x_{ij}\} - \min\limits_{j}\{x_{ij}\}}, 1 \leqslant i \leqslant n, 1 \leqslant j \leqslant m \qquad (4-7)$$

式中,$r_{ij}$为各项指标的标准化结果值;$x_{ij}$为第 $i$ 个评价对象的第 $j$ 项指标的原始数值。

# 4.3 区域引资生态位评价

## 4.3.1 区域引资生态位宽度的测定

针对前述标准化后的基础数据,应用 Shannon 生态位宽度公式进行计算,得到历年中国 31 省(市、区)引资能力生态位宽度。计算公式如下:

$$B_i = \frac{\lg \sum N_{ij} - \dfrac{\sum N_{ij}\lg N_{ij}}{\sum N_{ij}}}{\lg j_{\max}} \quad (\text{shannon}) \qquad (25)$$

式中,$B$ 为生态位宽度;$i$ 为物种;$j$ 为资源等级;$N$ 为资源利用情况。

从引资生态位宽度来看,1997—2019 年间生态位宽度的取值范围为[0.622 8,3.017 7],观察历年各省(市、区)的生态位宽度值可知,历年的生态位宽度变化幅度不大,趋于平稳,其中山东、江苏和广东生态位宽度值较大,历年来交替排名第一;福建、浙江、辽宁等东部沿海城市生态位宽度值较大,引进外资能力较强;而西藏生态位宽度值最小,一直处于最后一名;甘肃、宁夏、青海等西部内陆省份生态位宽度值相对较小,引进外资能力较弱。总体来看,引进外资的生态位宽度值与中国外商直接投资呈现的东高西低的阶梯状分布态势相符。

表 4.2　各省(市、区)引进外资能力的生态位宽度(不含港澳台地区)

| 年份 | 北京 | 天津 | 河北 | 山西 | 内蒙古 | 辽宁 | 吉林 | 黑龙江 | 上海 | 江苏 |
|---|---|---|---|---|---|---|---|---|---|---|
| 1997 | 2.783 6 | 2.679 7 | 2.985 0 | 2.756 9 | 2.664 0 | 3.015 7 | 2.828 6 | 2.940 4 | 2.803 8 | 2.972 3 |
| 1998 | 2.774 2 | 2.636 0 | 2.972 2 | 2.758 7 | 2.639 8 | 3.011 1 | 2.821 6 | 2.928 3 | 2.801 7 | 2.957 6 |
| 1999 | 2.774 8 | 2.633 2 | 2.959 3 | 2.734 5 | 2.617 7 | 2.999 1 | 2.821 4 | 2.886 9 | 2.804 2 | 2.962 8 |
| 2000 | 2.779 0 | 2.630 1 | 2.942 9 | 2.734 6 | 2.617 6 | 2.994 4 | 2.807 1 | 2.865 9 | 2.826 3 | 2.963 1 |
| 2001 | 2.746 8 | 2.615 2 | 2.913 4 | 2.719 9 | 2.620 3 | 2.965 6 | 2.798 8 | 2.833 5 | 2.819 7 | 2.961 0 |
| 2002 | 2.751 4 | 2.624 1 | 2.902 4 | 2.721 0 | 2.601 8 | 2.966 0 | 2.779 2 | 2.827 1 | 2.826 0 | 2.978 4 |
| 2003 | 2.738 0 | 2.620 4 | 2.890 0 | 2.711 7 | 2.647 6 | 2.963 3 | 2.773 0 | 2.820 4 | 2.819 3 | 2.991 8 |
| 2004 | 2.738 1 | 2.589 5 | 2.885 3 | 2.713 3 | 2.660 5 | 2.958 5 | 2.759 0 | 2.815 5 | 2.809 4 | 2.995 4 |
| 2005 | 2.714 8 | 2.567 3 | 2.873 0 | 2.675 1 | 2.676 5 | 2.948 6 | 2.729 2 | 2.801 0 | 2.794 0 | 2.994 8 |
| 2006 | 2.698 7 | 2.524 2 | 2.875 3 | 2.681 9 | 2.676 4 | 2.945 5 | 2.739 5 | 2.788 0 | 2.776 3 | 2.988 1 |
| 2007 | 2.684 5 | 2.511 8 | 2.872 5 | 2.679 5 | 2.655 9 | 2.942 3 | 2.745 1 | 2.797 2 | 2.752 5 | 2.986 7 |
| 2008 | 2.683 5 | 2.528 8 | 2.876 5 | 2.675 6 | 2.668 0 | 2.957 0 | 2.753 2 | 2.799 3 | 2.740 1 | 2.992 9 |
| 2009 | 2.702 4 | 2.564 4 | 2.875 9 | 2.682 5 | 2.694 3 | 2.942 4 | 2.761 6 | 2.802 3 | 2.753 5 | 2.996 7 |
| 2010 | 2.689 1 | 2.556 4 | 2.883 0 | 2.714 9 | 2.717 1 | 2.936 1 | 2.741 9 | 2.823 3 | 2.751 6 | 3.004 3 |
| 2011 | 2.672 2 | 2.552 3 | 2.884 6 | 2.722 2 | 2.704 2 | 2.917 1 | 2.769 4 | 2.842 5 | 2.728 8 | 3.004 8 |
| 2012 | 2.659 9 | 2.554 7 | 2.886 0 | 2.722 8 | 2.731 7 | 2.912 2 | 2.773 3 | 2.831 6 | 2.691 2 | 2.995 1 |
| 2013 | 2.631 2 | 2.518 4 | 2.879 8 | 2.715 6 | 2.724 6 | 2.904 5 | 2.772 2 | 2.841 1 | 2.623 8 | 2.986 3 |
| 2014 | 2.674 7 | 2.585 0 | 2.894 1 | 2.732 2 | 2.712 4 | 2.922 8 | 2.769 7 | 2.804 3 | 2.680 4 | 2.985 3 |
| 2015 | 2.662 2 | 2.583 9 | 2.885 8 | 2.674 7 | 2.692 7 | 2.896 9 | 2.756 6 | 2.818 0 | 2.662 9 | 2.976 8 |
| 2016 | 2.648 3 | 2.571 4 | 2.896 4 | 2.662 7 | 2.681 2 | 2.872 0 | 2.762 7 | 2.800 4 | 2.649 5 | 2.969 6 |
| 2017 | 2.632 7 | 2.545 0 | 2.891 9 | 2.674 8 | 2.673 9 | 2.857 2 | 2.727 7 | 2.776 9 | 2.647 3 | 2.981 3 |
| 2018 | 2.653 3 | 2.552 7 | 2.904 5 | 2.675 0 | 2.655 9 | 2.854 5 | 2.729 0 | 2.759 7 | 2.643 5 | 2.984 7 |
| 2019 | 2.652 5 | 2.501 2 | 2.901 6 | 2.666 9 | 2.645 3 | 2.852 2 | 2.672 8 | 2.740 8 | 2.661 1 | 2.994 5 |
| 年份 | 浙江 | 广东 | 广西 | 海南 | 安徽 | 重庆 | 福建 | 江西 | 山东 | 河南 |
| 1997 | 2.956 5 | 2.985 1 | 2.830 4 | 2.166 9 | 2.887 5 | 2.864 9 | 2.929 7 | 2.770 4 | 3.016 6 | 2.944 6 |
| 1998 | 2.966 6 | 2.990 0 | 2.811 8 | 2.148 7 | 2.888 1 | 2.864 8 | 2.934 4 | 2.765 0 | 3.017 7 | 2.946 0 |
| 1999 | 2.972 7 | 2.996 3 | 2.784 8 | 2.112 1 | 2.875 3 | 2.866 9 | 2.937 1 | 2.740 5 | 3.017 0 | 2.941 4 |
| 2000 | 2.963 0 | 2.996 4 | 2.782 0 | 2.032 4 | 2.853 8 | 2.874 5 | 2.943 7 | 2.735 3 | 3.015 6 | 2.925 2 |
| 2001 | 2.959 6 | 3.002 4 | 2.771 1 | 2.059 5 | 2.827 5 | 2.834 7 | 2.929 2 | 2.729 0 | 3.000 2 | 2.894 2 |
| 2002 | 2.962 0 | 3.004 2 | 2.747 0 | 1.969 5 | 2.829 8 | 2.852 8 | 2.919 1 | 2.717 6 | 2.996 1 | 2.876 3 |

表 4.2（续）

| 年份 | 浙江 | 广东 | 广西 | 海南 | 安徽 | 重庆 | 福建 | 江西 | 山东 | 河南 |
|---|---|---|---|---|---|---|---|---|---|---|
| 2003 | 2.969 7 | 3.000 0 | 2.739 6 | 1.958 4 | 2.829 0 | 2.877 9 | 2.920 9 | 2.707 8 | 3.001 9 | 2.880 1 |
| 2004 | 2.971 9 | 2.996 2 | 2.762 1 | 1.982 3 | 2.831 7 | 2.885 6 | 2.911 7 | 2.710 9 | 2.998 6 | 2.880 8 |
| 2005 | 2.987 0 | 3.002 8 | 2.750 5 | 1.929 3 | 2.806 1 | 2.861 4 | 2.897 8 | 2.722 4 | 3.003 5 | 2.885 2 |
| 2006 | 2.979 7 | 2.983 0 | 2.723 7 | 1.848 2 | 2.814 7 | 2.847 9 | 2.883 0 | 2.708 9 | 2.992 9 | 2.892 9 |
| 2007 | 2.982 4 | 2.992 8 | 2.735 1 | 1.856 5 | 2.820 4 | 2.834 4 | 2.892 3 | 2.729 4 | 3.001 3 | 2.907 5 |
| 2008 | 2.984 4 | 2.990 8 | 2.767 5 | 1.898 0 | 2.850 2 | 2.850 2 | 2.890 7 | 2.748 5 | 3.012 2 | 2.913 7 |
| 2009 | 2.973 9 | 2.994 9 | 2.780 1 | 1.907 1 | 2.875 6 | 2.854 8 | 2.900 9 | 2.756 3 | 3.003 5 | 2.898 4 |
| 2010 | 2.969 5 | 2.997 3 | 2.775 2 | 1.963 8 | 2.897 7 | 2.862 0 | 2.893 7 | 2.768 1 | 3.002 3 | 2.900 5 |
| 2011 | 2.980 5 | 2.987 8 | 2.777 3 | 1.981 0 | 2.904 8 | 2.872 4 | 2.894 6 | 2.788 8 | 3.001 5 | 2.904 0 |
| 2012 | 2.965 6 | 2.975 0 | 2.779 6 | 2.004 5 | 2.898 6 | 2.866 4 | 2.886 5 | 2.786 1 | 2.996 4 | 2.899 8 |
| 2013 | 2.951 9 | 2.984 7 | 2.794 4 | 2.068 1 | 2.901 9 | 2.873 1 | 2.887 8 | 2.795 1 | 2.997 1 | 2.902 9 |
| 2014 | 2.958 0 | 2.990 0 | 2.819 0 | 2.001 1 | 2.914 6 | 2.910 8 | 2.906 3 | 2.820 6 | 3.005 1 | 2.926 7 |
| 2015 | 2.953 6 | 2.992 3 | 2.825 0 | 2.017 3 | 2.916 9 | 2.907 1 | 2.910 2 | 2.838 6 | 3.008 0 | 2.929 4 |
| 2016 | 2.969 8 | 2.990 0 | 2.823 9 | 2.012 5 | 2.925 9 | 2.912 9 | 2.901 0 | 2.856 0 | 3.008 1 | 2.923 8 |
| 2017 | 2.977 2 | 2.984 6 | 2.796 2 | 1.952 5 | 2.912 3 | 2.885 6 | 2.894 8 | 2.845 0 | 2.995 2 | 2.904 3 |
| 2018 | 2.981 6 | 2.987 3 | 2.787 9 | 1.973 7 | 2.917 8 | 2.893 3 | 2.900 5 | 2.840 5 | 3.005 8 | 2.919 7 |
| 2019 | 2.993 8 | 2.995 1 | 2.772 9 | 2.051 3 | 2.920 0 | 2.867 0 | 2.895 9 | 2.828 8 | 3.007 4 | 2.916 2 |

| 年份 | 湖南 | 四川 | 陕西 | 甘肃 | 青海 | 宁夏 | 新疆 | 贵州 | 云南 | 西藏 |
|---|---|---|---|---|---|---|---|---|---|---|
| 1997 | 2.934 1 | 2.957 1 | 2.816 7 | 2.734 0 | 2.098 6 | 1.967 0 | 2.824 8 | 2.674 4 | 2.793 3 | 0.638 3 |
| 1998 | 2.927 1 | 2.945 1 | 2.795 1 | 2.707 7 | 2.077 7 | 1.964 4 | 2.836 0 | 2.692 4 | 2.782 7 | 0.638 9 |
| 1999 | 2.922 5 | 2.932 0 | 2.789 2 | 2.699 5 | 2.077 8 | 1.961 7 | 2.818 4 | 2.670 3 | 2.726 0 | 0.631 0 |
| 2000 | 2.915 5 | 2.930 9 | 2.797 9 | 2.696 2 | 2.061 5 | 1.970 2 | 2.795 3 | 2.685 0 | 2.708 3 | 0.622 8 |
| 2001 | 2.894 8 | 2.929 4 | 2.767 5 | 2.701 4 | 2.092 4 | 1.966 6 | 2.751 9 | 2.682 0 | 2.715 7 | 0.641 7 |
| 2002 | 2.894 8 | 2.909 6 | 2.777 4 | 2.692 6 | 2.096 1 | 1.979 4 | 2.751 2 | 2.680 8 | 2.682 4 | 0.669 0 |
| 2003 | 2.885 8 | 2.903 0 | 2.766 0 | 2.689 0 | 2.083 7 | 1.971 8 | 2.745 4 | 2.658 8 | 2.668 7 | 0.666 3 |
| 2004 | 2.886 8 | 2.902 1 | 2.769 0 | 2.678 8 | 2.091 6 | 1.972 2 | 2.711 7 | 2.664 5 | 2.650 4 | 0.677 6 |
| 2005 | 2.860 9 | 2.893 0 | 2.755 8 | 2.671 9 | 2.099 8 | 1.975 4 | 2.682 8 | 2.655 6 | 2.630 5 | 0.667 3 |
| 2006 | 2.859 6 | 2.901 0 | 2.760 6 | 2.663 7 | 2.074 8 | 1.970 5 | 2.679 4 | 2.643 3 | 2.646 9 | 0.793 7 |
| 2007 | 2.856 5 | 2.909 4 | 2.781 8 | 2.675 8 | 2.103 3 | 1.990 7 | 2.680 3 | 2.646 2 | 2.655 4 | 0.780 4 |
| 2008 | 2.862 7 | 2.911 6 | 2.780 9 | 2.682 9 | 2.118 4 | 1.997 3 | 2.688 0 | 2.646 1 | 2.665 4 | 1.063 2 |

表 4.2(续)

| 年份 | 湖南 | 四川 | 陕西 | 甘肃 | 青海 | 宁夏 | 新疆 | 贵州 | 云南 | 西藏 |
|------|------|------|------|------|------|------|------|------|------|------|
| 2009 | 2.866 6 | 2.926 5 | 2.822 3 | 2.676 1 | 2.151 4 | 2.032 6 | 2.529 6 | 2.654 2 | 2.680 5 | 0.763 2 |
| 2010 | 2.864 4 | 2.924 1 | 2.849 9 | 2.674 9 | 2.164 1 | 2.046 5 | 2.560 3 | 2.677 3 | 2.698 1 | 0.700 4 |
| 2011 | 2.863 1 | 2.926 0 | 2.853 6 | 2.700 4 | 2.178 5 | 2.087 7 | 2.574 5 | 2.709 2 | 2.706 1 | 0.685 6 |
| 2012 | 2.862 2 | 2.924 5 | 2.866 8 | 2.694 7 | 2.180 4 | 2.110 4 | 2.679 5 | 2.715 7 | 2.716 9 | 0.682 6 |
| 2013 | 2.869 1 | 2.925 1 | 2.892 6 | 2.723 4 | 2.182 8 | 2.112 6 | 2.734 2 | 2.747 6 | 2.727 7 | 0.676 9 |
| 2014 | 2.886 9 | 2.949 1 | 2.903 9 | 2.724 1 | 2.230 3 | 2.148 8 | 2.721 6 | 2.763 0 | 2.723 2 | 0.770 1 |
| 2015 | 2.880 1 | 2.951 9 | 2.915 4 | 2.711 4 | 2.248 1 | 2.186 1 | 2.740 6 | 2.770 8 | 2.720 8 | 0.756 7 |
| 2016 | 2.878 2 | 2.951 6 | 2.919 5 | 2.705 7 | 2.204 5 | 2.155 0 | 2.725 5 | 2.761 9 | 2.727 3 | 0.772 6 |
| 2017 | 2.886 6 | 2.940 1 | 2.924 7 | 2.695 8 | 2.187 5 | 2.186 7 | 2.745 8 | 2.737 3 | 2.720 3 | 0.796 0 |
| 2018 | 2.887 9 | 2.953 5 | 2.912 6 | 2.694 1 | 2.207 4 | 2.166 7 | 2.735 6 | 2.779 1 | 2.712 8 | 0.837 8 |
| 2019 | 2.898 3 | 2.948 5 | 2.919 1 | 2.682 1 | 2.169 4 | 2.133 6 | 2.712 6 | 2.778 4 | 2.705 5 | 0.868 3 |

## 4.3.2　区域引资生态位重叠度测定

针对标准化后数据应用 Schoener 生态位重叠指数公式进行计算,得到中国各省(市、区)引进外资能力的生态位重叠度,计算公式如下:

$$Q_{ij} = 1 - \frac{1}{2}\sum_{h=1}^{r} |p_{ih} - p_{hj}| \qquad (4-9)$$

式中,$p_{ih}$ 为种群 $i$ 在 $h$ 资源上所占的比例;$p_{jh}$ 为种群 $j$ 在 $h$ 资源上所占的比例。

## 4.4.3　区域引资生态位态势测定

基于生态位态势理论,引资生态位的态值反映的是各省域在市场维度、资源维度、技术维度和生产要素维度上的积累状态,引资生态位的势值反映的是各省域在市场维度、资源维度、技术维度和生产要素维度上的增长变化。因此,利用生态位态势理论计算生态位时,将 2019 年各省域各维度指标的标准化数据设为"态",将 1997—2019 年各省域各维度指标的年平均增长量的标准化数据设为"势",量纲转换系数为"1a",得出结果如表 4.3 所示。表 4.3 显示,中国各地区引进外资的"态"和"势"在各个评价维度上存在着一定的差异性。

表4.3　中国各地区引资生态位的"态"和"势"

| 地区 | 态 | | | | 势 | | | |
|---|---|---|---|---|---|---|---|---|
| | 市场 | 资源 | 技术 | 生产要素 | 市场 | 资源 | 技术 | 生产要素 |
| 北京 | 0.229 6 | 0.050 1 | 0.394 4 | 0.419 7 | 0.223 6 | 0.049 5 | 0.386 4 | 0.246 2 |
| 天津 | 0.092 6 | 0.028 4 | 0.120 1 | 0.369 8 | 0.085 3 | 0.025 7 | 0.122 8 | 0.122 5 |
| 河北 | 0.312 5 | 0.314 4 | 0.216 0 | 0.690 4 | 0.303 2 | 0.304 2 | 0.205 3 | 0.479 7 |
| 山西 | 0.113 6 | 0.529 7 | 0.081 1 | 0.560 3 | 0.115 2 | 0.529 8 | 0.071 0 | 0.375 9 |
| 内蒙古 | 0.139 0 | 0.600 4 | 0.056 7 | 0.601 8 | 0.153 8 | 0.603 0 | 0.049 1 | 0.519 2 |
| 辽宁 | 0.213 6 | 0.097 2 | 0.158 5 | 0.530 7 | 0.200 2 | 0.084 1 | 0.135 2 | 0.294 7 |
| 吉林 | 0.095 4 | 0.048 7 | 0.096 9 | 0.415 3 | 0.093 1 | 0.047 0 | 0.091 2 | 0.166 9 |
| 黑龙江 | 0.163 6 | 0.151 6 | 0.094 0 | 0.464 7 | 0.167 4 | 0.121 5 | 0.071 3 | 0.239 5 |
| 上海 | 0.275 6 | 0.037 8 | 0.228 2 | 0.385 4 | 0.254 7 | 0.036 4 | 0.208 9 | 0.067 3 |
| 江苏 | 0.841 9 | 0.225 4 | 0.552 5 | 0.741 4 | 0.842 4 | 0.209 0 | 0.528 5 | 0.562 0 |
| 浙江 | 0.562 8 | 0.380 3 | 0.462 3 | 0.536 2 | 0.572 9 | 0.380 0 | 0.464 5 | 0.380 0 |
| 安徽 | 0.320 3 | 0.175 5 | 0.201 7 | 0.612 1 | 0.336 4 | 0.166 0 | 0.198 8 | 0.487 4 |
| 福建 | 0.360 8 | 0.055 0 | 0.196 9 | 0.475 1 | 0.373 6 | 0.050 3 | 0.193 1 | 0.309 6 |
| 江西 | 0.218 2 | 0.147 7 | 0.132 6 | 0.551 9 | 0.231 8 | 0.146 3 | 0.128 6 | 0.396 1 |
| 山东 | 0.614 5 | 0.447 1 | 0.388 7 | 0.850 6 | 0.603 8 | 0.441 3 | 0.381 9 | 0.701 1 |
| 河南 | 0.463 8 | 0.589 9 | 0.255 7 | 0.761 6 | 0.459 7 | 0.588 9 | 0.246 0 | 0.607 2 |
| 湖北 | 0.380 9 | 0.321 1 | 0.220 0 | 0.589 6 | 0.386 2 | 0.318 8 | 0.194 5 | 0.506 0 |
| 湖南 | 0.349 2 | 0.211 3 | 0.192 0 | 0.571 9 | 0.360 5 | 0.209 1 | 0.188 7 | 0.429 0 |
| 广东 | 0.971 8 | 0.187 9 | 0.878 0 | 0.749 8 | 0.972 1 | 0.181 2 | 0.861 2 | 0.604 9 |
| 广西 | 0.221 5 | 0.135 2 | 0.104 7 | 0.453 3 | 0.231 9 | 0.132 0 | 0.102 9 | 0.361 2 |
| 海南 | 0.049 0 | 0.046 2 | 0.023 8 | 0.246 6 | 0.062 7 | 0.044 2 | 0.029 2 | 0.065 9 |
| 重庆 | 0.182 5 | 0.109 5 | 0.124 7 | 0.346 6 | 0.199 4 | 0.106 4 | 0.137 4 | 0.267 7 |
| 四川 | 0.416 9 | 0.353 3 | 0.379 6 | 0.642 8 | 0.436 0 | 0.348 4 | 0.417 8 | 0.583 3 |
| 贵州 | 0.152 7 | 0.176 7 | 0.089 0 | 0.387 6 | 0.173 8 | 0.177 0 | 0.092 7 | 0.344 3 |
| 云南 | 0.209 4 | 0.136 7 | 0.096 0 | 0.420 6 | 0.230 0 | 0.131 3 | 0.074 8 | 0.413 4 |
| 西藏 | 0.001 2 | 0.003 3 | 0.001 6 | 0.097 5 | 0.012 4 | 0.003 2 | 0.011 3 | 0.068 3 |
| 陕西 | 0.203 7 | 0.434 1 | 0.195 7 | 0.531 9 | 0.224 4 | 0.437 0 | 0.205 9 | 0.371 4 |
| 甘肃 | 0.067 9 | 0.042 7 | 0.073 1 | 0.357 6 | 0.072 0 | 0.041 7 | 0.077 0 | 0.246 8 |
| 青海 | 0.013 5 | 0.036 5 | 0.012 4 | 0.217 6 | 0.025 2 | 0.036 8 | 0.020 8 | 0.095 5 |

表 4.3（续）

| 地区 | 态 | | | | 势 | | | |
|---|---|---|---|---|---|---|---|---|
| | 市场 | 资源 | 技术 | 生产要素 | 市场 | 资源 | 技术 | 生产要素 |
| 宁夏 | 0.019 1 | 0.043 4 | 0.010 2 | 0.254 7 | 0.031 6 | 0.043 6 | 0.016 8 | 0.104 2 |
| 新疆 | 0.120 5 | 0.325 3 | 0.068 4 | 0.309 8 | 0.134 5 | 0.324 5 | 0.088 5 | 0.415 7 |

进一步，为便于比较各地区不同维度引进外资的态势发展情况，利用态势模型将"态"值和"势"值综合起来，计算得出各维度的态势值，并进行排名，具体结果详见表 4.4。

表 4.4　中国各地区各维度引资生态位的态势值及排名

| 地区 | 市场维 | 地区 | 资源维 | 地区 | 技术维 | 地区 | 生产要素维 | 排名 |
|---|---|---|---|---|---|---|---|---|
| 广东 | 0.028 7 | 内蒙古 | 0.017 8 | 广东 | 0.025 7 | 山东 | 0.022 9 | 1 |
| 江苏 | 0.024 8 | 河南 | 0.017 4 | 江苏 | 0.015 9 | 河南 | 0.020 2 | 2 |
| 山东 | 0.018 0 | 山西 | 0.015 6 | 浙江 | 0.013 7 | 广东 | 0.020 0 | 3 |
| 浙江 | 0.016 8 | 山东 | 0.013 1 | 四川 | 0.011 8 | 江苏 | 0.019 2 | 4 |
| 河南 | 0.013 6 | 陕西 | 0.012 8 | 北京 | 0.011 5 | 四川 | 0.018 1 | 5 |
| 四川 | 0.012 6 | 浙江 | 0.011 2 | 山东 | 0.011 4 | 河北 | 0.017 3 | 6 |
| 湖北 | 0.011 3 | 四川 | 0.010 4 | 河南 | 0.007 4 | 内蒙古 | 0.016 5 | 7 |
| 福建 | 0.010 8 | 新疆 | 0.009 6 | 上海 | 0.006 4 | 安徽 | 0.016 2 | 8 |
| 湖南 | 0.010 5 | 湖北 | 0.009 4 | 河北 | 0.006 2 | 湖北 | 0.016 2 | 9 |
| 安徽 | 0.009 7 | 河北 | 0.009 1 | 湖北 | 0.006 1 | 湖南 | 0.014 8 | 10 |
| 河北 | 0.009 1 | 江苏 | 0.006 4 | 陕西 | 0.005 9 | 江西 | 0.014 0 | 11 |
| 上海 | 0.007 8 | 湖南 | 0.006 2 | 安徽 | 0.005 9 | 山西 | 0.013 8 | 12 |
| 广西 | 0.006 7 | 广东 | 0.005 4 | 福建 | 0.005 8 | 浙江 | 0.013 5 | 13 |
| 北京 | 0.006 7 | 贵州 | 0.005 2 | 湖南 | 0.005 6 | 陕西 | 0.013 3 | 14 |
| 江西 | 0.006 6 | 安徽 | 0.005 0 | 辽宁 | 0.004 3 | 云南 | 0.012 3 | 15 |
| 云南 | 0.006 5 | 江西 | 0.004 3 | 重庆 | 0.003 9 | 辽宁 | 0.012 2 | 16 |
| 陕西 | 0.006 3 | 黑龙江 | 0.004 0 | 江西 | 0.003 9 | 广西 | 0.012 0 | 17 |
| 辽宁 | 0.006 1 | 云南 | 0.004 0 | 天津 | 0.003 6 | 福建 | 0.011 6 | 18 |
| 重庆 | 0.005 6 | 广西 | 0.003 9 | 广西 | 0.003 1 | 贵州 | 0.010 8 | 19 |
| 黑龙江 | 0.004 9 | 重庆 | 0.003 2 | 吉林 | 0.002 8 | 新疆 | 0.010 7 | 20 |

表4.4(续)

| 地区 | 市场维 | 地区 | 资源维 | 地区 | 技术维 | 地区 | 生产要素维 | 排名 |
|------|-------|------|-------|------|-------|------|-----------|------|
| 贵州 | 0.004 8 | 辽宁 | 0.002 7 | 贵州 | 0.002 7 | 黑龙江 | 0.010 4 | 21 |
| 内蒙古 | 0.004 3 | 福建 | 0.001 6 | 云南 | 0.002 5 | 北京 | 0.009 8 | 22 |
| 新疆 | 0.003 8 | 北京 | 0.001 5 | 黑龙江 | 0.002 4 | 重庆 | 0.009 1 | 23 |
| 山西 | 0.003 4 | 吉林 | 0.001 4 | 新疆 | 0.002 3 | 甘肃 | 0.008 9 | 24 |
| 吉林 | 0.002 8 | 海南 | 0.001 3 | 山西 | 0.002 2 | 吉林 | 0.008 6 | 25 |
| 天津 | 0.002 6 | 宁夏 | 0.001 3 | 甘肃 | 0.002 2 | 天津 | 0.007 3 | 26 |
| 甘肃 | 0.002 1 | 甘肃 | 0.001 2 | 内蒙古 | 0.001 6 | 上海 | 0.006 7 | 27 |
| 海南 | 0.001 6 | 上海 | 0.001 1 | 海南 | 0.000 8 | 宁夏 | 0.005 3 | 28 |
| 宁夏 | 0.000 7 | 青海 | 0.001 1 | 青海 | 0.000 5 | 青海 | 0.004 6 | 29 |
| 青海 | 0.000 6 | 天津 | 0.000 8 | 宁夏 | 0.000 4 | 海南 | 0.004 6 | 30 |
| 西藏 | 0.000 2 | 西藏 | 0.000 1 | 西藏 | 0.000 2 | 西藏 | 0.002 4 | 31 |

# 4.4 区域引资生态位评价结果解构

## 4.4.1 各区域不同维度引资生态位状况分析

通过表4.2可以清楚看到,各地区不同维度方向引进外资能力存在显著差异。

首先,市场维度方面,引进外资的生态位影响因子主要选取地区生产总值、货物进出口总额、规模以上工业企业单位数、第一产业增加值、第二产业增加值和第三产业增加值等三级指标,这些影响因子主要反映为市场环境。对于市场导向型外资来说,跨国公司进入东道国市场主要关注的就是这些指标所反映的市场基本情况,并希望通过FDI越过东道国贸易壁垒,占领东道国市场,向东道国输出产品。从表4.2市场维度数据可以看出,广东引资生态位态势值最大,其吸引市场导向型外资的能力也最强;江苏、山东、浙江等经济发达的省份在吸引市场导向型外资方面也具有显著优势;而西南地区的一些省份,如宁夏、青海、西藏相对来说经济发展水平欠发达,排名比较靠后。

其次,资源维度方面,引进外资的生态位影响因子主要选取了地方财政资源税、地方财政耕地占用税等三级指标,地方财政收取的资源税和耕地占用税从侧面反映了地区资源储备情况、资源消费情况以及土地利用情况。对于资源导向型外资来说，跨国公司进入东道国市场更看重的是东道国的资源，希望通过 FDI 获得东道国拥有的稀缺资源以及母国所没有的资源。从表 4.2 资源维度数据可以看出，内蒙古、河南、山西、山东等省份排名靠前，这与内蒙古已探明储量 83 种矿产、河南已探明 78 种矿产、山西向为"煤铁之乡"、山东已探明储量 74 种矿产密切相关。中国是资源大国，各地区不同层次的资源储备极大地吸引了资源导向型外资。而上海、北京、天津由于地区相对狭小，资源储备相对不足，排名靠后。虽然甘肃、青海、西藏等地区也具有丰富的矿产资源，但由于经济相对落后，获得开发的比较少，在吸引资源导向型外资的竞争优势上也相对较弱。

再次，技术维度方面，引进外资的生态位影响因子主要选取了专利申请受理量、专利申请授权量、固定电话年末用户、移动电话年末用户和技术市场成交额等三级指标，专利申请受理量、专利申请授权量、固定电话年末用户、移动电话年末用户直接反映技术水平，技术市场成交额间接反映了区域技术水平。对于技术导向型外资来说，跨国公司进入东道国市场有两种动因：一方面是输出母国拥有的先进技术，或将母国拥有的濒于淘汰的技术在东道国发挥余热，延长产品生命周期；另一方面通过技术购买或者技术溢出获得先进东道国的技术。需要进一步解释的是，这两类技术导向型外资进入都要求当地有一定的技术储备，可以接受外来技术溢出或者对外来者进行逆向技术溢出。从表 4.2 技术维度数据可以看出，排名前十的省份均为经济大省，人才和科研能力较强，拥有的技术水平较高，在吸引技术导向型外资方面具有显著的竞争优势。同样是经济与地理区位的原因，宁夏、西藏等地区获得的人才和技术相对较少，导致排名靠后，竞争优势不强。排名居中的地区吸引技术导向型外资的能力相对来说比较一般，引资竞争比较平稳。

最后，生产要素维度方面，引进外资的生态位影响因子主要选取了年末人口数、普通高等学校数、普通高等学校在校生、铁路营业里程、公路里程、发电量、文化距离、制度距离、地理距离等三级指标，这些指标从生产要素、文化差异、制度距离和地理距离等方面反映了各地区不可改变的人文环境和自然禀赋。对于生产要素导向型外资来说，跨国公司进入东道国市场是希望通过 FDI 利用东道国所拥有的廉价的一般性生产要素。从表 4.2 生产维度数据可以看出，山东、河南、广东、江苏、四川的态势值排列前五，其原因可能在于这些省份均为人口大省与人口流动大省，拥有较多的廉价劳动力，在吸引生产要素导向型外资方面占据较强的优势。上海、天津、北京、重庆经济发达，廉价的生产要素较少，该维度的排名比较靠后，吸引生产要素导向型外资的竞争力不足。青海、海南、西藏拥有的高校和运输路线相对不足导致排名倒数，吸引生产要素导向型外资的能力同样有待改进。其他地区相比之下,吸引生产要素导向型外资的竞争表现比较平稳。

## 4.4.2 分板块区域引资生态位状况分析

将中国的经济区域划分为东部、中部、西部和东北四大地区,将各省域的原始数据进行相应的划分并做标准化处理,运用生态位态势模型计算得到中国东、中、西部及东北地区不同维度引资生态位的态势值及排名,形如表4.5。其中,东部地区包括北京、天津、河北、上海、江苏、浙江、福建、山东、广东和海南;中部地区包括山西、安徽、江西、河南、湖北和湖南;西部地区包括内蒙古、广西、重庆、四川、贵州、云南、西藏、陕西、甘肃、青海、宁夏和新疆;东北地区包括辽宁、吉林和黑龙江。根据该划分,综合观察各大区的分维度生态位态势值可知,东部地区与其他地区的差异比较大,大体符合在华外资中国"东多西少"的整体趋势。东部地区在市场维、技术维、生产要素维均排名第一,说明东部地区具有优良的市场投资环境、技术投资环境和生产要素环境,这也符合中国 FDI 主要聚集于东部地区的经济、技术、市场条件均较好省份的基本情况。西部地区在资源维排名第一,这与西部地区土地广袤、资源丰富的地理环境息息相关,其吸引资源导向型外资相较于东部、中部和东北地区具有很大优势。东北地区在维度上的排名均处在最后一名,说明其在这四个维度上引进外资的能力不足,竞争处于劣势。

表4.5 中国东中西部及东北地区引资生态位态势及排名

| 地区 | 市场维 | 排名 | 资源维 | 排名 | 技术维 | 排名 | 生产要素维 | 排名 |
|------|--------|------|--------|------|--------|------|-----------|------|
| 东部 | 0.132 7 | 1 | 0.017 963 | 3 | 0.087 9 | 1 | 0.181 0 | 1 |
| 中部 | 0.057 6 | 2 | 0.020 225 | 2 | 0.027 1 | 3 | 0.127 6 | 3 |
| 西部 | 0.056 7 | 3 | 0.024 584 | 1 | 0.032 2 | 2 | 0.165 4 | 2 |
| 东北 | 0.014 4 | 4 | 0.002 828 | 4 | 0.008 3 | 4 | 0.043 4 | 4 |

## 4.4.3 全国综合性的生态位评价状况分析

最后,采用熵权法对前述各维度指标进行赋权测算各省(市、区)综合引资生态位。该赋权方式相对客观,可以较大程度上减少人为因素的主观影响,得到的权重较为精确可靠,具体来讲,市场维对应的权重为 26.68%,资源维对应的权重为 29.46%,技术维对应的权重为 31.789%,生产要素维对应的权重为 12.07%,最终加权计算得出各省级区域综合引资生态位结果。测算结果详见表4.6。

**表4.6　中国各地区引进外资综合生态位及排名**

| 省份 | 综合生态位 | 排名 |
| --- | --- | --- |
| 广东 | 0.019 822 454 | 1 |
| 江苏 | 0.015 905 864 | 2 |
| 山东 | 0.015 031 214 | 3 |
| 浙江 | 0.013 751 278 | 4 |
| 河南 | 0.013 545 842 | 5 |
| 四川 | 0.012 328 546 | 6 |
| 湖北 | 0.009 693 691 | 7 |
| 河北 | 0.009 170 030 | 8 |
| 陕西 | 0.008 961 767 | 9 |
| 内蒙古 | 0.008 873 085 | 10 |
| 湖南 | 0.008 187 179 | 11 |
| 安徽 | 0.007 903 842 | 12 |
| 山西 | 0.007 884 164 | 13 |
| 北京 | 0.007 063 371 | 14 |
| 福建 | 0.006 573 872 | 15 |
| 江西 | 0.005 961 405 | 16 |
| 新疆 | 0.005 854 731 | 17 |
| 广西 | 0.005 369 079 | 18 |
| 上海 | 0.005 265 142 | 19 |
| 辽宁 | 0.005 263 237 | 20 |
| 云南 | 0.005 179 642 | 21 |
| 贵州 | 0.004 977 313 | 22 |
| 重庆 | 0.004 764 711 | 23 |
| 黑龙江 | 0.004 518 522 | 24 |
| 吉林 | 0.003 076 605 | 25 |
| 天津 | 0.002 950 547 | 26 |
| 甘肃 | 0.002 697 211 | 27 |
| 海南 | 0.001 637 553 | 28 |
| 宁夏 | 0.001 343 204 | 29 |
| 青海 | 0.001 184 011 | 30 |
| 西藏 | 0.000 437 138 | 31 |

进一步,为分析区域引资能力生态位分类情况,在前述评价得到的基础数据上,对各地区的生态位进行系统聚类分析,得出图4.1系统聚类谱系图形。从图4.1可以看出,中国31个省(市、区)引资综合生态位可大体分为四个类别,其中:第Ⅰ类覆盖广东、江苏、四川、浙江、河南;第Ⅱ类覆盖北京、山东、江西、山西、安徽、福建、河北、陕西、内蒙古、湖南;第Ⅲ类覆盖天津、吉林、甘肃、上海、海南、西藏、青海、宁夏;第Ⅳ类覆盖辽宁、黑龙江、云南、广西、重庆、贵州、新疆。聚类得出的类型划分与综合生态位存在些许的细微差异,但基本上与综合生态布局相吻合。

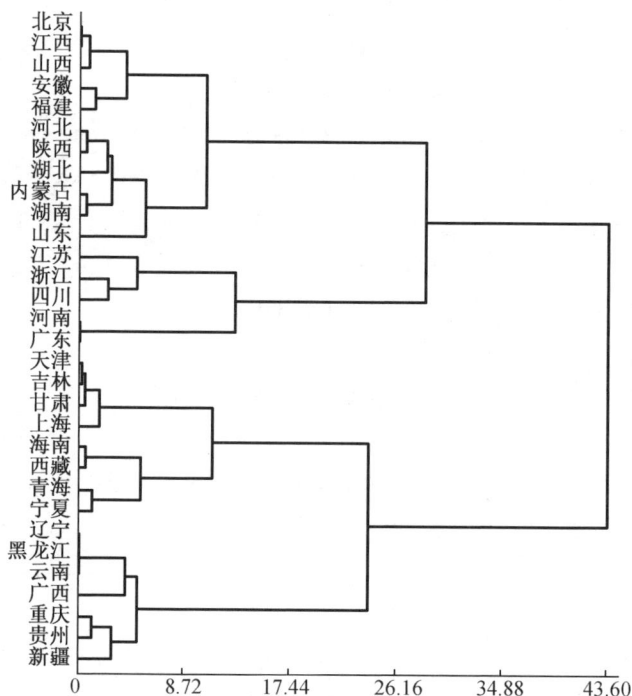

图4.1 中国各地区引进外资综合生态位聚类谱系图

综上可以得出以下结论:首先,Ⅰ类地区中,广东的综合生态位为0.0198,位居第一,历年生态位宽度也长居榜首,与其他地区的重叠度也很高,资源吸引力最强,在区域系统乃至全国范围内都具有很强的竞争优势;其次,Ⅱ、Ⅲ类地区中,北京、天津、上海受限于资源维和生产要素维,生态位宽度、重叠度、综合生态位排名都不是很高,而内蒙古得益于资源维度,排名有所提高,其他省份表现一般,这与现实引进外资情况可能存在一定差异;最后,Ⅳ类地区中,由于市场经济下,各种资源向东南沿海集中,东北三省开始从 20 世纪 90 年代走向衰落,在各个维度的表现都不是很强,引进外资的能力与云南、广西等地相当。

# 4.5　本 章 小 结

本章运用企业仿生学方法测算了生态位宽度、生态位重叠度和生态位态势值等各项区域引资生态位指标,研究发现,从生态位宽度来看,历年的生态位宽度变化幅度不大,数值趋于平稳,总体上引进外资的生态位宽度值与中国的外商直接投资呈现的东高西低的阶梯状分布态势相符,表明东部地区省份引进外资的能力要强于西部地区省份。从生态位重叠度来看,大部分省域之间在引进外资过程中资源利用方面的相似程度一般,相互之间多数没有突出的竞争优势。从生态位态势值来看,不同维度、不同板块之间的态势值差异比较大,聚类得出的类型划分与综合生态位存在细微差异,但基本上与综合生态相吻合。下一章将从不同维度评价各区域引资生态位适宜度。

# 第5章 中国区域引资生态位适宜度评价

与上一章测算各区域引资生态位宽度、生态位重叠度和生态位态势值等区域引资生态位指标不尽相同,本章将从不同维度评价各区域引资生态位适宜度。我们将在生态位理论概述的基础上,构建引资生态位适宜度评价体系,进行省际引资生态评价与区域生态位评价,了解各区域引资生态位现状,进而为后续分析提供引资生态位适宜度相关的数据基础。

## 5.1 生态位适宜度理论概述

伴随生态位理论的发展,20 世纪 80 年代末出现了生态位适宜度这一概念。在传统的生态学领域,生态位理论多是利用在农学、地质学等领域。最近研究中,有学者利用创新生态系统适宜度,评价高科技产业创新系统的演化结果利用创新生态系统和生态适宜度理论,通过对全国各省(市、区)之间的比较,探究东北地区工业的创新能力现状;利用生态适宜度模型对中国各省的生态适宜度水平进行测度,同时运用包络分析法测度区域创新效率。

生态位适宜度研究视角的不断拓宽,带来了生态位适宜度理论的不断进步。我们使用 MACBETH 方法的语言直觉模糊生态位适宜度评价方法。他通过语言直觉的模糊数来表示生态因子的模糊性,利用 MACBETH 方法将生态因子差异的语言信息转化为权重信息,利用灰色关联度理论构建生态位适宜度理想点法,并通过计算验证方法的可行性。有学者在传统生态位适宜度模型的基础上,通过 PCA 分析法解决了评价指标的共线性问题,从特性的角度重新构建了生态系统健康评价指标体系,通过描述性和定量分析进行区域创新生态系统健康评价。以北京房山区为例,利用城市土地现实生态位与最适宜生态位的贴近程度构建城市土地生态位适宜度模型,借鉴反规划思想建立该模型的评价因子体系,结果表明,土地开发适宜度由平原区到深山区呈阶梯状分布,并在此基础上对于各区域的土地综合开发性进行了深入评价;以公主岭市为例,选取自然条件等 14 个指标,通过加权计算得出各评价单元耕地整治生态适宜度,并在此基础上通过 Ward 聚类法将耕地整治适宜度进行了进一步划分,同时引入障碍性模型对不同等级区域的耕地进行定量分析,结果表明,可将研究区域依照适宜度高低划分为四个地区,并对这四个地区的耕地整治适宜性进行了评价。

综上,如果说生态位宽度、重叠度等指标反映物种所面对资源或空间的产权特征,那么生态位适宜度则反映了物种所处环境中多物种的和谐性或匹配程度,生态位适宜度也就是生物群落超体积生态位中某一维度或网络点上的某物种基础生态位与现实生态位的匹配关系。借此,我们提出,所谓引资生态系统适宜度指的是内外资系统中多维资源的现实生态位与其最佳生态位的匹配(或贴近)程度。

具体到本研究所关注的区域引资话题上,我们认为,既有文献对于生态适宜度的理论研究已经形成了初步认识,但是在整个理论体系尚未上升到投资方与引资方系统的内在互动逻辑的审视,因而对于引资生态位适宜度的研究尚较为匮乏,对适宜度指标的选取与测度存在着一定片面性,尚未对生态位适宜度进行完整精确的测度。

基于此,本部分将利用生态位适宜度理论对区域引资生态位适宜度进行评价和相关性分析,并对其影响因素进行进一步探究,为在区域引资质量的提升提供扎实的现实基础。我们试图从以下方面改善既有研究:首先,生态位适宜度的测度;其次,通过市场、资源、技术、要素四个维度对各地区吸引外资能力进行测度,并在现有的指标体系下引入港口、能源消耗等指标,完善了对于 FDI 指标测度的方法,使得检验结果更具说服力。

## 5.2　引资生态位适宜度测算方法简介

引资方系统中,以区域引资生态位适宜度表征区域引资能力,李自珍等(1993)提出生态位适宜度指一生物种居住地的现实生境条件与最适生境条件间的贴近程度,表征拥有一定资源谱系生物种对其生境条件的适应程度,计算公式如下:

$$\text{suit}_i = \sum_{j=1}^{n} w_j \frac{\delta_{\min} + \alpha\delta_{\max}}{\delta_{ij} + \alpha\delta_{\max}} \quad i = 1, 2, \cdots, m; j = 1, 2, \cdots, n \qquad (5-1)$$

式中,$\delta_{ij} = |x_{ij} - x_{aj}|$,$\delta_{\min} = \min|x_{ij} - x_{aj}|$,$\delta_{\max} = \max|x_{ij} - x_{aj}|$,$x_{ij}$ 和 $x_{aj}$ 为生态因子现实生态位和生态因子最佳生态位;$\omega_j$ 表示生态因子 $j$ 上的权重,表明该生态因子对吸引外资能力生态系统适宜度的影响。

其中所涉及的权重通过熵值法进行测算。模型参数 $\alpha$ 根据 $\text{suit}_i = 0.5$ 测算得到，其中 $\bar{\delta}_{ij} = \dfrac{\sum\limits_{j=1}^{n}\sum\limits_{j=1}^{m}\delta_{ij}}{mn}$。由 $0.5 = \dfrac{\delta_{\min} + \alpha\delta_{\max}}{\delta_{ij} + \alpha\delta_{\max}}$，进一步可以得出，$\alpha = \dfrac{\bar{\delta}_{ij} - 2\delta_{\min}}{\delta_{\max}}$。将得出的参数 $\alpha$ 代入公式中，即可得出第 $i$ 个生态系统的适宜度。

我们约定，引资生态位适宜度值越大，生态因子对系统吸引更多外资的资源需求的满足程度就越高。同时，采用归一化法实现原始数据的标准化，其中所涉及的正向指标为 $x_{ij} = \dfrac{a_{ij}}{a_{i\max}}$，负向指标为 $x_{ij} = \dfrac{\alpha_{i\min}}{a_{ij}}$。其中，$a_{ij}$ 为第 $i$ 省（市、区）第 $j$ 个指标的原始数值，$\alpha_{i\min}$ 为第 $j$ 个指标的最小值，$\alpha_{i\max}$ 为第 $j$ 个指标的最大值，$i = 1, 2, \cdots,$ 30；$j = 1, 2, \cdots, 30$。进一步，按照三分位数法将 2019 年的 31 个省（市、区）引资生态位适宜度划分为三部分，分位点分别用 Q1、Q2 表示。

# 5.3 省际引资生态位适宜度评价及结果解构

与第 4 章按照外资进入动因分类类型一致，本部分也按照技术导向型、市场导向型、要素导向型、资源导向型等四种类型进行分样本检验。

## 5.3.1 市场维度引资生态位适宜度测算

按照第 4 章同样的分类方法，市场维度引进外资的生态位适宜度影响因子选取地区生产总值、货物进出口总额、规模以上工业企业单位数、第一产业增加值、第二产业增加值和第三产业增加值等三级指标，这些影响因子主要反映为市场环境。对于市场导向型外资来说，跨国公司进入东道市场主要关注的就是这些指标所反映的市场基本面，并希望通过 FDI 越过东道国贸易壁垒，占领东道国市场，向东道国输出产品。

经测算得到各省级区域市场维度引资生态位适宜度演化图形如图 5.1 所示。图 5.1 显示，就全国 31 个省（市、区）的情况而言，1997—2010 年，市场维度的生态位适宜度保持平稳，2010 年至今的波动相对较大，尤其在 2013 年前后出现了剧烈的变动。各省（市、区）之间略有差异，北京、天津、上海、江苏、浙江等发达地区的市场维度的生态位适宜度波动相对较小，而山西、西藏、青海、宁夏等欠发达地区的市场维度的生态位适宜度波动相对较大。

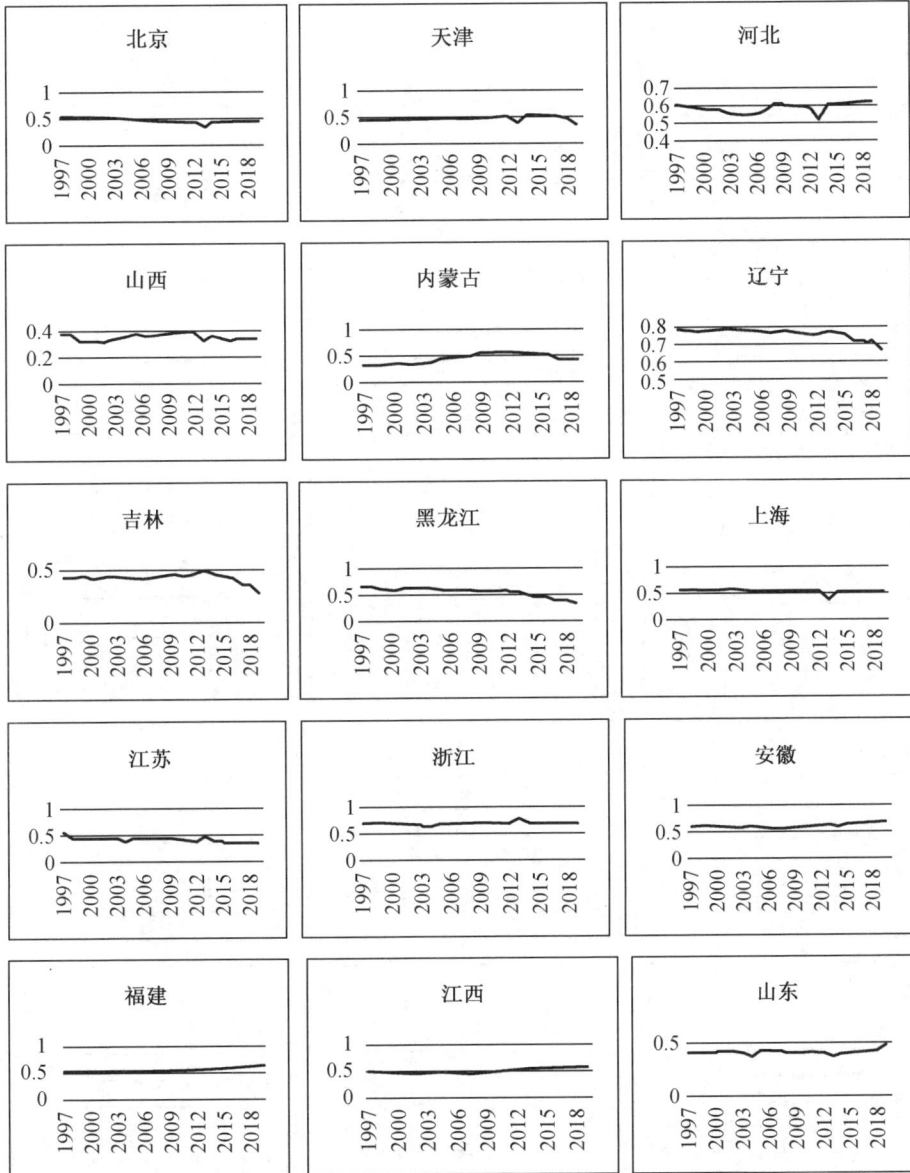

**图 5.1　市场维度引资生态位适宜度**

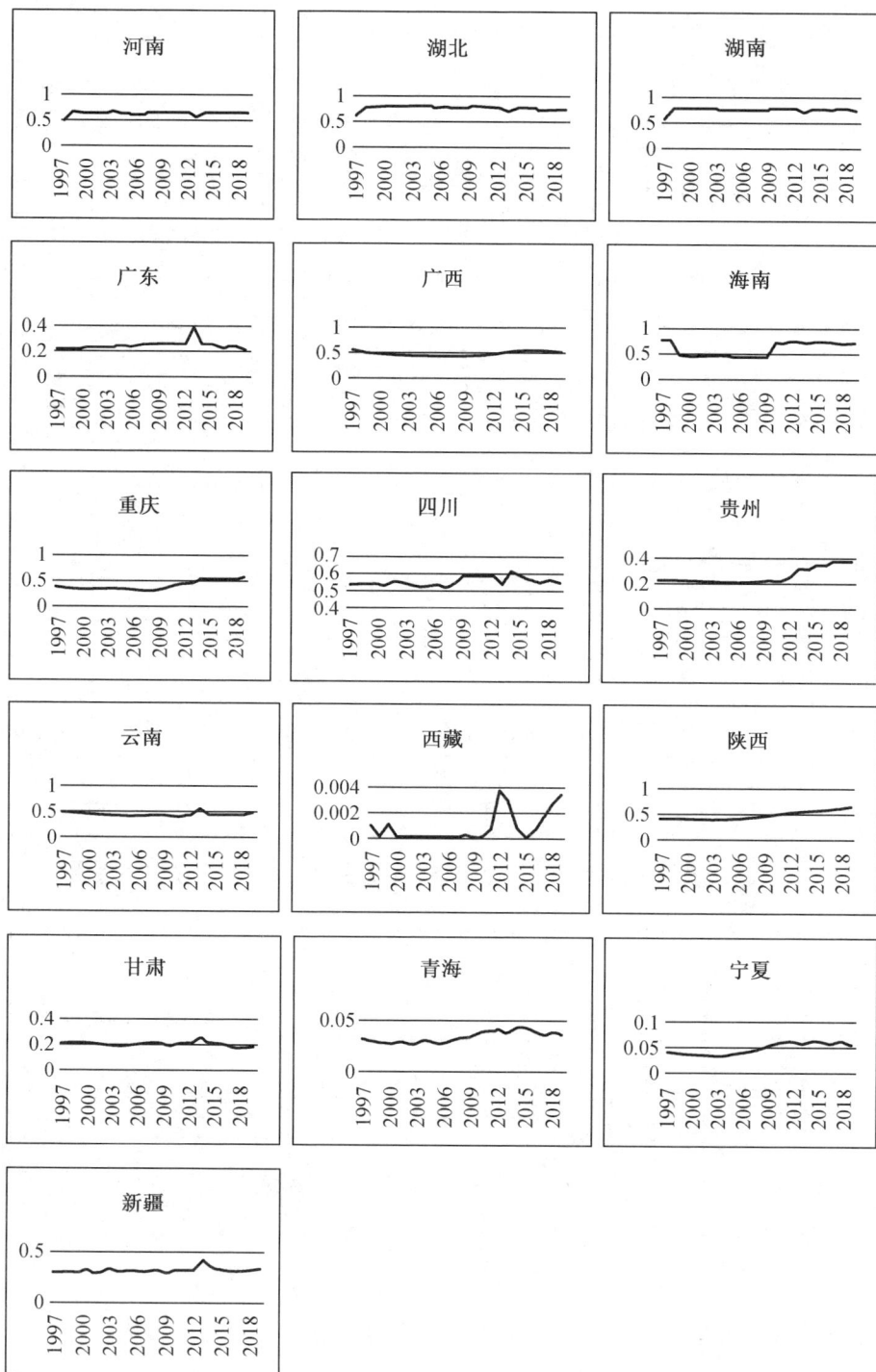

图 5.1（续）

在对各省(市、区)的生产要素维引资生态位适宜度进行测算与演化历程分析的基础上,我们对各省的具体数据进行统计性描述,结果详见表5.1。

表5.1测算结果显示,从均值角度看,东部、中部地区省份的市场维度的生态位适宜度要显著高于西部地区省份,这与各地区所处的地理位置和各地区的经济产业水平息息相关;东部、中部地区的经济发展水平普遍较高,外贸的地理优势和规模以上的企业个数相对较大,这是影响市场维度的生态位适宜度的直接原因。从各省(市、区)的市场维度的生态位适宜度随着年份变化的角度看,海南的市场维度的生态位适宜度波动最为剧烈;大部分西部地区省份,如青海、甘肃、新疆等的波动水平都相对较高;中部省份,如河南、湖北、湖南等相对波动较小,这从侧面反映中东部地区的经济发展水平和产业发展水平相较于西部地区平稳。从各省(市、区)的市场维度的生态位适宜度的极端值角度看,各省(市、区)市场维度的生态位适宜度的最大值出现在海南,最小值出现在西藏,且中东部地区省份的峰值都要高于西部地区,这也再次反映出地域之间经济与产业水平的差异。

表 5.1　1997—2019 年各省级区域市场维度的生态位适宜度特征

| 省份 | 均值 | 标准差 | 最大值 | 最小值 |
|---|---|---|---|---|
| 北京 | 0.447 713 | 0.049 003 | 0.513 105 | 0.324 339 |
| 天津 | 0.451 701 | 0.038 466 | 0.511 044 | 0.324 913 |
| 河北 | 0.577 709 | 0.025 530 | 0.618 339 | 0.515 599 |
| 山西 | 0.346 872 | 0.024 294 | 0.389 624 | 0.310 214 |
| 内蒙古 | 0.423 602 | 0.078 950 | 0.536 051 | 0.312 231 |
| 辽宁 | 0.753 564 | 0.029 189 | 0.780 128 | 0.659 943 |
| 吉林 | 0.418 217 | 0.042 328 | 0.478 005 | 0.268 870 |
| 黑龙江 | 0.524 819 | 0.089 482 | 0.645 064 | 0.304 099 |
| 上海 | 0.491 081 | 0.039 011 | 0.527 998 | 0.330 839 |
| 江苏 | 0.409 071 | 0.050 484 | 0.542 913 | 0.330 186 |
| 浙江 | 0.681 955 | 0.024 822 | 0.774 700 | 0.639 032 |
| 安徽 | 0.581 690 | 0.036 813 | 0.668 921 | 0.533 857 |
| 福建 | 0.799 777 | 0.018 724 | 0.825 193 | 0.768 589 |
| 江西 | 0.491 451 | 0.043 982 | 0.575 995 | 0.440 551 |
| 山东 | 0.402 722 | 0.020 341 | 0.471 955 | 0.361 872 |
| 河南 | 0.620 515 | 0.035 107 | 0.660 125 | 0.482 731 |

**表 5.1（续）**

| 省份 | 均值 | 标准差 | 最大值 | 最小值 |
|------|------|--------|--------|--------|
| 湖北 | 0.752 387 | 0.042 443 | 0.790 727 | 0.599 302 |
| 湖南 | 0.742 202 | 0.042 427 | 0.772 678 | 0.565 168 |
| 广东 | 0.242 124 | 0.033 859 | 0.380 538 | 0.204 281 |
| 广西 | 0.467 924 | 0.033 828 | 0.529 242 | 0.422 497 |
| 海南 | 0.595 967 | 0.139 377 | 0.770 976 | 0.436 629 |
| 重庆 | 0.406 510 | 0.087 038 | 0.568 586 | 0.308 058 |
| 四川 | 0.555 819 | 0.024 832 | 0.610 403 | 0.519 888 |
| 贵州 | 0.257 618 | 0.062 102 | 0.383 976 | 0.205 318 |
| 云南 | 0.429 612 | 0.033 711 | 0.531 794 | 0.385 817 |
| 西藏 | 0.000 804 | 0.001 155 | 0.003 641 | 0 |
| 陕西 | 0.444 010 | 0.084 744 | 0.599 596 | 0.352 348 |
| 甘肃 | 0.202 890 | 0.013 827 | 0.253 428 | 0.180 703 |
| 青海 | 0.033 719 | 0.005 467 | 0.043 169 | 0.026 288 |
| 宁夏 | 0.045 818 | 0.011 230 | 0.059 650 | 0.029 940 |
| 新疆 | 0.320 905 | 0.024 799 | 0.417 666 | 0.297 019 |

### 5.3.2　生产要素维度引资生态位适宜度测算

按照第 4 章同样的分类方法，生产要素维度方面，引进外资的生态位适宜度影响因子选取年末人口数、普通高等学校数、普通高等学校在校生、铁路营业里程、公路里程、发电量、文化距离、制度距离、地理距离等三级指标，这些指标从生产要素、文化差异、制度距离和地理距离等方面反映了各地区不可改变的人文环境和自然禀赋。对于生产要素导向型外资来说，跨国公司进入东道国市场是希望通过 FDI 利用东道国所拥有的廉价的一般性生产要素。

经测算得到各省级区域要素维度引资生态位适宜度演化图形如图 5.2 所示。图 5.2 显示，从全国 31 个省（市、区）的水平来看，生产要素的生态位适宜度不同于技术维度和市场维度的生态位适宜度，前两者在大部分省份波动相对较小，而生产要素的生态位适宜度在大部分省份的波动较大，规律性相对来说不明显，如青海、陕西、广东、海南、河北等省份；与这些波动较大省份形成鲜明对比的是，个别省份的生产要素的生态位适宜度几乎没有发生变化，如四川、西藏、安徽、河南等省份，这些规律与技术维度和市场维度的生态位适宜度形成了鲜明的对比。

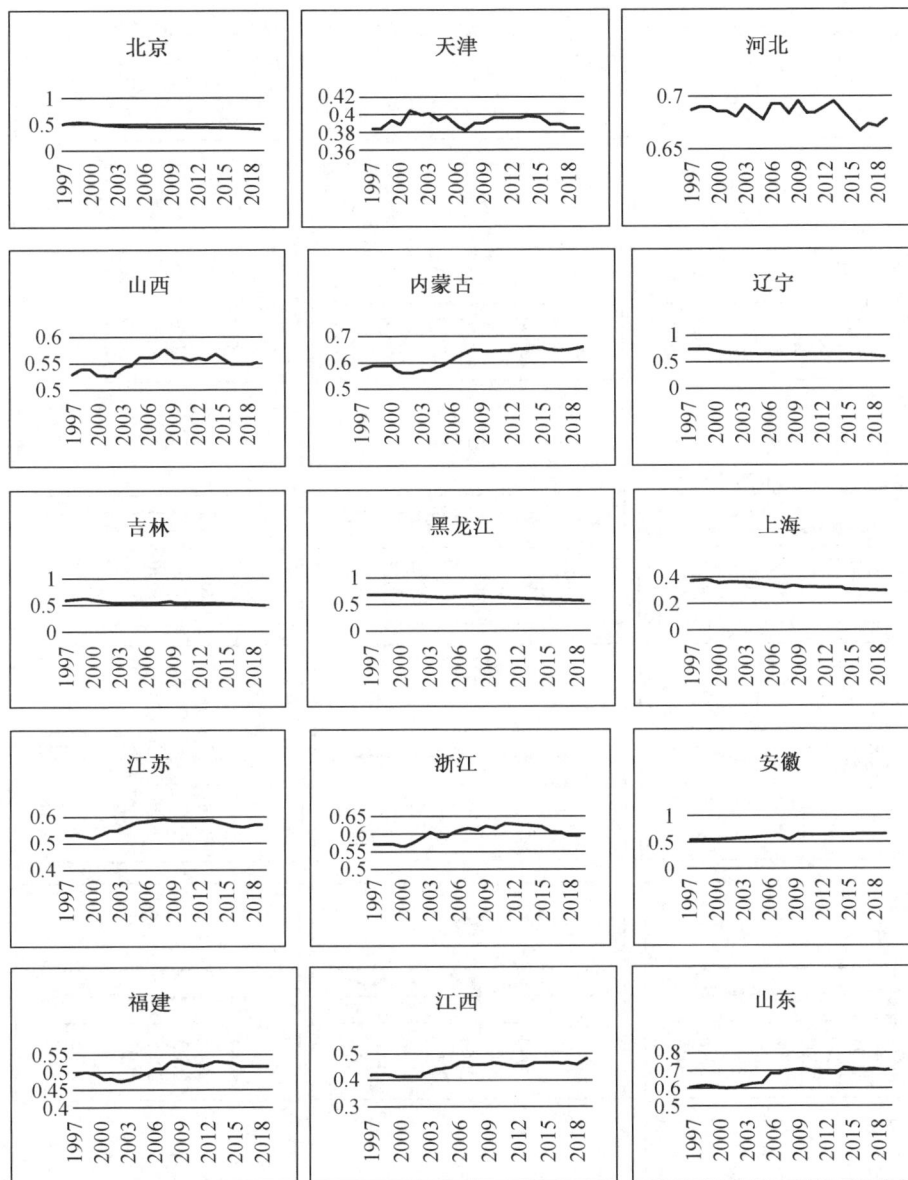

图 5.2　要素维度的引资生态位适宜度

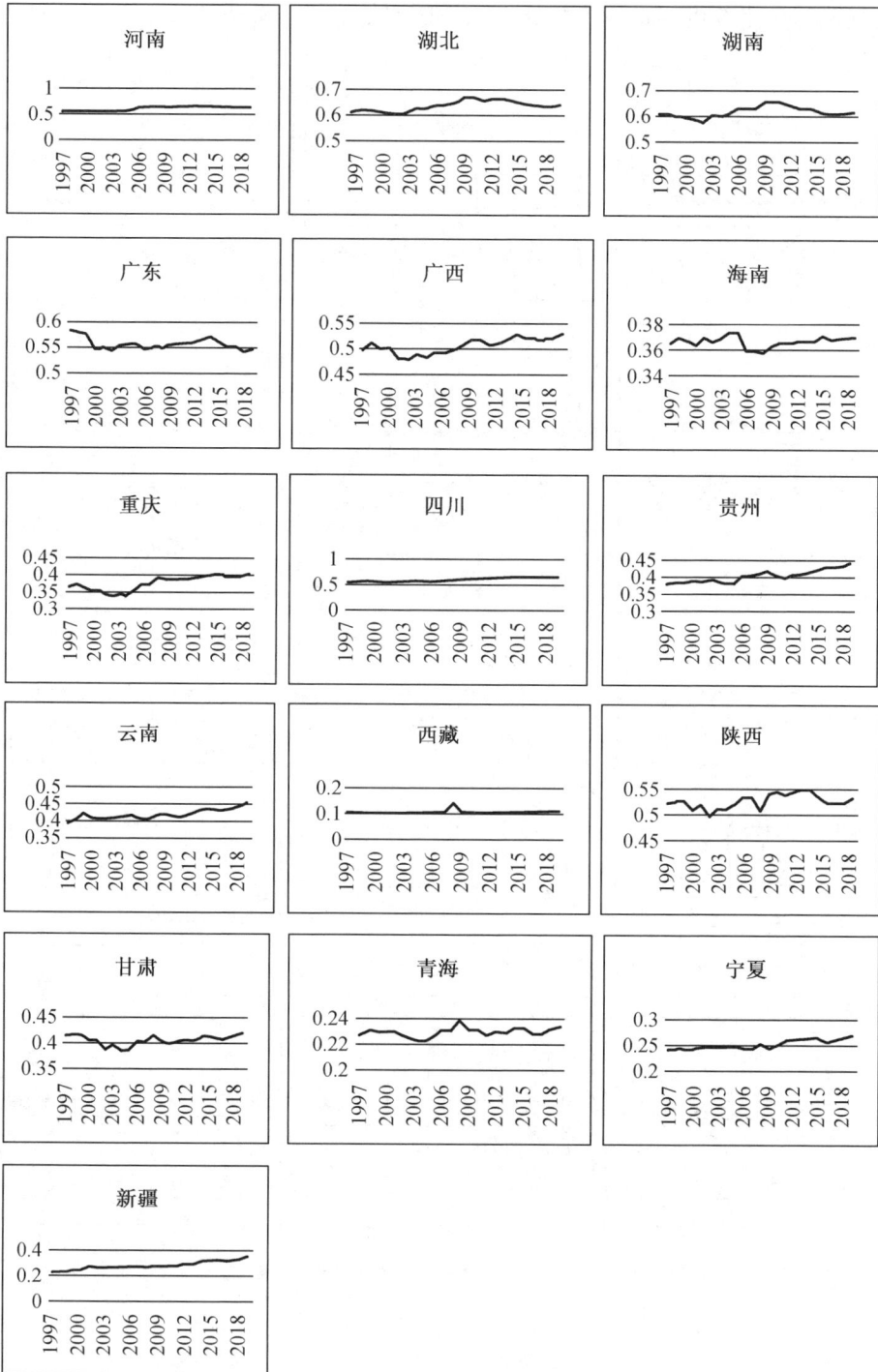

**图 5.2**（续）

在对各省(市、区)的生产要素维度引资生态位适宜度进行测算与演化历程分析的基础上,我们同样在此基础上对各省的具体数据进行统计性描述,结果详见表 5.2。

由表 5.2 可知,从均值的角度来看,辽宁、吉林、黑龙江三省的均值要远超全国其他省份,考虑到我们在生产要素的生态位适宜度中的主要指标为地区的铁路、公路里程、地理距离、人口总量等指标,作为中国老工业基地的东北部地区在这些方面有着早期的优势,虽然近些年来其他省份交通和基础设施建设不断加快,东三省发展的速度逐步放缓,但东三省仍然凭借着原有的优势保持着一定的地位。从各省(市、区)发展的总体趋势而言,东北部地区省份、西部地区部分省份的生产要素的生态位适宜度的波动相对较低,而中部地区大部分省份的生产要素的生态位适宜度波动相对较高,如山西、河南等。从峰值角度看,东三省、东部地区部分省份(如上海、江苏)、中部地区部分省份(如湖北、湖南),这些省份的峰值要高于其他省份,考虑到西部地区省份的各种生产要素水平发展相对落后,交通基础设施建设不够完善,生产要素的生态位适宜度的落后也就不足为奇。

表 5.2　1997—2019 年各省级区域生产要素维度的生态位适宜度特征

| 省份 | 均值 | 标准差 | 最大值 | 最小值 |
| --- | --- | --- | --- | --- |
| 北京 | 0.451 803 | 0.035 382 | 0.531 779 | 0.407 295 |
| 天津 | 0.392 217 | 0.006 242 | 0.404 190 | 0.381 528 |
| 河北 | 0.683 574 | 0.007 512 | 0.693 874 | 0.666 137 |
| 山西 | 0.548 122 | 0.013 327 | 0.573 943 | 0.525 136 |
| 内蒙古 | 0.613 605 | 0.035 760 | 0.654 801 | 0.553 955 |
| 辽宁 | 0.660 507 | 0.039 989 | 0.749 235 | 0.613 053 |
| 吉林 | 0.514 985 | 0.033 337 | 0.590 699 | 0.474 133 |
| 黑龙江 | 0.609 401 | 0.037 787 | 0.673 024 | 0.545 755 |
| 上海 | 0.317 775 | 0.027 343 | 0.366 976 | 0.273 464 |
| 江苏 | 0.565 560 | 0.023 372 | 0.593 567 | 0.519 874 |
| 浙江 | 0.600 483 | 0.019 823 | 0.627 427 | 0.563 074 |
| 安徽 | 0.581 291 | 0.038 213 | 0.627 515 | 0.517 587 |
| 福建 | 0.506 534 | 0.017 776 | 0.529 428 | 0.471 419 |
| 江西 | 0.447 630 | 0.020 638 | 0.479 910 | 0.410 865 |
| 山东 | 0.655 346 | 0.043 631 | 0.704 261 | 0.588 080 |

表 5.2（续）

| 省份 | 均值 | 标准差 | 最大值 | 最小值 |
|---|---|---|---|---|
| 河南 | 0.583 611 | 0.046 767 | 0.638 064 | 0.514 466 |
| 湖北 | 0.629 491 | 0.020 690 | 0.663 008 | 0.594 675 |
| 湖南 | 0.607 490 | 0.021 480 | 0.649 091 | 0.565 148 |
| 广东 | 0.556 013 | 0.011 156 | 0.582 886 | 0.540 970 |
| 广西 | 0.504 428 | 0.014 988 | 0.527 876 | 0.476 211 |
| 海南 | 0.365 182 | 0.004 038 | 0.371 927 | 0.356 371 |
| 重庆 | 0.375 117 | 0.021 607 | 0.401 552 | 0.337 177 |
| 四川 | 0.582 997 | 0.038 856 | 0.641 429 | 0.534 045 |
| 贵州 | 0.401 982 | 0.018 520 | 0.439 255 | 0.376 221 |
| 云南 | 0.417 826 | 0.014 055 | 0.452 617 | 0.392 597 |
| 西藏 | 0.102 786 | 0.008 476 | 0.139 243 | 0.096 049 |
| 陕西 | 0.523 452 | 0.013 448 | 0.545 829 | 0.495 389 |
| 甘肃 | 0.404 569 | 0.009 142 | 0.418 247 | 0.385 162 |
| 青海 | 0.229 088 | 0.003 332 | 0.238 030 | 0.222 209 |
| 宁夏 | 0.248 951 | 0.008 760 | 0.265 407 | 0.238 078 |
| 新疆 | 0.283 774 | 0.032 578 | 0.351 090 | 0.226 346 |

### 5.3.3　技术维度引资生态位适宜度测算

按照第 4 章同样的分类方法,技术维度方面,引进外资的生态位适宜度影响因子选取专利申请受理量、专利申请授权量、固定电话年末用户、移动电话年末用户和技术市场成交额等三级指标,专利申请受理量、专利申请授权量、固定电话年末用户、移动电话年末用户直接反映技术水平,技术市场成交额间接反映了区域技术水平。

经测算得到各省级区域技术维度引资生态位适宜度演化图形如图 5.3 所示。由图 5.3 可以看出,就全国 31 个省(市、区)的情况而言,技术维度的适宜度总体上趋于平稳,发达省(市、区)主要呈现出在波动中下降的趋势,如北京、天津、上海等;但个别省(市、区),如安徽、陕西、甘肃等欠发达地区则在波动中上升,且在 2019 年附近达到最大值。从全国总体情况看,1997—2000 年主要呈下降趋势,2000—2015 年多是上下波动,而在 2015 年后则趋于平稳。

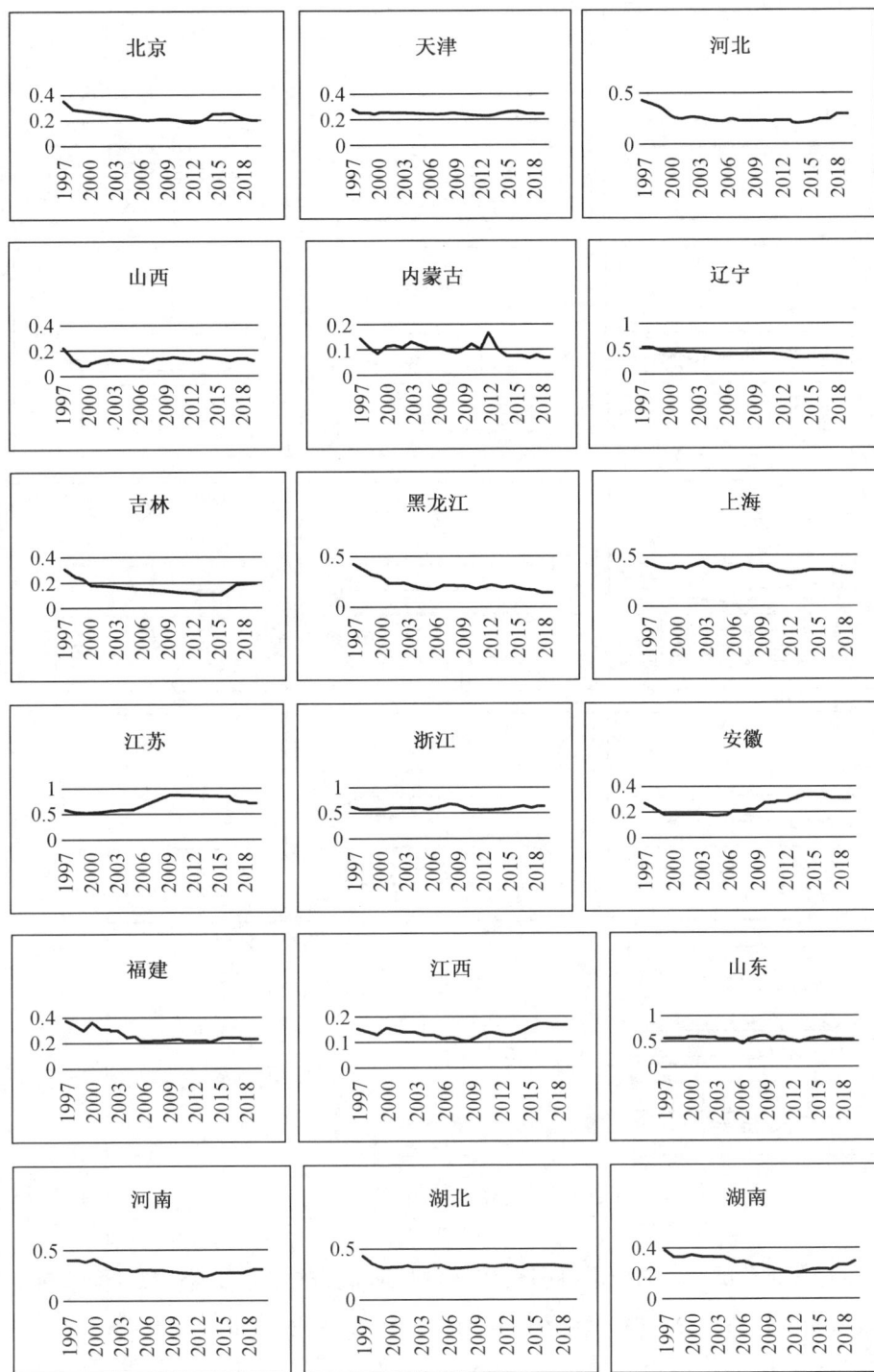

图 5.3　技术维度引资生态位适宜度

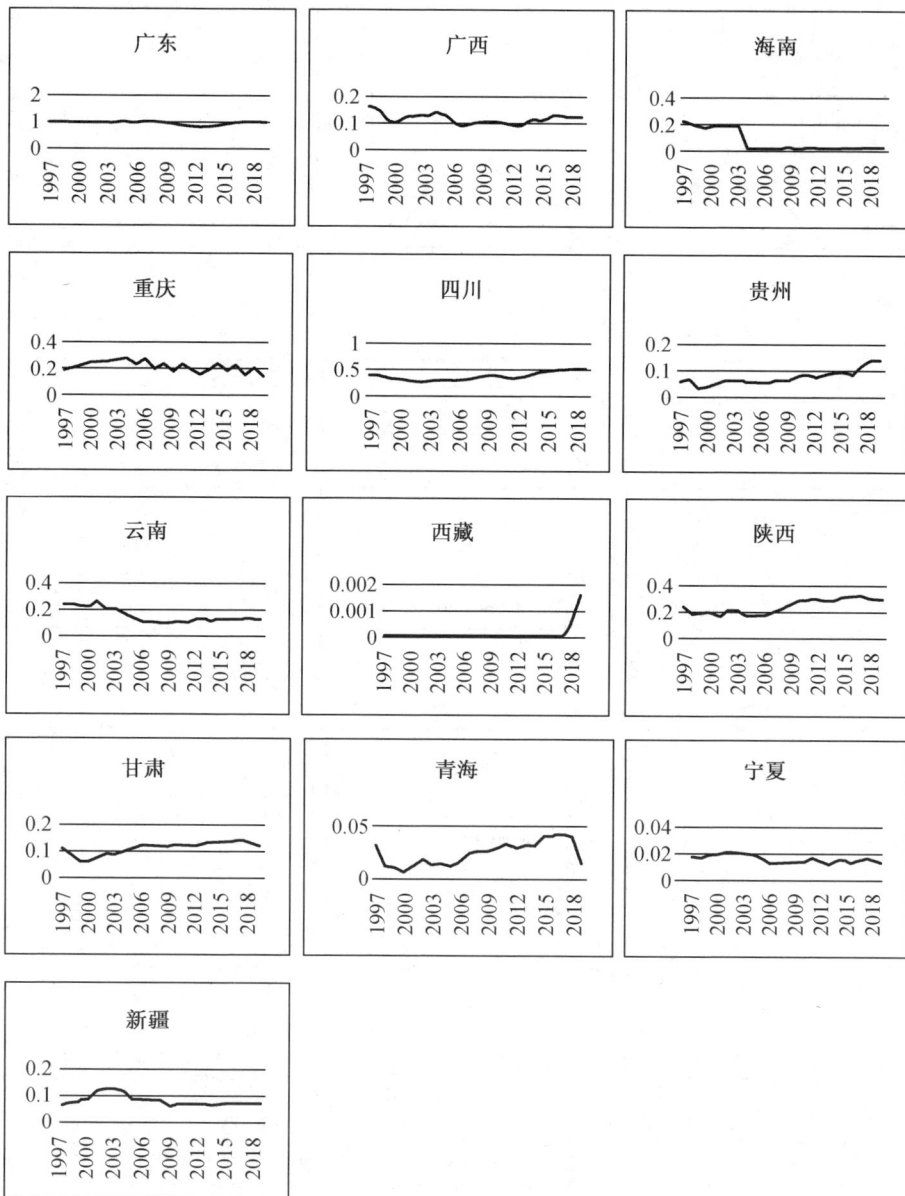

图 5.3(续)

在对各省(市、区)的技术维引资生态位适宜度进行测算与演化历程分析的基础上,对测算出各技术维度的具体数据进行了统计性描述,结果详见表 5.3。

可以看出,从均值角度看,发达地区技术维度的生态位适宜度普遍高于欠发达地区,反映出地区技术水平差异对于生态位适宜度的影响;从各省(市、区)适宜度随着年份变化的角度看,大部分地区的标准差普遍较低,波动程度相对较小,少部分地区的标准差相对较大,如江苏、四川等;从各省(市、区)技术维度的生态位适宜度的最大值;最小值角度看,发达地区生态位适宜度的峰值要普遍高于欠发达地区,这更好地说明了地区技术水平的差异对于地区技术维度的生态位适宜度的影响,虽然有些欠发达地区的最大值已经逼近发达地区,如湖北、河南等,但就其稳定性而言,仍较发达地区差距较大。

表 5.3　1997—2019 年各省级区域技术维度的生态位适宜度特诊

| 省份 | 均值 | 标准差 | 最大值 | 最小值 |
| --- | --- | --- | --- | --- |
| 北京 | 0.224 849 | 0.039 870 | 0.348 557 | 0.174 689 |
| 天津 | 0.246 724 | 0.010 450 | 0.277 866 | 0.225 893 |
| 河北 | 0.253 627 | 0.059 208 | 0.425 066 | 0.197 015 |
| 山西 | 0.118 690 | 0.024 172 | 0.210 090 | 0.074 495 |
| 内蒙古 | 0.094 003 | 0.024 399 | 0.159 771 | 0.060 698 |
| 辽宁 | 0.372 693 | 0.059 356 | 0.494 491 | 0.274 332 |
| 吉林 | 0.155 503 | 0.050 104 | 0.300 914 | 0.099 682 |
| 黑龙江 | 0.220 129 | 0.067 013 | 0.422 785 | 0.142 730 |
| 上海 | 0.366 771 | 0.030 112 | 0.429 111 | 0.322 468 |
| 江苏 | 0.690 345 | 0.123 887 | 0.855 123 | 0.516 945 |
| 浙江 | 0.596 328 | 0.031 047 | 0.671 782 | 0.549 333 |
| 安徽 | 0.243 690 | 0.057 312 | 0.332 688 | 0.167 116 |
| 福建 | 0.254 364 | 0.050 169 | 0.374 348 | 0.206 578 |
| 江西 | 0.137 205 | 0.019 558 | 0.169 344 | 0.102 150 |
| 山东 | 0.530 604 | 0.029 138 | 0.579 440 | 0.454 948 |
| 河南 | 0.303 014 | 0.050 073 | 0.402 368 | 0.242 873 |
| 湖北 | 0.328 314 | 0.021 711 | 0.419 194 | 0.305 588 |
| 湖南 | 0.281 258 | 0.050 937 | 0.390 016 | 0.197 217 |
| 广东 | 0.933 212 | 0.056 766 | 0.992 495 | 0.780 963 |
| 广西 | 0.113 417 | 0.018 662 | 0.160 720 | 0.088 596 |
| 海南 | 0.074 139 | 0.078 726 | 0.216 580 | 0.019 058 |
| 重庆 | 0.206 833 | 0.036 594 | 0.270 246 | 0.136 416 |

表 5.3（续）

| 省份 | 均值 | 标准差 | 最大值 | 最小值 |
|------|------|--------|--------|--------|
| 四川 | 0.353 831 | 0.075 961 | 0.497 133 | 0.255 419 |
| 贵州 | 0.073 508 | 0.027 197 | 0.140 419 | 0.033 599 |
| 云南 | 0.149 945 | 0.052 546 | 0.255 492 | 0.090 991 |
| 西藏 | 0.009 240 | 0.000 340 | 0.001 578 | 0 |
| 陕西 | 0.236 115 | 0.054 246 | 0.315 741 | 0.162 183 |
| 甘肃 | 0.110 085 | 0.023 971 | 0.139 218 | 0.058 413 |
| 青海 | 0.023 662 | 0.010 970 | 0.041 648 | 0.005 868 |
| 宁夏 | 0.016 132 | 0.002 625 | 0.021 325 | 0.012 531 |
| 新疆 | 0.081 629 | 0.019 404 | 0.124 753 | 0.060 226 |

### 5.3.4 资源维度引资生态位适宜度测算

按照第 4 章同样的分类方法,资源维度方面引进外资生态位适宜度影响因子选取地方财政资源税、地方财政耕地占用税等三级指标,地方财政收取的资源税和耕地占用税从侧面反映了地区资源储备情况、资源消费情况以及土地利用情况。对于资源导向型外资来说,跨国公司进入东道国市场更看重的是东道国的资源,希望通过 FDI 获得东道国拥有的稀缺资源以及母国所没有的资源。

经测算得到各省级区域资源维度引资生态位适宜度演化图形如图 5.4 所示。由图 5.4 可知,从全国 31 个省(市、区)的水平来看,资源维度的生态位适宜度与技术、市场、生产要素的生态位适宜度存在着很大的不同,全国大部分省份的资源维度的生态位适宜度随着时间的推移波动剧烈且无规律可循,只有少部分省份的资源维度的生态位适宜度无明显波动,如四川、湖南、安徽等。上述资源维度的生态位适宜度的变动很可能与计算资源维度的生态位适宜度所选取的指标相关,资源维度的生态位适宜度所选取的指标包括地方财政资源税和地方财政耕地占用税,政府在对资源税和耕地占用税的征收上每年都会出台新的政策,主要包括加征和减征,在此基础上还包括所征税目的调整。在国家税务总局出台最新的税收法规时,地方政府也会在此基础上结合本地资源开发实际情况和耕地占用状况,在资源税法和耕地占用税法的基础上进行调整,这样就会进一步导致各省资源税和耕地占用税水平的进一步调整,也就使得各省资源维度的生态位适宜度随着年份变化无规律地波动。

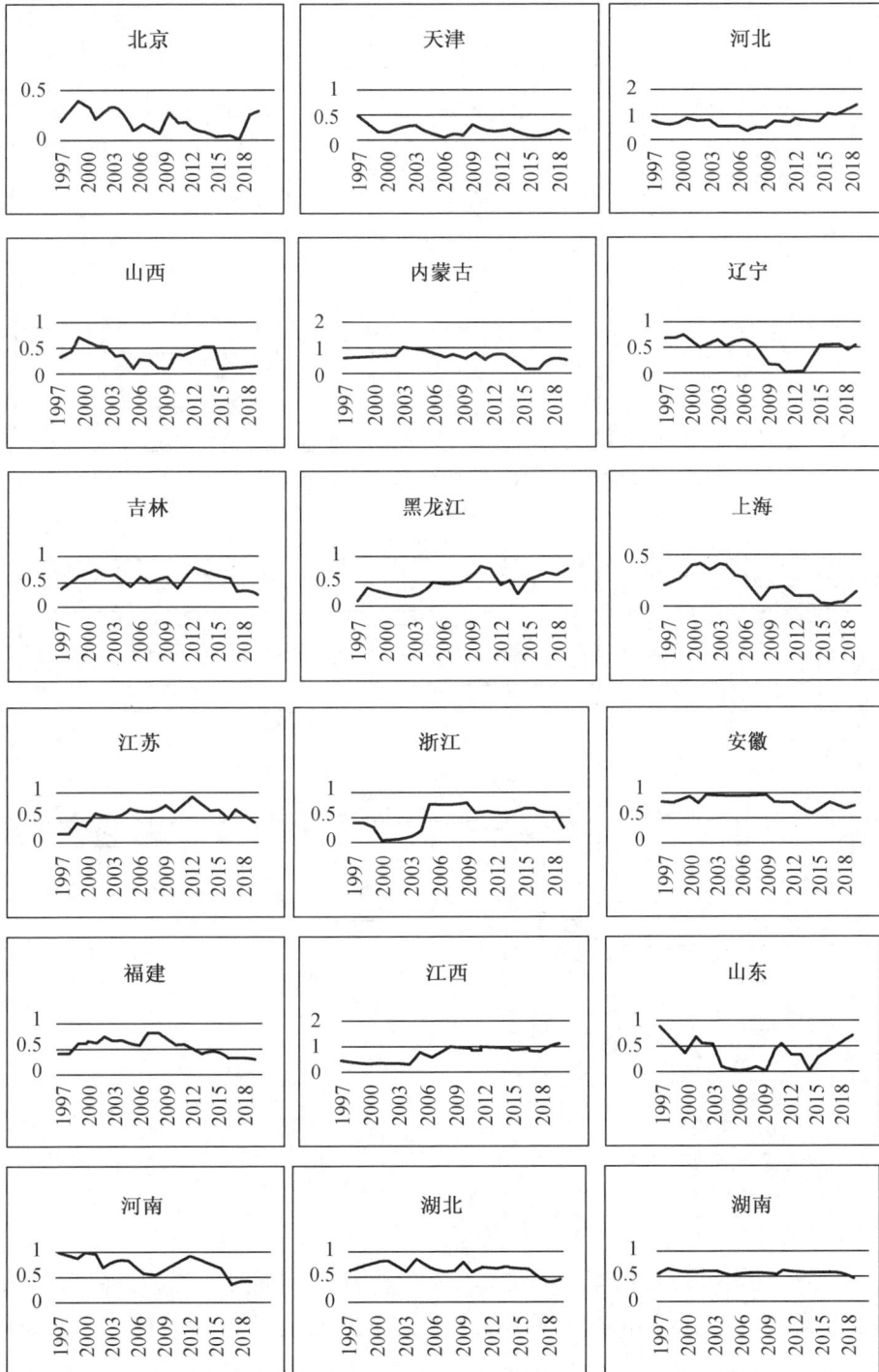

图 5.4　资源维度引资生态位适宜度

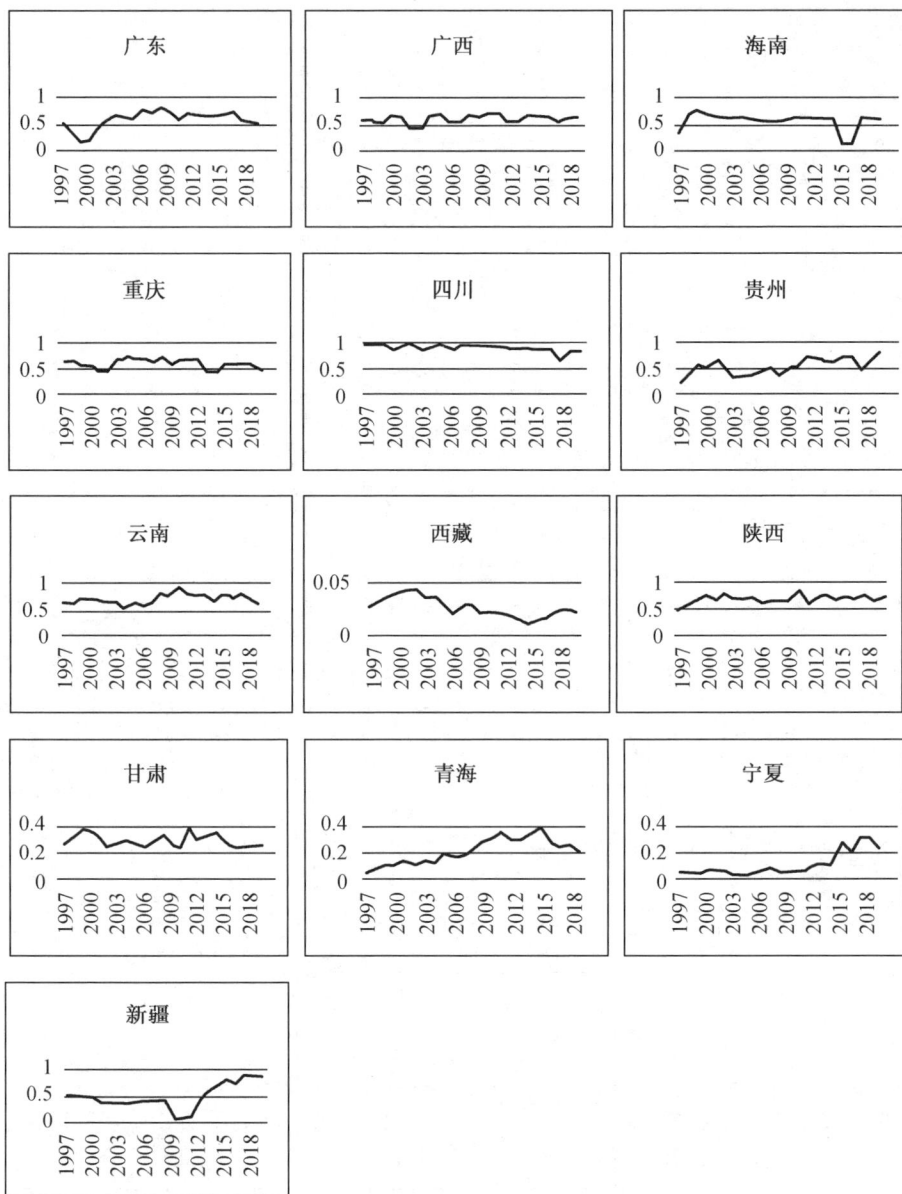

**图 5.4**(续)

在对各省(市、区)市场维度的生态位适宜度进行测算与演化历程分析的基础上,我们对各省(市、区)市场维度的生态位适宜度进行了统计性描述,结果详见表5.4。

表5.4显示,从均值角度看,各省均值差异较大,这也反映出各省(市、区)对于

资源税和耕地占用税之间征收的差异,均值较大的省份出现在四川、河北、安徽、河南。这些省份的共同特征是农业在本省的产业结构当中占有较大的比重,耕地占用税和资源税的税收相对于其他省份的征收比例较大,总量较多,这也就直接导致上述省份的资源维度的生态位适宜度水平较高。从各省标准差角度看,除了云南、西藏等少数省份的标准差在 0.1 以下外,大部分省份的标准差在 0.1 以上,这也充分说明了大部分省份的资源维度的生态位适宜度波动较大。从峰值角度看,河北、内蒙古、江西三省的最大值在 1 以上,其他省份的最大值都在 1 以下,这三个省份的共同特征是经济发展水平不高,产业多集中在农业和畜牧业,使得地方财政资源税和地方财政耕地占用税的征收数额较高,也就使得这些省份的资源维度的生态位适宜度水平较高。从最小值角度看,各省(市、区)的最小值相差不大,产业结构偏农业省份的最小值相对较高,依靠资源发展的省份的最小值相对较高,这也反映出地方财政资源税和地方财政耕地占用税对于资源维度的生态位适宜度的调节作用。

表 5.4　1997—2019 年各省级区域资源维度的生态位适宜度特征

| 省份 | 均值 | 标准差 | 最大值 | 最小值 |
|------|------|--------|--------|--------|
| 北京 | 0.186 869 | 0.108 953 | 0.388 634 | 0.024 971 |
| 天津 | 0.196 542 | 0.093 071 | 0.501 957 | 0.077 047 |
| 河北 | 0.759 719 | 0.216 214 | 1.363 213 | 0.448 926 |
| 山西 | 0.315 444 | 0.186 931 | 0.708 751 | 0.073 506 |
| 内蒙古 | 0.629 209 | 0.213 141 | 1.028 807 | 0.096 098 |
| 辽宁 | 0.455 782 | 0.227 869 | 0.721 488 | 0 |
| 吉林 | 0.521 465 | 0.139 073 | 0.743 809 | 0.222 981 |
| 黑龙江 | 0.417 050 | 0.188 498 | 0.752 316 | 0.103 306 |
| 上海 | 0.206 313 | 0.128 044 | 0.411 403 | 0.022 500 |
| 江苏 | 0.557 330 | 0.162 231 | 0.877 662 | 0.194 172 |
| 浙江 | 0.480 052 | 0.234 648 | 0.746 954 | 0.061 854 |
| 安徽 | 0.820 772 | 0.111 987 | 0.969 309 | 0.581 385 |
| 福建 | 0.505 132 | 0.157 825 | 0.777 543 | 0.239 685 |
| 江西 | 0.690 774 | 0.277 356 | 1.074 648 | 0.271 397 |
| 山东 | 0.349 213 | 0.255 571 | 0.850 340 | 0 |
| 河南 | 0.725 903 | 0.182 374 | 0.966 687 | 0.352 545 |

表 5.4（续）

| 省份 | 均值 | 标准差 | 最大值 | 最小值 |
|------|------|--------|--------|--------|
| 湖北 | 0.651 265 | 0.103 760 | 0.835 973 | 0.415 988 |
| 湖南 | 0.573 860 | 0.032 851 | 0.632 912 | 0.471 051 |
| 广东 | 0.596 415 | 0.165 360 | 0.833 353 | 0.191 323 |
| 广西 | 0.593 083 | 0.071 098 | 0.705 935 | 0.431 364 |
| 海南 | 0.541 425 | 0.143 090 | 0.728 705 | 0.127 475 |
| 重庆 | 0.568 454 | 0.083 311 | 0.698 955 | 0.426 488 |
| 四川 | 0.867 353 | 0.061 699 | 0.944 333 | 0.663 142 |
| 贵州 | 0.527 058 | 0.135 230 | 0.784 924 | 0.239 282 |
| 云南 | 0.695 139 | 0.086 483 | 0.907 477 | 0.517 935 |
| 西藏 | 0.026 562 | 0.008 918 | 0.042 709 | 0.010 504 |
| 陕西 | 0.670 683 | 0.071 439 | 0.811 473 | 0.467 125 |
| 甘肃 | 0.285 558 | 0.044 271 | 0.374 033 | 0.231 437 |
| 青海 | 0.202 296 | 0.093 439 | 0.375 845 | 0.044 651 |
| 宁夏 | 0.106 462 | 0.088 805 | 0.312 548 | 0.030 953 |
| 新疆 | 0.466 469 | 0.230 464 | 0.870 364 | 0.058 320 |

## 5.4  东中西部区域引资生态位适宜度评价及结果解构

与第三章按照外资进入动因分类类型一致,本部分也按照技术导向型、市场导向型、要素导向型、资源导向型四种类型进行分样本检验。

### 5.4.1  东中西部区域市场维引资生态位适宜度测算

在对各省(市、区)市场维引资生态位适宜度描述性统计基础上,进一步将市场维度的生态位适宜度按东部、中部、西部、东北部地区进行进一步分析,相关结果如图 5.5 所示。

按区域划分市场维度生态适宜度

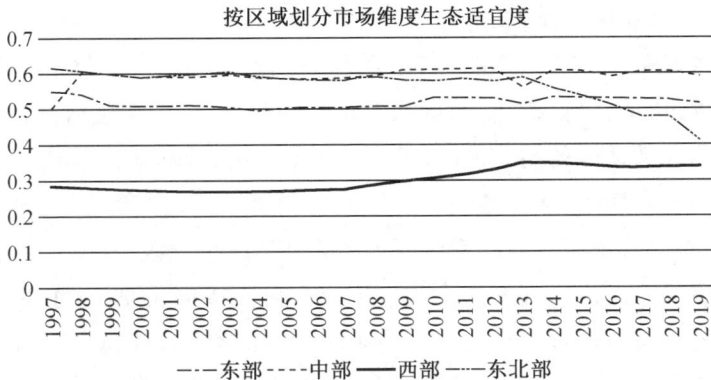

图 5.5　区域视角的技术维度引资生态位适宜度

可以清晰看到,东部、中部地区的市场维度的生态位适宜度的变化相对保持平稳,西部地区则随着时间的推移不断上升,而东北部地区在 2013 年之前保持平稳,2013 年之后随着时间的推移出现了大幅度的下降。从纵向角度来看,中部地区和东北部地区的早期市场维度的生态位适宜度要高于东部地区和西部地区,但自 2013 年后,东北部地区的市场维度的生态位适宜度下降,逐渐落后于中部地区和东部地区。不同于技术维度的生态位适宜度的是,中部地区的市场维度的生态位适宜度要始终高于东部地区,这与地区的经济水平和产业水平总量有直接的关系,中部地区多为人口大省,虽然经济发展的集约程度和产业结构优化程度不如东部地区,但由于人口的红利优势和相对较高的低端产业集中度,使得中部地区的经济发展总量和第一、二产业总量远高于东部地区,这自然导致中部地区的市场维度的生态位适宜度高于东部地区。反观东部地区,虽然在人均经济发展水平和第三产业的发展水平上高于中部地区,但由于人口数量的劣势和地区发展策略的差异,导致东部地区的市场维度的生态位适宜度相对落后。

西部地区的市场维度的生态位适宜度仍是所有地区中最低的,但在东部和中部地区平稳发展和东北部地区近年来不断下降的情况下,西部地区的市场维度的生态位适宜度仍然保持着上升的势头,且在 2019 年已经接近东北部地区,这也充分说明了西部地区近些年来的经济和产业发展成果。

东北部地区的早期市场维度的生态位适宜度要领先于全国的其他地区,虽然在之后年度有所下降,但依然保持着领先的地位,但是在 2013 年以后出现了断崖式的下跌,并被中部和东部地区超过,这说明了在 2013 年后,东北部地区的经济发展水平和产业水平出现了较大的问题,在其他地区的市场维度的生态位适宜度保持不变或稳步上升的前提下东北部地区应当考虑转变经济和产业发展方式,大力发展第三产业,优化产业结构,这样才能逐渐跟上发展的步伐。

在分地区对东部、中部、西部、东北部地区进行图形描述的基础上,我们分区域对相关的数值进行统计性描述,测算结果详见表5.5。表5.5显示,从均值角度看,中部地区和东北部地区的均值最高,其次是东部地区,西部地区的均值最低且与其他三个地区的差距较大;从波动趋势的角度看,东部地区、中部地区、西部地区的波动程度较小,东北部地区的波动程度要远高于其他三个地区,这与东北部地区2013年后市场维度的生态位适宜度的大幅度下降有着直接的关系,而东部和中部地区的市场维度的生态位适宜度总体上保持平稳,西部地区的市场维度的生态位适宜度虽然处于上升趋势,但是上升幅度不大,故波动程度相对较低。

表5.5　1997—2019年各地区市场维度的生态位适宜度

| 地区 | 均值 | 标准差 | 最大值 | 最小值 |
|------|------|--------|--------|--------|
| 东部 | 0.516 501 | 0.014 080 | 0.549 181 | 0.494 540 |
| 中部 | 0.590 686 | 0.022 305 | 0.611 053 | 0.500 083 |
| 西部 | 0.299 103 | 0.029 900 | 0.346 072 | 0.265 967 |
| 东北部 | 0.565 534 | 0.050 065 | 0.615 186 | 0.410 971 |

### 5.4.2　东中西部区域生产要素维度引资生态位适宜度测算

在对各省(市、区)市场维度引资生态位适宜度描述性统计基础上,进一步将生产要素维度的生态位适宜度按东部、中部、西部、东北部地区进行进一步分析,相关结果如图5.6所示。

由图5.6可知,观察期中的较早阶段,东北部地区的生产要素的生态位适宜度要领先于其他地区,随后是中部地区和东部地区,西部地区的生产要素的生态位适宜度最低且远落后于其他三个地区;但是随着时间的推移,东北部地区的生产要素的生态位适宜度在不断下降,中部地区的生产要素的生态位适宜度在不断上升并在2009年前后赶超东北部地区,这主要得益于中部地区生产要素水平的不断发展,尤其是在交通和基础设施建设等领域建设速度的加快,相比于中部地区的不断发展,东北部地区却是停滞不前,这主要是因为,一方面东北部地区作为中国的老工业基地,交通基础设施建设相对完善,可提升的程度不高;另一方面,随着经济发展重心的南移,使得东部和中部地区出现了大量且优质的就业机会,这些就业机会吸引了大量的东北部地区的人口前往南方落户,造成了东北部地区人口的流失,直接和间接导致了东北部地区的生产要素的生态位适宜度的下降。

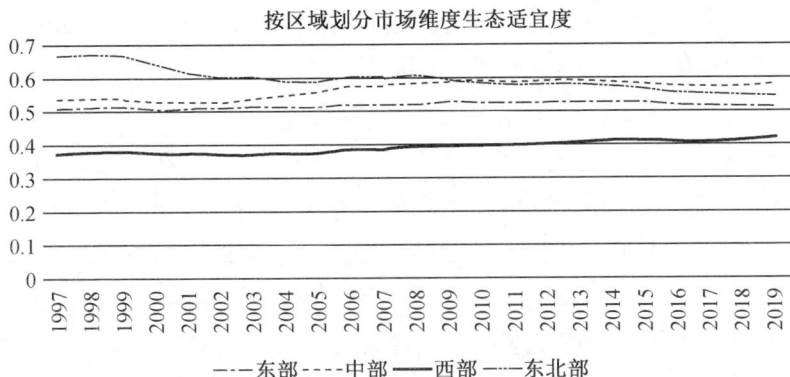

按区域划分市场维度生态适宜度

图5.6　区域划分的要素引资生态位适宜度

　　东部地区的生产要素的生态位适宜度始终次于中部地区和东北部地区,原因不在于东部地区的生产要素总体水平低,而是由于东部地区的发展水平较高,城市集中度较高,铁路、公路的需求不如中部和东北部地区,且工业发展方式已从劳动密集型开始转变,对于劳动力的需求也不如中部地区热烈,这种种因素也就导致东部地区的生产要素的生态位适宜度的总体水平低。

　　西部地区的生产要素的生态位适宜度是四大地区当中最低的,原因在于西部地区的生产要素发展水平相对于其他三个地区差距过大,就西部地区的地理位置而言,西部各省(市、区)都处在内陆地区,且平原分布较少,多为高原和丘陵地区,交通建设相对于其他地区难度较大,这也直接导致了西部地区虽然幅员辽阔,但公路和铁路建设要落后于其他地区;再者,西部地区的经济水平相对于其他地区较为落后,所提供的吸引力相对于其他地区较弱,创造的就业机会较少,这也导致西部地区的人口数量的减少,更进一步降低了西部地区的人口密度,使得生产要素的生态位适宜度进一步降低;最后,西部地区各省(市、区)大多幅员辽阔,省份之间的间隔距离较远,且各省(市、区)的相邻省份数量较少,这也使得各省(市、区)之间的制度距离和文化距离的增大,进一步拉大了西部地区与其他地区生产要素的生态位适宜度的差距。

　　在分地区对东部、中部、西部、东北部地区进行图形描述的基础上,我们分区域对相关的数值进行统计性描述,测算结果详见表5.6。表5.6显示,从均值角度看,东部地区、中部地区、东北部地区的生产要素维度的生态位适宜度要高于西部地区,且这三个地区的生产要素维度的生态位适宜度大体相等,这也印证了由图5.6

所得出结论的合理性。在这三个区域的进一步比较中,东北部地区的生产要素维度的生态位适宜度的均值要略高于东部和西部地区,原因在于,虽然东北部地区近些年来生产要素水平有所下降且被中部地区超越,但依然保持着较高的水平,加之早些年东北部地区在生产要素水平方面的较大领先,在均值指标上东北部地区领先于其他地区也就不足为奇了。

从地区的波动趋势来看,东北部地区的标准差最大,中部地区其次,西部地区再次,东部地区最后,这也很好地印证了图5.6所描绘的各地区的趋势,东北部地区的标准差最高是由于生产要素维度的生态位适宜度的不断下降所导致的,相比之下,其他地区的生产要素维度的生态位适宜度波动相对较小。西部地区标准差高于东部地区的原因是西部地区的生产要素维度的生态位适宜度始终处于一个缓慢上升的状态,虽然上升的幅度不大,但不断上升的趋势始终没有改变,而东部地区的生产要素维度的生态位适宜度并没有随着年份的推移发生明显的变化,这也就使得东部地区生产要素维度的生态位适宜度的标准差要低于西部地区。

从峰值角度看,东北部地区的峰值都要领先于其他地区,这也直接说明了东北部地区的生产要素维度的生态位适宜度要高于其他地区,虽然东北部地区的生产要素水平有所下降,但仍然保持着较高的水平;西部地区的峰值都要低于其他地区,原因在于西部地区的生产要素水平底子薄,起步晚,虽然近些年来处于不断增长的水平,但仍然与其他地区存在着较大的差距,且增长速度相对而言过于缓慢,目前来看,西部地区的生产要素维度的生态位适宜度还有很大的增长空间。

表5.6 1997—2019年各地区生产要素维度的生态位适宜度特征

| 地区 | 均值 | 标准差 | 最大值 | 最小值 |
|---|---|---|---|---|
| 东部 | 0.515 980 | 0.007 384 | 0.527 126 | 0.501 605 |
| 中部 | 0.563 269 | 0.022 941 | 0.590 838 | 0.523 758 |
| 西部 | 0.390 715 | 0.015 824 | 0.418 667 | 0.368 638 |
| 东北部 | 0.594 964 | 0.035 853 | 0.670 986 | 0.544 314 |

### 5.4.3 东中西部区域技术维引资生态位适宜度测算

在对各省(市、区)进行描述性分析的基础上,进一步将技术维度的生态位适宜度按东部、中部、西部、东北部地区进行进一步分析,相关结果如图5.7所示。

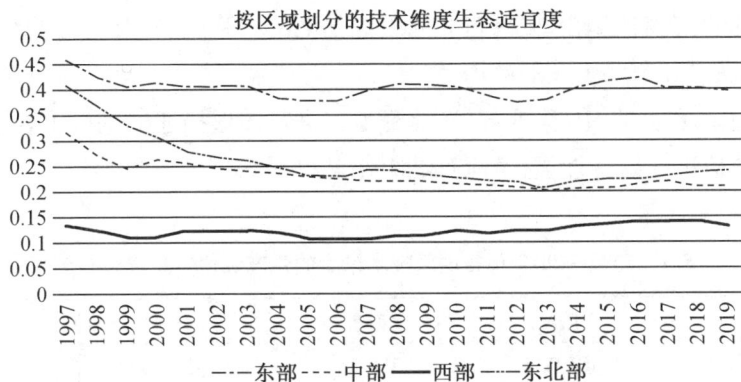

图 5.7　区域视角的技术维度引资生态位适宜度

由图 5.7 可知,东部、中部、东北部地区的技术维度的生态位适宜度随着时间的进程逐渐递减,西部地区的技术维度的生态位适宜度随着时间的进程逐渐递增。从纵向角度看,东部地区的技术维度的生态位适宜度要始终高于西部、中部、东北部地区,这与东部地区的经济技术水平有直接的关系,东部地区多为发达省份,经济基础相对于其他地区有着一定的优势,不过随着发展的不断深入,东部地区的技术维度的生态位适宜度虽然仍旧占据领先地位,但相对来说有所下降,这也给了其他地区赶超的机会。

中部地区的技术维度的生态位适宜度要低于东部地区,但始终高于西部地区,这也符合中部地区的技术发展现状,1997—2010 年,中部地区的技术维度的生态位适宜度呈下降趋势,但在 2010 年后开始逐渐回暖并在 2013 年与东北部地区持平,不过截至 2019 年仍未能重新达到 1997 年的水平,考虑到近些年来处于技术发展的瓶颈期,中部地区的技术维度的生态位适宜度在不断向好的同时也应当警惕那些阻碍生态位适宜度发展的因素。

西部地区的技术维度的生态位适宜度相较于其他三个地区是最低的,但在其他三个地区的技术维度的生态位适宜度波动下降的情况下,西部地区保持着不断上升的趋势,虽然当前并未达到东部和中部地区的水平,但是发展势头不可小觑。

东北部地区的技术维度的生态位适宜度明显呈现出高开低走的态势,1997 年达到最大值,但在之后每年不断下滑,并在 2013 年被中部地区超越,这与东北部地区的技术发展水平大体吻合。早期东北部地区的工业基础相对较好,重工业发展水平较高,但随着中西部地区的崛起和东北部老工业基地的衰弱,东北部地区的技术发展水平也大幅度下降,但下降趋势有所延缓。东北部地区仍需提升自身技术发展水平,同时在响应国家振兴东北老工业基地的政策下,提升自身的科技发展水平,争取重现往日东北工业的辉煌。

在分地区对东部、中部、西部、东北部地区进行图形描述的基础上,我们分区域对相关的数值进行统计性描述,测算结果详见表5.7。

表5.7　1997—2019 年各地区技术维度的生态位适宜度描述性分析

| 地区 | 均值 | 标准差 | 最大值 | 最小值 |
|---|---|---|---|---|
| 东部 | 0.401 332 | 0.018 257 | 0.457 495 | 0.373 047 |
| 中部 | 0.233 696 | 0.023 984 | 0.314 616 | 0.205 923 |
| 西部 | 0.121 604 | 0.010 005 | 0.139 339 | 0.106 244 |
| 东北部 | 0.249 442 | 0.053 477 | 0.406 063 | 0.199 935 |

如表5.7 所示,从总体角度看,东部地区的技术维度的生态位适宜度最高,其次是中部地区和东北部地区,最后是西部地区;从技术维度的生态位适宜度的变化趋势来看,东北部地区的技术维度的生态位适宜度波动相对较大,而东西部地区的波动相对较小,这与东北部地区技术发展水平的不断降低直接相关,而东部和西部地区近年来虽有波动,但技术水平相对发展较为稳定,未出现较大波动;从数值角度看,东部地区的峰值都显著高于其他地区,这也显示出东部地区的技术发展水平处于领先地位,而西部地区的峰值小于其他地区,说明了相对于其他地区而言,西部地区的技术发展水平仍有待提升。

## 5.4.4　东中西部区域资源维引资生态位适宜度测算

在对各省(市、区)进行描述性统计分析的基础上,进一步将资源维度的生态位适宜度按东部、中部、西部、东北部地区进行进一步分析,相关结果如图5.8 所示。

由图5.8 可知,不同于技术、市场、生产要素维度的生态位适宜度,四大地区资源维度的生态位适宜度的变化呈现出明显的不规律性,没有很鲜明的趋势变化,每年的波动幅度较大,但在 2016 年以后,四个地区的资源维度的生态位适宜度都突然趋近于0.5,这可能与相关的税收制度改革有关,随着国家税务总局对于地方财政资源税和地方财政耕地占用税的重新调整,使得各地区税赋的趋同,也就间接导致各地区资源维度生态位适宜度的趋同。

按区域划分的资源维度生态位适宜度

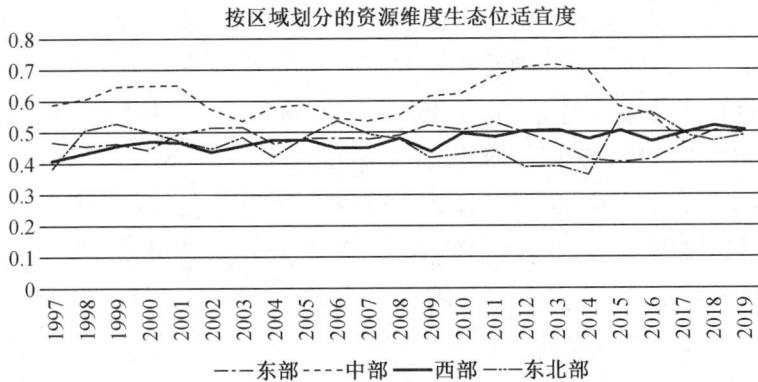

——东部 ----中部 ——西部 -·-·东北部

**图 5.8　区域划分的资源维度引资生态位适宜度**

从总体上来说,中部地区在大部分年份的资源维度的生态位适宜度要高于其他地区,但在 2013 年后出现了大幅度的下降,直至与其他三个地区趋同。中部地区省份多为农业大省,农业占本地区的发展比重相对较高,且中部地区地大物博,相关资源储备量较高,如山西的煤炭资源等。以上原因使得中部地区的地方财政资源税和耕地占用税总额相较于其他地区较高,但随着国家税收制度的不断改革,各地区的税收日益趋同的情况下,中部地区的资源维度的生态位适宜度出现了一定程度下降,与其他三个地区相比不再具有优势。

东部地区的资源维度的生态位适宜度在大部分年份要高于西部地区和东北部地区,这与东部地区所处的地理位置和其地理环境有一定的关系。东部地区大多为国内的发达省份,经济发展水平较高,且相关资源量较大,使得地方政府在地方财政资源税和地方财政耕地占用税上拥有较大的征收金额。

东北部地区的资源维度的生态位适宜度在 2007 年之前的大多数年份要高于西部地区,但在 2007 年之后的大多数年份低于西部地区,这与两个地区的资源开采量和耕地的占用有着一定的关系,早期的东北部地区作为中国的工业摇篮,在产业结构上工业的占比要高于农业的占比,在工业不断发展的过程中就不可避免的导致对耕地的占用和资源的消耗,这也导致了东北部地区早期地方财政资源税和地方财政耕地占用税的增加,但随着东北部地区工业发展水平的不断下降,对于耕地的占用不断减少,资源的开采总量也在不断地下降,这也就导致地方财政资源税和耕地占用税的下降;西部地区与东北部地区的情况大致相反,早期西部地区的工业基础薄弱,加之西部省份的地理环境相对恶劣,耕地占用数量相对较少,资源储量少,开采难度较大,导致西部地区早期的地方财政资源税和耕地占用税较少,资源维度的生态位适宜度较低。近年来随着西部地区工业水平的不断提高,对于资源的需求量增大,这也直接促进了资源开采总量的增加,自然就增加了地方财政的资源税水平。工业的发展伴随着农业占比的下降,工业企业为扩大自身的生产规模,对于耕地的占用数量不断增加,也使得地方财政耕地占用税的增加,两种地方财政税收的增加也自然抬高了西部地区的资源维度的生态位适宜度。

在分地区对东部、中部、西部、东北部地区进行图形描述的基础上,我们分区域对相关的数值进行统计性描述,测算结果详见表5.8。表5.8显示,从均值角度看,中部地区的资源维度的生态位适宜度要明显高于东部、中部和东北部地区,原因在于:一方面,中部地区省份多属于农业大省,且中部地区省份为全国粮食供应的主要省份,对于耕地的保护力度要显著高于其他地区,随着近些年来中国粮食储备总量的上升,中部地区的发展也在由以农业为主向多元化的产业结构迈进,这也导致了近些年来中部地区的资源维度的生态位适宜度的下降;另一方面,中部地区部分省份,如山西等,矿产资源较其他地区丰富,主要依靠资源的开采来维持地方财政的增长,这也就导致的地方财政资源税的上升,虽然随着产业结构的调整使得地方财政对于资源开采依赖程度的下降,但地方财政资源税的税收仍然占地方财政收入总额的较高比重。以上两个原因就使得中部地区的资源维度的生态位适宜度虽然近些年来不断下降,但仍然保持着较高的水平。

表5.8　1997—2019年各地区的资源维度的生态位适宜度描述性分析

| 地区 | 均值 | 标准差 | 最大值 | 最小值 |
|------|------|--------|--------|--------|
| 东部 | 0.472 707 | 0.034 356 | 0.527 257 | 0.398 567 |
| 中部 | 0.591 449 | 0.065 962 | 0.712 137 | 0.466 080 |
| 西部 | 0.469 861 | 0.027 735 | 0.518 393 | 0.406 194 |
| 东北部 | 0.464 766 | 0.053 490 | 0.559 463 | 0.360 489 |

从标准差角度看,中部地区的标准差最大,东北部地区次之,东部地区再次,西部地区最后,西部地区标准差之所以低于东部、中部和东北部地区,主要是由于相对于其他三个地区而言,西部地区对于耕地资源的占用相对较少,且资源总量较少,资源开发利用少,这也就使得西部地区的地方财政资源税和地方财政耕地占用税税收政策的调整要相对于其他三个地区较少,间接影响了西部地区的资源维度的生态位适宜度的波动。

从峰值角度看,中部地区的峰值要高于其他三个地区,这也可以间接说明中部地区的地方财政耕地占用税和地方财政资源税要高于其他三个地区;从最小值的角度看,西部地区的资源维度的生态位适宜度要高于东部地区和中部地区,这样最大值的情况正好相反,这种情况的出现可能是因为西部地区的耕地占用水平的波动较小,资源开发和利用长期处于一定的水平上,没有出现较大的变动,而东部地区和东北部地区的产业结构和资源开发的水平长期以来不断地变动,地方财政的耕地占用税总量和资源税总量也在不断变化,这样就会出现在个别年份上税收水平较低或者较高,容易导致极端值的出现,加之在近年来四大地区的资源维度的生态位适宜度逐渐趋同,这也导致各地区的资源维度的生态位适宜度可能会长期处于一个趋于不变的水平,在0.5左右上下浮动,也就意味着四大地区的资源维度的生态位适宜度的标准差会出现逐渐下降的趋势。

## 5.5　本 章 小 结

本部分测算了中国各区域引资生态位适宜度,研究发现,东部地区的技术维度的生态位适宜度最高,其次是中部地区和东北部地区,最后是西部地区;市场维度的生态位适宜度总体上处于平稳的水平,但各省(市、区)之间略有差异,中部地区和东北部地区的均值最高,其次是东部地区,西部地区的均值最低且与其他三个地区的差距较大;生产要素的生态位适宜度方面,东部地区、中部地区、东北部地区的生产要素维度的生态位适宜度要高于西部地区,且这三个地区的生产要素维度的生态位适宜度大体相同;资源维度的生态位适宜度与技术、市场、生产要素的生态位适宜度存在着很大的不同,全国大部分省份的资源维度的生态位适宜度随着时间的推移波动剧烈且无规律可循,只有少部分省份的资源维度的生态位适宜度无明显波动,中部地区的资源维度的生态位适宜度要明显高于东部、中部和东北部地区。下一章将考察引资生态位适宜度与生态位对外资空间布局的影响。

# 第6章 在华外商直接投资空间耦合路径研究

在前面两章评价各区域引资生态位、区域引资生态位适宜度基础上,本章将从高质量发展这一时代背景入手,考察引资生态位与引资生态位适宜度对外资空间布局的影响。

我们将在文献分析基础上,首先构建外资空间耦合系统,接着进行引资生态位与引资生态位适宜度影响外资空间耦合机理分析,最后检验引资实践中,引资生态位与引资生态位适宜度是否如机理分析结果那样显著影响外资空间耦合。

## 6.1 外资空间耦合文献回顾

可持续发展是高质量发展的必由之路。可持续发展概念最早由 1972 年联合国《人类环境会议》提出,1987 年联合国报告《我们的未来》进一步将其定义为"既满足当代人需要,又不对后代满足其需要能力构成危害"。近些年在高质量发展呼声背景下,《可持续发展蓝皮书:中国可持续发展评价报告(2020)》进一步明确,经济社会可持续发展是高质量发展的必由之路,是加快内外"双循环"形成的必然要求。

外资空间布局是外资与东道国确定区域间协调、耦合的结果,从整体上反映该区域的自然、社会和经济特征,是区域经济可持续发展的重要内容与指标。耦合从物理学迁延而来,指两个及以上系统或运动,在自身和外界媒介、因素、条件促动下,通过影响、磨合、反馈、协调,形成动态关联体系的过程。耦合至少包括空间耦合与功能耦合,本研究关注外资与东道国各区域的空间耦合,它是指在各种因素作用下,基于外资企业微观区位选择的累积而在空间上形成的外资与东道国各区域相互协调的、宏观的、动态的系统性关联状态。作为引进外资第一大国,2020 年中国实际利用外资达到 1 630 亿美元,大量外企进入的微观区为累积为外资与中国各区域在空间上的宏观耦合,正深刻影响着中国各区域产业结构优化、技术进步、就业提供与市场发展。

外资区位选择的相关文献从发展中经济体金融抑制、跨国公司与对外直接投资区位选择、产业结构调整等方面考察了区位选择、市场进入、区域引资、产业结构优化等话题。战后复苏背景下，早期研究多从发展中国家金融抑制前提出发，结合跨国公司扩张需求，集中考察东道国各地间引资优惠条件。国际生产折中理论、垄断优势论、资源基础论、制度基础论代表性理论多从外资动机入手讨论外资垄断优势的跨境发挥，外资进入的关键因素集中在经济水平、引资政策、资源禀赋、市场状况等方面，与之对应可以将外资划分成效率导向、技术导向、市场导向、资源导向等类型，仅从类型的划分方法就可以看出这些分析的出发点都在强调外资挟其资本或技术优势对东道国及其具体区域的选择，东道国在引资行为中处于明显的被选择地位。其后，在逆经济一体化、经济波动危害、环保底线意识等反思高涨背景下，对可持续发展的关注促使部分发展中国家纷纷设定可持续发展目标，推出《外商准入目录》，主动甄别与选择有助于本地实现自身环境保护、技术进步、产业结构调整等目标的外资进入。学术界代表性理论开始集中关注技术溢出、产业结构优化、环境效应规制等话题，强调在禀赋与制度约束下，关注各区域的异质性引资需求以及不同来源外资满足东道国需要的差异。然而实证结论并不一致，甚至可以说是差异很大，比如对于东道国清廉程度、环境规制策略、外资技术溢出等方面的讨论均存在不一致的结论，其结果就是实践指导意义锐减。对于既有矛盾研究结论的解释众说纷纭，主要集中在特定历史环境的影响、研究目的影响、东道国自身特质的影响、跨境资本来源国特质的影响等方面。

我们认为研究结论不一致的原因在于将外资与东道国视为了两个对立面，对资本供求双方利益的对立性分割处理给委托代理与道德风险提供了机会，造成了资源错配与地方政府的非理性竞争，未来关注重点应转向外资系统与东道国系统间在相互理解基础上的互动统一。人地关系环境感知论强调，人和地理环境的关系不是任意的、随机的，是互为因果的，决定于彼此在对方脑中的环境感知。迁移到外资区位选择问题中，我们认为，外资与其赖以生存的东道国必须遵循自然规律，正确处理企业与所在地的拟人化人地关系，实现资源配置优化，而这自然就在宏观上形成了外资与所在区域间的空间耦合。

在可持续发展目标激励下，我们试图从系统仿生视角入手，将外资与东道国视为两个互嵌的子系统，从整体上、内生地理解引资方与外资方是如何通过彼此主观努力实现外资空间耦合客观结果的，这一内生的机理分析思路体现了对资本供求内生规律的尊重，有助于实现规模效应与结构效应的协同。生物繁衍与可持续发展要求选择适宜的区域，借鉴复合生态系统概念，我们设定复合生态系统视角下的外资与东道国生态系统（FDI-host-nomic-complex-ecosystem）是区域生态、人文、社会条件成为其外设环境下,外资及所处东道国各区域两个子系统,通过物质代谢、能量转化、信息传达、互动迁移实现结构和功能的耦合与统一。既有系统分析理论集中在熵论、耗散结构理论等方面,这类理论多从能量交换与秩序演化入手考察系统间互动、反馈与融合,其逻辑很简单,但系统演化、融合程度描摹与量化较难,多表现为概念模型分析。而从仿生学视角看,将外资与东道国视为两个相互作用的、生动的仿生系统本就是企业仿生化和城市拟生化领域重要话题之一,不但可以系统地考察外资与东道国两个系统间互动,而且可以有效量化系统的演化程度,更便于吸收传统跨国公司理论、产业理论、新经济地理所强调的资源、环境、技术等因素的影响。

具体研究将从区域生态位及其衍生概念展开。区域生态位或城市生态位概念从生物学的生态位衍生而来,逐渐渗透到城市地理、城市经济等领域。20 世纪 30 年代,研究构建了芝加哥经典人类生态学研究框架,其后进一步提出将城市生态位理解为扩展生态位理论。目前普遍认可的城市生态位被认为是基于环境、资源特性的,反映城市间互动、匹配、适应后所呈现的资源、经济与社会状态的关键指标,它承载了该区域在所处城市体系中所处位置、功能和作用,构成了城市发展生境,是城市行为的起点。回到本研究,由于外资微观数据难以获得,且极端值、异常值较多,所以外资生态位难以实现科学合理的测算,因而我们考虑测算城市生态位,这从主动视角表达了可持续发展所强调的对于外资的甄别要求,而且从被动角度通过该城市在其东道国引资体系中的所处地位反映该区域的引资能力。

后续部分我们将从仿生学系统分析出发,运用生态位适宜度、生态位宽度、生态位重叠度等指标,从区域发展理想与现实间差距、区域资源禀赋约束、区域竞争环境塑造等作用机理分析入手,在考虑内生性的基础上,运用空间检验方法,实证考察高质量发展目标设定对外资与东道国区域间空间耦合的影响机理,进而据此回应是否存在引资生态位适宜度高一定耦合度高的现象。

本部分试图在以下方面实现突破,首先,研究思路方面,以仿生学思路提升研究结论可靠性。本研究在描述外资与东道国各地方两个子系统的基础上,基于区域生态位适宜度、宽度及重叠度等理论,以生态位仿生分析,内生地考察区域可持续发展目标设定的"垫脚效应"是如何与生态位宽度与重叠度相结合,共同影响外资空间耦合进而实现规模效应与结构效应的。其次,研究方法方面,以空间探索性分析和空间计量提升研究结论的可操作性。既有研究多采用区位熵指数、基尼系数、赫芬达尔指数、地理集中指数、EG 指数和动态集聚指数等指标进行多元统计分析,可视化与可操作性不足,少数采用空间分析的文献又缺乏对空间布局形成机理的考察,因而本研究试图通过空间探索性分析、空间计量检验、空间热点分析,从空间上剖析各省(市、区)外资的空间耦合水平与形成机理。最后,指标体系构建方

面,构建更趋全面的区域引资生态位指标体系。为打破既有研究长期纠结于城市
生态位相关概念与内涵阐释的窘境,本研究从市场纬度、生产要素纬度、资源纬度
和技术纬度选取了 22 个三级评价指标,运用生态位相关模型测度了区域引资生态
位相关情况。

# 6.2　外资空间耦合系统描述

本研究试图将引资方与投资方放在一个系统中进行观察,因而首先要构建并
描述由引资方、投资方构成的耦合系统的基本情况。

## 6.2.1　引资方子系统描述

### 6.2.1.1　区域引资生态位概念剖析与引资方系统构建

外资在华空间分布极不平衡,呈显著东高西低的阶梯状分布态势,从仿生学视
角将不包含港澳台的中国 31 个省(市、区)视为一个生态系统,将各省级区域视作
一个生物单位,定义区域引资生态位,在特定生态系统中,东道国引资体系内各子
区域引进外资受多维因素影响和制约,通过该区域与所处系统其他区域间相互影
响,最终获得的地位、功能和价值,表现各子区域在引资中所占有的生存资源及可
持续发展能力。参考多维超体积生态位理论,本研究从市场维度、资源维度、技术
维度、生产要素维度等维度量化指标构建引资能力评价系统。设 $X = \{x_1, x_2, \cdots,$
$x_n\}$ 为引进外资能力生态因子集合。由于其存在动态性,假设评价区域包含 $m$ 个引
资生态系统,每个生态系统又包括 $n$ 个生态因子,即各量化指标以地区为单元构成
生态因子空间 $E^m$,其中 $E^m = [X_{ij}]_{m \times n}$, $i = 1, 2, \cdots, m, j = 1, 2, \cdots, n$。进一步,依据指
标的科学性、系统性、可行性和可比性原则,针对生态位宽度、生态位重叠度等指
标,建立形如表 6.1 的引资生态位评价指标体系。各类数据从历年的中国统计年
鉴、历年各省统计年鉴以及国家统计局采集,时间跨度为 1997—2019 年。为使指
标数据更加科学、可靠,利用 GDP 平减指数、CPI 平减指数剔除各类涉及价格数据
所受通胀影响,同时,为消除量纲影响,采用离差标准化法对各评价指标进行标准
化,具体公式如下:

对于正向指标,

$$r_{ij} = \frac{x_{ij} - \min_j \{x_{ij}\}}{\max_j \{X_{ij}\} - \min_j \{X_{ij}\}}, \quad 1 \leqslant i \leqslant 30, 1 \leqslant j \leqslant 30 \qquad (6-1)$$

对于负向指标,

$$r_{ij} = \frac{\max_{j}\{x_{ij}\} - x_{ij}}{\max_{j}\{x_{ij}\} - \min_{j}\{x_{ij}\}}, \quad 1 \leqslant i \leqslant 30, 1 \leqslant j \leqslant 30 \qquad (6-2)$$

式中，$a_{ij}$ 为第 $i$ 省（市、区）第 $j$ 个指标的原始数值；$\alpha_{imin}$ 为第 $j$ 个指标最小值；$\alpha_{imax}$ 为第 $j$ 个指标的最大值。

表 6.1　引资生态位评价指标体系

| 一级指标 | 二级指标 | 三级指标 |
|---|---|---|
| 引资能力 | 市场维 | 地区生产总值（亿元） |
| | | 货物进出口总额（亿美元） |
| | | 规模以上工业企业单位数（个） |
| | | 第一产业增加值（亿元） |
| | | 第二产业增加值（亿元） |
| | | 第三产业增加值（亿元） |
| | 资源维 | 地方财政资源税（亿元） |
| | | 地方财政耕地占用税（亿元） |
| | 技术维 | 专利申请受理量（件） |
| | | 专利申请授权量（件） |
| | | 固定电话年末用户（万户） |
| | | 移动电话年末用户（万户） |
| | | 技术市场成交额（亿元） |
| | 生产要素维 | 年末人口数（万人） |
| | | 普通高等学校数（个） |
| | | 普通高等学校在校生（人） |
| | | 铁路营业里程（km） |
| | | 公路里程（km） |
| | | 发电量（亿千瓦小时） |
| | | 文化距离:民族个数（个） |
| | | 制度距离:省会距离北京的距离（km） |
| | | 地理距离:省会距离最近出海口的距离（km） |

### 6.2.1.2　区域引资指标评价结果概况

(1)区域引资生态位适宜度测定结果

首先在第5章中测算的基础上,将各省级区域2019年引资生态位数据截取出来,进行分层,获得形如表6.2的引资生态位适宜度评价分层表。

表6.2　引资生态位适宜度评价分层表

| 引资生态位适宜度 | 地区(2019年) |
|---|---|
| N1 | 青海、宁夏、甘肃、山西、天津、上海 |
| N2 | 吉林、北京、重庆、内蒙古、新疆、黑龙江、海南、云南、广西、福建、河南、江苏、辽宁、湖北、湖南、陕西 |
| N3 | 贵州、浙江、广东、江西、安徽、山东、四川、河北 |

(2)区域引资生态位宽度测定

测算显示,1997—2019年间,各区域历年生态位宽度值落在[0.622 8,3.017 7]范围内,历年变化幅度不大,其中山东、江苏和广东生态位宽度较宽,交替排名第一,引资能力较强;而西藏生态位宽度最窄,始终处于最后,引资能力较弱。

(3)区域引资生态位重叠度测定

测算显示,生态位宽带值取值范围为[0.116 6,0.909 6],且较多数值处于0.6~0.9之间,表明各省域间引进外资中资源利用相似度较大,竞争较激烈。统计重叠度大于0.9的有安徽－河北、安徽－江西、安徽－湖南、湖南－河南、湖南－湖北,这些省域两两优势相当,竞争最为激烈。西藏与其他地区重叠度小于0.35,引资过程中资源利用相似程度很小,竞争优势较弱。重叠度在0.4~0.7之间的有250对,占比53.76%,说明大部分省域引资中资源利用相似程度一般,相互之间多数没有突出竞争优势。

## 6.2.2　投资方系统描述:外资系统投资热点布局分析

基于已有的外资进入热点图显示,在华外资总体分布呈现"大聚集,小分散"的特征,可大体分为热点、次热点、冷点和次冷点4个级别。其中热点区集中在山东、江苏、浙江及广东,次冷点区分布在青海、甘肃、宁夏、吉林及海南,冷点集中在新疆、黑龙江、辽宁、江西、重庆、四川、云南、贵州及广西等地区,中部地区则大多处在次热点区域。

### 6.2.3 系统耦合度测量

外资方与东道国各区域两子系统的耦合度测算公式如下：

$$C(t) = \sqrt[3]{\dfrac{F(t,x) * F(t,y)}{\sqrt{\left[\dfrac{F(t,x) + F(t,y)}{2}\right]^2}}} \qquad (6-3)$$

式中，$C$ 表示两系统间耦合度，取值范围为 $[0,1]$，外资规模用实际引进外资除以人口数，值越大表明二者之间相互作用越明显。其中 $c$ 表示耦合度，$F(t,x)$ 代表区域吸引外资能力系统的综合指数，$F(t,y)$ 为外资系统的指数。

进一步，按照三分位数法将 2019 年的 30 个省（市、区）耦合度划分为三个层次。详见表 6.3。

表 6.3　外资空间耦合度测算

| 耦合度 | 地区（2019 年） |
| --- | --- |
| 一层次 | 海南、上海、天津、北京、江西、宁夏 |
| 二层次 | 安徽、湖南、吉林、陕西、湖北、江苏、重庆、内蒙古、河南、浙江、福建、河北、辽宁、青海、广东 |
| 三层次 | 四川、山东、山西、广西、贵州、黑龙江、新疆、云南、甘肃 |

综上可以看到，全国范围内仅上海、天津、宁夏、湖南、吉林、陕西、湖北、江苏、重庆、内蒙古、河南、福建、辽宁、四川、山东、贵州等 16 省（市、区）的区域引资生态位适宜度与外资空间耦合度所处层次一致；而青海、甘肃、山西、新疆、黑龙江、云南、广西等 7 省（市、区）的适宜度很高，但耦合度分层相对适宜度则较低；浙江、广东、江西、安徽、河北、北京、海南等 7 省（市、区）的生态位适宜度较低，但耦合度高，相对适宜度则较高。

下面，我们将考察，什么样的因素，通过怎样的机制，会导致部分省（市、区）外资空间耦合度与其引资生态区位适宜度不相匹配？

## 6.3　高质量发展背景下的区域引资生态位与
引资生态位适宜度对外资空间耦合的
影响机理分析

### 6.3.1　生态位适宜度对外资空间耦合的影响

生态位适宜度代表理想生态位与实际生态位间差距，这启发我们用引资生态位适宜度描述各区域在全国引资体系中所处实际地位与理想地位间差距对外资种群繁衍、空间溢出与可持续发展的影响。生态适应性循环理论从人类与生态系统的交互入手，强调系统可持续发展必须重视组织演化趋势的可持续性与外推可能，引资实践中，可持续发展目标要求东道国各区域设定自己的理想定位，为激励各部门"翘起脚尖"尽全力后实现较高的发展目标，加之晋升锦标赛的驱动，各区域往往倾向于将其理想引资目标设定高于该区域在东道国整个引资体系中的实际位置，而这自我设定的较高的区域生态位目标可能与外资对该区域的认知并不总是一致，这一认知差异可能引发外资空间错配。

理想生态位与实际生态位间差距可能对外资进入、成长与繁衍带来正反两方面作用，总效应有待于考察两者间的此消彼长。积极作用方面，扎根理论强调，适宜的理想与现实差距设置可以为外资提供合适的软硬件条件，吸引来自高质量发达市场的外资进入，借此享受超前体系所带来的规范的营商环境与政策红利，促其实现快速本土化、可持续规模扩张与空间溢出。消极作用方面则体现在不适宜的差距设置所带来的剧场效应。剧场效应又叫"踮脚效应"，最初由卢梭用于形容其所在那个时代的巴黎社会中市民既主动观剧又被动演戏的异化状态，后被演绎为踮脚效应，用于描述由于受到其他观众起立看戏的影响而最终大家都起立踮脚看戏的状态，其结果是十分劳累且视野未必比都坐着好。区域引资生态位适宜度所代表的理想生态位与实际生态位间差距过大会引发城市病，这可能对外资提出过高要求，造成外资畏难情绪，导致基于可持续发展目标的设定的区域生态位理想边际效用递减。

### 6.3.2　生态位宽度对外资空间耦合的影响

区域引资生态位宽度指在东道国全国引资体系中该区域对资源的占有程度，包括生态因子适应、占有和利用的范围与数量，是可利用资源多样性指标。引资生态位越宽,则物种的适应性越强,其可以采集利用的资源种类越多,当主要食物缺乏时,物种会扩大取食种类,食性趋向泛化,生态位宽度趋于增大。当食物丰富时,取食种类又可能缩小,食性趋向特化,这时生态位变窄。

在区域引资生态位宽度范畴中,区域所拥有可供利用的各类资源成为外资发展关键前提,具有泛化特征的区域可能吸引更多的多样化外资进入。一方面,生态位越宽,则处于该生境的外资可利用的资源越多样化或曰泛化,该区域自然更受外资青睐,且有可能吸引多样化外资进入,进一步可以说,宽生态位区域以牺牲对特定的特色外资的满足能力来换取对更大范围的、多样化外资的满足能力。另一方面,窄生态位区域所代表的特化区域在资源竞争中处于劣势,其资源稀缺条件制约了外资对资源的采集与利用,更偏向于满足特定的特色化外资的需求,因而可能更易受到某些特定类型外资的青睐,这意味着外资来源可能趋于更窄。

### 6.3.3　生态位重叠度对外资空间耦合的影响

区域引资生态位具有扩展与压缩特征,完整生态系统具有结构耦合、代谢平衡、功能耦合等特征,可以通过垂直和水平链接,从个体、物种、社区到系统的不同尺度赋予生态单元中各类成员拥有对外开放能力与独立存活能力,这意味着区域经济社会发展过程中,区域间产业结构、劳动力和自然资源利用等方面呈现趋同,不同资源禀赋的地区形成类似的发展格局,这必将导致竞争,竞争优胜者会得到更多资源,并借此进一步扩张生态位。竞争劣势者生态位被进一步压缩,发展受限。

资源利用型竞争与干扰性竞争等不同竞争类型对引资带来不同效果。一方面,生态位部分重叠下的资源利用型竞争(resource utilization competition)中,生态位重叠只是必要条件而非充分条件,重叠并不总是导致竞争,还同时依赖于可利用资源数量和种群大小,环境非饱和条件下,极限相似性及最大容许生态位重叠将引导各类物种进行生态位分割,通过间隔生态位(disjunct niche)来降低竞争程度。另一方面,生态位过度重叠促使区域间竞争从资源利用型竞争走向干扰性竞争,在竞争排斥法则作用下极限相似性诱发非理性竞争。回到外资话题,区域间适度的生态位重叠度可能带来资源利用型竞争,这不但通过示范效应、鲶鱼效应为外资进入引资政策竞争,而且还有利于发挥东道国区域差异,提升单位面积外资存活量。当然,当环境容量达到阈值时,发生干扰性竞争,过于激烈的竞争则可能使外资因恐惧竞争而拒绝进入,使该区域外资发展受限。

# 6.4　高质量发展背景下的区域引资生态位与引资生态位适宜度对外资空间耦合的影响机制检验

## 6.4.1　模型构建与变量选择

### 6.4.1.1　基础模型构建

基于数据连续性、可获得性,选取各省(市、区)1997—2019 年样本,考察各区域引资生态位适宜度、宽度及重叠度对外资进入与区域空间的耦合度的影响进行检验。具体模型设定如下:

$$D_{it} = a_0 + a_1 \text{WNW}_{it} + \alpha_2 \text{WNO}_{it} + a_3 \text{Wsuit}_{it} + W \sum \beta_j x_{it} + \varepsilon_{it} \qquad (6-4)$$

式中,$i$ 表示省份;$t$ 表示年份;$W$ 为地理距离矩阵;$D_{it}$ 为系统耦合度;$\text{NW}_{it}$ 是生态位宽度;$\text{NO}_{it}$ 为生态位重叠度;$\text{SUIT}_{it}$ 为生态位适宜度;$X$ 为一系列控制变量,包括地理距离、制度距离、文化距离、$\alpha_0$、$\alpha_1$、$\alpha_2$、$\alpha_3$ 分别为待估参数;$\varepsilon_{it}$ 表示随机扰动项。

由于本研究控制变量中文化距离、地理距离及制度距离是不随时间改变的变量,故选择随机效应模型。

### 6.4.1.2　变量选择

被解释变量。外资空间耦合度($D_{it}$)按照前述耦合度公式进行测算。

解释变量。引进外资能力生态位宽度(NW)、重叠度(NO)及适宜度(Suit)分别由区域引资生态位宽度、重叠度及适宜度测算得到。

控制变量。控制变量主要从成本方面考量,考虑到中国辽阔的疆域范围、基础设施差异、文化差异的影响,我们一方面引入地理距离($G_d$)来表征冰山成本对国际贸易与投资成本的影响,另一方面引入制度因素来表征制度约束带来的成本,这里的制度因素既包括法律法规所代表的正式制度带来的合法性规范,也包括文化风俗行规所代表的非正式制度带来的潜移默化的约束,其中,首先以文化距离表征跨文化沟通成本($C_d$),其次以省际间地方政府政策差异来表征正式制度距离($S_d$)。

### 6.4.2　检验方法选择

#### 6.4.2.1　基于空间特征考察的回归方法选择

（1）全局空间相关性

首先，本研究采用全局莫兰指数 I（Global Moran's I）反映外资系统整体分布情况。图 6.1 显示，外资系统空间自相关性 Moran's I 指数均为正，2002—2012 年 Moran's I 指数均显著，反映该阶段外资系统存在一定空间自相关。1996—2001 年及 2013—2019 年外资系统 Moran's I 指数不显著并不能完全说明此阶段外资空间自相关性不存在，主要原因在于这里所计算外资系统 Moran's I 指数是通过二进制地理空间权重矩阵得来，该权重矩阵的空间邻接标准认为空间单元间联系取决于两者是否邻接，即存在彼此不相邻单元间被直接判定为不存在相互影响的可能，这显然与外资流动性本质不相符，单纯以是否空间邻接为标准判断空间单元间是否存在相互作用显然并不成立，结合"Moran's I 指数不显著不能判断任何地区的变量的发展与邻域无关，因为这种相关性可能只存在于局部地区，甚至可能由于正负相抵而造成统计不显著"，可知，需要进一步通过局域 Moran's I 指数考察局域外资空间自相关性。

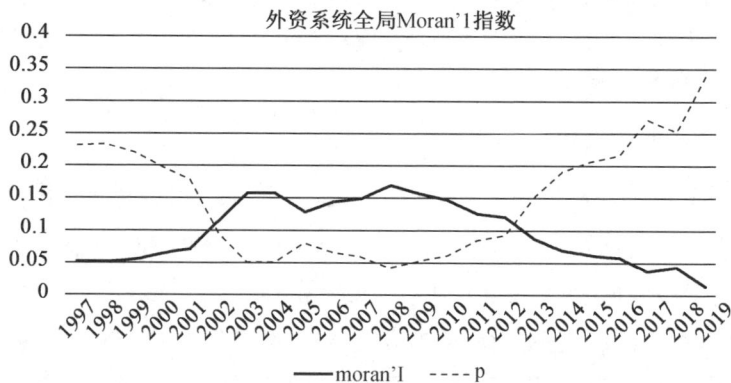

注：采用 Queen 距离权值矩阵，随机性检验中，采用 999 permutation

**图 6.1　外资系统的全局莫兰指数**

（2）局域空间相关性演化历程

局域 Moran's I 指数可以观察到全局 Moran's I 指数所无法反映的局域特征，分布在一、三象限莫兰散点表明具有相同特征的观测值聚集，分布在二、四象限的散点表明不同特征观测值的聚集。以 2019 年为例，引进外资能力的空间自相关性特征还是较为明显,30个省(市、区)分别有7个和10个省市处于一、三象限。详见表6.4。可以看到,多数地区处于高效集聚的第一象限(层次一,H~H)和第三象限(层次三,L~H),其中,H~H集聚的有上海、河北、山西、江苏、浙江、山东、河南,其自身和周边地区的引进外资水平都较高且正相关,空间溢出明显,将其与引资生态位适宜度相联系,可以发现,除上海以外的其他几个省市的引资生态位适宜度也相对较高。处于H~L集聚区的有北京、内蒙古、湖北、广东、四川、陕西,其自身的引进外资能力水平较高,同样的,这几个区域的引资生态位适宜度也较高。

**表6.4 2019年外资空间相关性局域散点图**

| 象限 | 空间相关模式 | 2019年 |
|---|---|---|
| 第一象限 | H~H | 上海、河北、山西、江苏、浙江、山东、河南 |
| 第二象限 | L~H | 天津、安徽、福建、江西、湖南、广西、海南 |
| 第三象限 | L~L | 辽宁、吉林、黑龙江、重庆、贵州、云南、甘肃、青海、宁夏、新疆 |
| 第四象限 | H~L | 北京、内蒙古、湖北、广东、四川、陕西 |

注:采用Queen距离权值矩阵,随机性检验中,采用999permutation。

### 6.4.2.2 空间计量检验方法选择

空间计量模型主要包括空间误差模型(SEM)、空间滞后模型(SAR)及空间杜宾模型(SDM)。SEM模型涵盖了随机误差项的空间滞后,若外资系统与引资系统的耦合度的空间自相关源于相邻省份度量误差,则可运用SEM模型检验。而SAR模型则考虑了被解释变量的空间滞后,邻域间被解释变量会通过空间作用产生交互影响。SDM模型更趋全面,它同时考虑了解释变量和被解释变量的空间溢出。我们首先根据拉格朗日乘数(LM-lag,LM-error)和稳健拉格朗日乘数($R_{LM-error}$,$R_{LM-Lag}$)估计结果进行空间误差模型和空间滞后模型的选择。表6.5的空间依赖性检验结果显示LM-error、RobustLM-error及LM-Lag通过1%水平的显著性检验,而RobustLM-Lag未通过显著性检验,故选择空间误差模型;其次通过LR检验和WALD检验考察检验空间杜宾SDM模型能否退化为中空间误差模型和空间滞后模型,进而决定选择空间误差或空间杜宾模型。表6.6检验结果显示应选择空间杜宾模型进行空间回归。

表 6.5　空间自相关检验

| 空间自相关检验 | 统计值 | P 值 |
|---|---|---|
| LM-error | 606.052 1 | 0.000 0 |
| RobustLM-error | 148.693 0 | 0.000 0 |
| LM-Lag | 457.732 3 | 0.000 0 |
| RobustLM-Lag | 0.373 2 | 0.541 3 |

表 6.6　空间模型选择

| 空间杜宾模型与空间误差模型选择 | | 空间杜宾模型与空间滞后模型 | |
|---|---|---|---|
| LR 检验 | WALD 检验 | LR 检验 | WALD 检验 |
| LR chi2(6) = 37.48 | LR chi2(5) = 29.06 | LR chi2(6) = 29.07 | LR chi2(6) = 38.01 |
| P = 0.000 0 | P = 0.000 1 | P = 0.000 1 | P = 0.000 0 |

### 6.4.3　内生性处理

为降低遗漏变量、逆向选择所导致的内生性可能,本研究选择 5 个工具变量,采用工具变量法进行检验。(1)地理距离。从地理视角选择工具变量的思路,以各省到海岸线距离的倒数再乘以 100 所表征的各区域海外市场相对距离作为工具变量,主要原因在于,当前外资多以加工贸易方式进入中国,而海运是公认跨境贸易成本较低方式,因而离海岸线越近的区域冰山成本越低,贸易优势越明显,即满足工具变量相关性要求。同时该变量设计取决于地理距离也可能满足工具变量外生性要求。(2)1995 年各地区外资依存度。借鉴从历史视角选择工具变量的思路,以 1995 年外资占 GDP 比重所表征的 1995 年各区域外资依存度作为 FDI 工具变量,原因在于 1995 年利用外资水平无疑对后续引进外资有重要影响,1995 年中国刚形成扩展至全国的对外开放区域并发布了《外商投资产业指导目录》,此后外资不断进入高新技术、服务贸易、金融等相关领域,为使两工具变量具有动态特征,分别以人民币对美元汇率进行调整。(3)地形地貌特征。将地形起伏度作为工具变量,某一地区的地形起伏度平均值是由该地区的最高海拔高度和最低海拔高度、平均面积以及区域面积共同决定的,是一种天然的地理指标,可能作为有效的工具变量。(4)区域人口密度。劳动力作为一种不可或缺的生产投入要素,在经济增长中发挥着重要的作用,对外商直接投资的区位选择也会产生重要影响,而人口密度高的地区劳动力资源丰富的概率较高。(5)第三产业增加值。第三产业已成为外商直接投资的重要组成,是推动经济长期可持续增长的新生动力。

接着从不可识别、弱工具变量及过度识别3方面对上述工具变量进行内生性检验,检验结果详见表6.7。可以看到,Kleibergen – Paaprk LM 统计量为46.726,且在1%水平上显著,说明所选工具变量可识别。Cragg-Donald Wald F 统计量和 Kleibergen-Paaprk Wald F 统计量分别为10.107和17.346,大于 Stock-Yogo 的5%水平 F 临界值,因而拒绝工具变量为弱工具变量的原假设。Sargan 过度识别检验在 $P$ 值为0.000 0条件下为75.682,因而接受原假设,即不存在过度识别。

表6.7　内生检验回归结果

| 变量 | 系数 |
|---|---|
| NW | 0.143 239 85 * * * |
| NO | 0.479 815 24 * * * |
| Suit | − 0.746 260 44 * * * |
| 控制变量 | YES |
| Kleibergen-Paaprk LM statistic | 46.726 |
| Cragg-Donald Wald F statistic | 10.107 |
| Kleibergen-Paaprk Wald F statistic | 17.346 |

注:* * *、* *、*分别表示在1%、5%、10%水平下显著。

### 6.4.4　空间计量检验过程与结果分析

#### 6.4.4.1　五种模型的空间计量回归

检验前面机理分析的逻辑,构建5个模型进行空间杜宾检验。首先考察引资生态位适宜度、宽度、重叠度对耦合度的独立影响,接着引入交叉项进行两交叉、三交叉检验,考察引资生态位宽度、重叠度通过影响生态位适宜度对外资空间耦合的影响。检验结果详见表6.8。其中,模型1考察区域引资生态位适宜度对耦合的影响,模型2考察区域引资生态位宽度与重叠度对耦合的影响,模型3考察区域引资生态位宽度与适宜度交叉项对耦合的影响,模型4考察区域引资生态位重叠度与适宜度交叉项对耦合的影响,模型5考察区域引资生态位宽度、重叠度与适宜度交叉对耦合的影响。检验结果显示:(1)单纯生态位适宜度对耦合度产生显著负向影响。即生态位适宜度所表征的该区域自设理想生态位目标与实际生态位间差距越大,对外资吸引力越弱。(2)生态位宽度、重叠度对耦合产生正向影响。这意味着目前中国整体引资生态位多代表的区域资源对耦合产生正向影响,尤其受资源导向型外资青睐,而生态位重叠度所表征的区域竞争程度尚未达到饱和状态下的干扰性竞争,对外资空间耦合产生正向影响。(3)以交叉项引入生态位宽度或重叠度后,生态位适宜度的影响转为正,意味着在生态位宽度辅助作用下,较宽的生态位所承载的更多的资源可以减小生态位适宜度所代表理想生态位与现实生态位间差距,有助于实现理想目标设置与实践真实情况间的差距,促使生态位适宜度的负向影响逐渐转向正向影响。较大生态位重叠度所引致的区域间引资优惠政策竞争有助于优化营商环境,有助于缩小理想目标设置与实践真实情况间的差距。

表 6.8　空间检验结果

| 变量 | 模型 1 | 模型 2 | 模型 3 | 模型 4 | 模型 5 |
|---|---|---|---|---|---|
| | 系数/显著性/Z 值 | | | | |
| $Suit$ | −0.054 167 44 (/−1.10) | | 0.990 359 82 (* */2.23) | 0.710 494 83 (*/1.72) | 0.131 507 05 (/0.52) |
| $NW$ | | 0.062 508 61 (/1.53) | 0.334 160 68 (* * */5.85) | | 0.116 068 48 (* */2.41) |
| $NO$ | | 0.622 640 01 (* * */4.00) | | 1.297 312 9 (* * */5.48) | 0.800 971 16 (* * */4.31) |
| $NW*Suit$ | | | −0.411 203 88 (* * */−2.67) | | |
| $Suit*NO$ | | | | 1.231 716 (* */−2.08) | |
| $Suit*NW*NO$ | | | | | −0.157 726 21 (/−1.30) |
| $Cd$ | 0.001 959 26 (/0.19) | 0.013 890 12 (* */2.00) | 0.012 033 11 (/1.55) | 0.009 651 32 (/1.41) | 0.011 517 48 (*/1.70) |
| $Sd$ | −0.000 089 73 (/−0.12) | −0.001 089 8 (* */−2.12) | −0.000 924 2 (/−1.61) | 0.000 044 55 (/−0.92) | −0.000 080 77 (/−1.60) |
| $Gd$ | 0.000 044 98 (/1.43) | 0.000 089 61 (*/1.88) | −0.000 126 4 (/−0.22) | 0.000 046 33 (/0.99) | 0.000 039 37 (/0.83) |

表 6.8（续）

| 变量 | 模型 1 | 模型 2 | 模型 3 | 模型 4 | 模型 5 |
|---|---|---|---|---|---|
| | 系数/显著性/Z 值 | | | | |
| sig | 0.003 858 28 | 0.003 675 57 | 0.003 433 44 | 0.003 658 28 | 0.003 521 07 |
| | ＊＊＊/17.68） | （＊＊＊/17.68） | （＊＊＊/17.70） | （＊＊＊/17.58） | （＊＊＊/17.58） |
| spatia rho | 0.588 052 12 | 0.615 881 9 | 0.610 372 06 | 0.611 098 35 | 0.614 402 01 |
| | （＊＊＊/20.03） | （＊＊＊/21.95） | （＊＊＊/21.57） | （＊＊＊/20.93） | （＊＊＊/21.29） |

注：＊＊＊、＊＊、＊分别表示在1%、5%、10%水平下显著。

#### 6.4.4.2 稳健性检验

为考察检验结论的稳健性，进一步进行分样本检验与调整检验模型检验。首先是分样本检验。由于区域间历史、地理、社会差异的存在，引资生态位宽度、重叠度及适宜度对外资空间耦合影响也不尽相同，因而将全国划分为东、中、西三地区进行比较以检验前述结论稳健性，检验结果详见表6.9。接着进行变更模型检验。为考察模型设置合理性，在原有变量基础上增加地方财政耕地占用税作为控制变量进一步检验，检验结果详见表6.10。可以看到，回归结果中的空间自回归系数为正且显著，主要解释变量的显著性以及回归系数的正负号与前文一致，仅系数大小有小幅变化，表明结论具有较好稳健性。

表 6.9 分样本检验结果

| 区域设定 | 东部 | | 中部 | | 西部 | |
|---|---|---|---|---|---|---|
| 效应分解 | 直接效应 | 间接效应 | 直接效应 | 间接效应 | 直接效应 | 间接效应 |
| NW | 0.066 745 06 | 0.416 680 88 ＊＊ | −0.123 449 47 | 1.411 239 5 ＊＊＊ | 0.948 263 24 ＊＊＊ | −0.224 0 ＊＊＊ |
| NO | 0.061 346 55 | −0.935 375 88 ＊＊ | −0.857 094 7 | −2.951 312 9 | −0.631 035 | 0.776 385 |
| Suit | −0.696 025 8 | 0.092 595 88 | 0.579 621 44 ＊＊＊ | 0.026 584 54 | −1.159 728 ＊＊＊ | −0.351 3 |
| Cd | 0.000 766 28 | 0.049 107 05 | −0.066 174 21 ＊＊＊ | −0.122 802 3 | 0.015 621 16 | −0.136 3 |
| Sd | 0.000 021 24 | 0.000 141 8 ＊ | 0.000 148 01 ＊ | 0.000 476 63 ＊＊ | −0.000 124 | 0.000 23 |
| Gd | 0.000 043 04 | −0.000 435 4 | −0.000 698 66 ＊＊＊ | −0.002 736 2 ＊＊＊ | 0.000 027 48 | 0.000 069 |

注：＊＊＊、＊＊、＊分别表示在1%、5%、10%水平下显著。

表 6.10　调整检验模型回归结果

| 变量名 | 估计系数 | Z 值 |
|---|---|---|
| NW | 0.248 272 4 * * * | 4.78 |
| NO | 0.420 409 27 * * | 2.46 |
| Suit | − 0.242 568 11 * * * | − 4.55 |
| Cd | 0.014 003 54 * | 1.69 |
| Sd | − 0.000 092 18 | − 1.52 |
| Gd | 0.000 077 07 | 1.35 |
| Tax | − 0.000 487 2 * * * | − 6.21 |
| sig | 0.003 325 24 * * * | 17.60 |
| spatial rho | 0.440 050 51 * * * | 21.24 |

注：* * *、* *、* 分别表示在 1%、5%、10% 水平下显著。

综上，总结前述检验过程，我们得到以下基本结论：

（1）引资能力具有显著空间相关性，本地区引资能力提升引起相邻地区引资能力提高，无论是整体还是东、中、西部，吸引外资能力空间溢出效应明显。

（2）单纯引资生态位适宜度对耦合度产生显著负向影响。区域自设的理想生态位目标与实际生态位之间的差距越大，对外资的吸引力越弱，外资的进入意愿越弱。

（3）引资生态位宽度、重叠度对耦合产生正向影响。这意味着目前中国整体引资生态位多代表的区域资源对耦合产生正向影响，尤其受资源导向型外资青睐，而生态位重叠度所表征的区域竞争程度尚未达到饱和状态下的干扰性竞争，对外资空间耦合产生正向影响。

（4）以交叉项引入生态位宽度或重叠度后，生态位适宜度的影响转为正向，意味着生态位宽度可以有效辅助适宜度，减小理想生态位与现实生态位之间差距的负向影响，进而转为正向影响。较宽的生态位所承载的更多的资源将有助于实现理想目标设置与实践真实情况间的差距。较大生态位重叠度所引致的区域间引资优惠政策竞争有助于优化营商环境，有助于缩小理想目标设置与实践真实情况间的差距。结合耦合系统描述部分所引出的引资实践问题，我们认为，前述存在的青海、甘肃、山西、新疆、黑龙江、云南、广西等区域存在"生态位适宜度很高，生态位耦合度较低"的原因在于区域自设可持续发展目标过高，与其自身的生态位宽度、生态位重叠度不相符，因而出现耦合度较低。而浙江、广东、江西、安徽、河北、北京、海南区域存在的"生态位适宜度较低，但耦合度教高"的原因在于，生态位适宜度所反映的可持续发展目标设定较低，结合较好的生态位宽度、较积极的引资政策，自然出现生态位适宜度较低但耦合度较高的状态。

# 6.5　本章小结

　　本章针对中国 1997—2019 年省际面板数据,在构建外资与东道国各子区域的耦合仿生系统基础上,分析了区域引资生态位适宜度、宽度、重叠度对外资与东道国区域间空间耦合的作用机理,在考虑内生性前提下,进行了空间检验。研究发现,区域引资具有显著空间溢出特征。区域自设的理想生态位目标与实际生态位之间的差距越大,对外资的吸引力越弱。引资生态位宽度、重叠度对耦合产生正向影响,可以有效辅助适宜度,减小理想生态位与现实生态位间差距对外资空间耦合的负向影响。部分地区"生态位适宜度很高,生态位耦合度较低"的原因在于区域自设可持续发展目标过高,与自身生态位宽度、重叠度实际不符,而"生态位适宜度较低,但生态位耦合度较高"存在的原因在于,生态位适宜度所反映的可持续发展目标设定较低。下一章将考察在华外资的空间收敛特征。

# 第7章 在华外资空间布局收敛性研究

在上一章考察区域引资生态位适宜度、引资生态位对外资空间耦合的作用的基础上,本章将进一步考察在华外资的空间收敛性特征。我们将在文献回顾基础上,建立收敛检验,进而检验在华外资空间布局收敛性。

## 7.1 外资空间收敛性文献回顾

十一届三中全会确立了改革开放的政策以来,中国经济飞速发展,引资规模不断扩大。但是由于改革开放初期采取东部沿海地区优先发展战略,导致目前中国东西部经济发展不均衡,地区之间存在较大差距,外资布局呈现不均衡态势。在华外资空间分布由集聚集中趋向分散均衡,呈"北进西移"态势,东部高度集中,中西部发展较快,外资高值集聚区逐渐向北推进,低值区向西南收缩。2018 年中国外商投资企业共计 593 276 家,广东、上海、江苏、浙江等东部沿海省市合计 483 073 家,占比 81.4%。同年广东省 GDP 为 97 278 亿元,外商直接投资额为 1 458.8 亿美元,新疆 GDP 为 12 199 亿元,外商直接投资额为 0.169 亿美元。

外资空间布局演化的一个可能结果是收敛。收敛问题最早出现在新古典增长的经济增长收敛问题中,之后延伸到其他领域。有学者对索洛模型进行了扩展,将人力资本和物质资本同时加入模型中,得到了 Mankiw-Romer-Weil 收敛模型,简称 MRW 模型,提出了条件收敛的存在。国内单纯研究外商直接投资收敛的文献不多,大部分是研究外资对经济收敛的因果关系,研究表明,中国 FDI 地区分布不均衡性会导致地区经济增长的差异增大,促进地区经济的发散。通过对人力资本视角研究 FDI 与经济增长空间收敛关系,研究表明 FDI 和人力资本要素对促进中国地区经济增长均具有显著的推动作用。既有研究基于空间收敛视阈,研究外商直接投资对长江经济带区域经济协调发展的影响,结果表明空间溢出和制度环境视角下外商直接投资助推了长江经济带区域经济收敛,且由于长江经济带地区外资存在"以资引资"等问题,外资可能仅会对长江经济带资本存量较高的地区产生水平增长效应,产生限制长江经济带区域经济协调发展的反作用。针对环渤海城市群进行外资中心收敛性和空间溢出性研究发现,中国环渤海经济圈的外资中心收敛态势和空间溢出性十分显著。

既有研究中,关于外资空间布局收敛特征性的考察、FDI 空间收敛影响因素的考察的文献集中在 FDI 收敛性、FDI 空间布局、FDI 空间溢出等方面。

对本研究具有支撑作用的文献首先指向外资空间布局,空间布局是微观企业区位选择的宏观累积,研究对象方面看,既有研究从东道国在不同国家的外商直接投资选择转变到在华 FDI 在中国内部区位选择;研究范围方面,从全国范围内的东、中、西部区位选择转变到某区域、某产业的选择,研究影响 FDI 空间区位选择因素的文献中均关注传统因素如成本、市场因素,更加关注集聚因素和制度因素,目前也出现大量关于特定要素对 FDI 区位选择影响的研究如创新政策环境、环境分权等。随着研究的深入,研究方法也更加多样化,从传统面板模型、统计分析法到条件 Logit 概率模型、空间计量面板等方法。梳理 FDI 的空间布局的文献可知,在华 FDI 分布从最初的主要分布于沿海地带省区和沿长江流域省区的"T"型轴线上,改变到现在的呈现高度集中向渐进式扩散转移的趋势,并呈现出高水平和低水平两大稳定性较强的趋同俱乐部,但总体上 FDI 空间布局仍呈现数量上"东多西少"、产业流入上"东高西低"的态势。由此可见,目前中国外资空间布局上仍存在不均衡现象。收敛模型应用多集中在经济发展领域。收敛概念首次出现于经济增长收敛研究中,有学者通过对索罗模型扩展,进一步提出了条件收敛的存在,之后延伸到其他领域。国内单纯研究外商直接投资收敛的文献不多,学者利用误差修正模型研究环渤海城市群的外资中心收敛性和空间溢出性;利用收敛模型研究了湖南省 FDI 引资区域差异收敛性。此外,更多的文献倾向于 FDI 对经济增长收敛的影响的研究上,主要倾向于在人力资本视角研究 FDI 对经济增长空间收敛作用与长江经济带 FDI 对区域经济均衡发展的影响。

外资的空间外溢性与收敛性存在很大关系,国内外关于外资空间外溢性研究较多,有学者提出外资溢出效应与区域之间相邻距离的关系:外资的外溢发生原理与疾病传染原理相似,距离外商直接投资越近的企业,与之接触越频繁,外溢的速度也越快,吸收的外溢效应也越高。在此之后,也有大量研究表明外资的溢出效应存在正向效应,如技术溢出,就业和资本流动等正向影响,也存在负向效应,如竞争效应,因此针对实际情况溢出效应方向的判断就存在着正向效应和负向效应的权衡。相关研究指出外商直接投资的外溢效应存在显著的空间差异,且外资聚集区的技术外溢性强于分散区域。通过采用大数据样本研究了外商直接投资外溢效应在空间上的分布规律以及对中国企业生产率的影响,实证结果发现外资对内资企业均存在外溢的比邻效应。外商直接投资的进入拉大了中国不同区域企业生产率之间的差距。有专家利用中国各省区 1986—2008 年的面板数据和通过建立空间动态计量模型,实证分析跨国公司投资的地区影响效果,研究发现外资不仅产生地区内溢出，也产生地区间溢出。

目前关于外商直接投资文献主要是关于外资区位选择与空间溢出，但是对外资空间布局差异，及其收敛性分析的研究较少，本部分试图将空间效应引入收敛模型，在与传统收敛模型对比的同时，从空间相关性和收敛趋势两方面，判别外资是否存在 $\alpha$、$\beta$ 收敛，来进一步分析在华外资布局状况及其影响因素。我们试图从以下方面深入考察外资空间布局的收敛性，首先，将外资作为研究对象，引入空间效应，与传统收敛模型进行对比，分析空间效应对外资收敛的影响，以及试图通过研究外资收敛问题来进一步分析空间布局问题。其次，进行外资收敛的影响分析，进一步判断影响中国外资空间布局差异的主要原因。

下面，我们将在模型构建和变量选择的基础上进行包括空间相关性检验、传统和空间效应下的 $\alpha$ 和 $\beta$ 收敛分析，以及稳健性检验的空间计量检验。

# 7.2 模型设定

新古典经济理论中收敛模型指出由于新古典经济增长模型假设资本投入的边际收益递减，因此经济落后国家的人均资本要小于经济发达国家的人均资本，从而其资本边际产出要高于经济发达国家的资本边际产出，因此，落后国家经济的增长速度要高于发达国家的经济增长速度。收敛模型应用在外商直接投资上，即外资引入水平低的区域拥有比外资引入水平高的区域更高的引入外资增长速度，该关系可以用收敛模型来衡量，本研究考虑邻近地区之间的空间相关性，将空间效应引入传统收敛模型中，更符合实际情况。

## 7.2.1 收敛模型选择：从传统收敛模型到空间收敛模型

### 7.2.1.1 传统收敛模型

（1）$\alpha$ 收敛。$\alpha$ 收敛是指不同省份 FDI 存量离差随时间推移而趋于下降，本次采用省级 FDI 存量的变异系数 $\delta$ 衡量。变异系数是衡量各观测值变异程度的一个统计量。当进行两个或多个资料变异程度的比较时，如果观测值度量单位或均值两者有一个不同时，不能单纯用标准差衡量，而需采用标准差与平均数的比值（相对值）来比较，即 $\sigma$ 与 $\overline{x}$ 的比值，其测算公式如下：

$$\sigma_t = \sqrt{\frac{1}{n}\sum_{i=1}^{n}\left(\ln \mathrm{FDI}_{it} - \frac{1}{n}\sum_{i=1}^{n}\ln \mathrm{FDI}_{it}\right)^2} \qquad (7-1)$$

$$\overline{x_t} = \frac{1}{n}\sum_{i=1}^{n}\ln \mathrm{FDI}_{it} \qquad (7-2)$$

$$\delta_t = \frac{\sigma_t}{x_t} \qquad\qquad (7-3)$$

式中,$FDI_{it}$ 表示第 $i$ 个省份在第 $t$ 年的实际 FDI;$n$ 为省份个数。若 $\delta_{t+1} < \delta_t$,说明该区域 FDI 存在 $\alpha$ 收敛;若 $\delta_{t+1} > \delta_t$,说明该区域化城市 FDI 不存在 $\alpha$ 收敛。

(2)$\beta$ 收敛。$\beta$ 收敛主要反映初始水平比较低的地区比初始水平高的地区具有更高的增长率,使用回归模型来衡量。

①绝对收敛模型。绝对收敛模型不考虑各个区域的特质,假设每个区域的环境、政策等相同,考察 FDI 增速与其初始值之间的关系,检验各地区 FDI 是否会收敛于相同的均衡值。计算公式如下:

$$\ln\left(\frac{FDI_{it}}{FDI_{i0}}\right) = \alpha + \beta \cdot \ln FDI_{i0} + \varepsilon_{it} \qquad\qquad (7-4)$$

式中,$\ln FDI_{it}$ 表示第 $i$ 个省份在第 $t$ 年的实际 FDI 存量;$\ln FDI_{i0}$ 表示期初的人均 FDI。若 $\beta$ 小于 0,说明该区域存在绝对收敛;反之,不存在绝对收敛。同时 $\beta$ 绝对值越大,收敛性越强。

②条件收敛模型。$\beta$-绝对收敛则是指在没有控制那些影响因素的情况下,仍然存在不同省份间的收敛现象,而 $\beta$-条件是指在控制某些影响因素后,不同省份之间实现了收敛现象,也即条件收敛模型考察不同 FDI 水平的地区存在不同的均衡增长路径,收敛于各自的均衡值,因此需要考虑不同经济系统间的经济结构变量,具体计算公式如下:

$$\ln\left(\frac{FDI_{it}}{FDI_{i0}}\right) = \alpha + \beta \cdot \ln FDI_{i0} + \delta \cdot X_{it} + \varepsilon_{it} \qquad\qquad (7-5)$$

相对于绝对收敛方程而言,条件收敛的解释变量中多了经济结构变量 $X_{it}$。$\beta$ 是条件收敛系数,$\beta$ 小于 0,说明该区域存在条件收敛;反之,不存在条件收敛。同时 $\beta$ 绝对值越大,收敛性越强。

### 7.2.1.2 空间收敛模型

外资引入本身存在一定的空间溢出性,受地理位置、要素流动、技术溢出等因素影响,外资水平高的地区会影响临近地区,为了能够更加真实地反映外资空间布局实际情况,必须将空间效应引入收敛模型中,相对于传统收敛模型构建空间收敛模型,分别考虑空间自回归模型、空间误差模型和空间杜宾模型。

(1)绝对 $\beta$ 收敛。下述模型中,式(7-6)是空间自回归模型,主要关注区域间空间相关,式(7-7)是空间误差模型,更关注误差项引起的空间相关性,式(7-8)是空间杜宾模型,同时考虑空间自相关与空间误差。其中 $\rho$ 为收敛系数,$\beta$ 为空间自回归系数,反映了被解释变量空间关联性,即相邻区域 FDI 对本地区 FDI 的影响;$\lambda$ 为空间误差系数,反映了模型残差项间空间关联性;$\boldsymbol{W}$ 和 $\boldsymbol{\omega}$ 为 $n \times n$ 阶空间权重矩阵，$\varepsilon_i$、$\mu_i$ 为随机误差向量。我们通过 LM 检验来判断数据适合哪种模型、通过 Housman 检验判断选择固定效应还是随机效应。

$$\ln\left(\frac{\mathrm{FDI}_{it}}{\mathrm{FDI}_{io}}\right) = \alpha + \rho\ln\mathrm{FDI}_{i0} + \beta W\ln\left(\frac{\mathrm{FDI}_{it}}{\mathrm{FDI}_{io}}\right) + \varepsilon_{it} \qquad (7-6)$$

$$\ln\left(\frac{\mathrm{FDI}_{it}}{\mathrm{FDI}_{io}}\right) = \alpha + \rho\ln\mathrm{FDI}_{i0} + (1-\lambda\omega)^{-1}\mu_i \qquad (7-7)$$

$$\ln\left(\frac{\mathrm{FDI}_{it}}{\mathrm{FDI}_{i0}}\right) = \alpha + \rho\ln\mathrm{FDI}_{io} + \beta W\ln\left(\frac{\mathrm{FDI}_{it}}{\mathrm{FDI}_{i0}}\right) + (1-\lambda\omega)^{-1}\mu_i \qquad (7-8)$$

（2）条件 $\beta$ 收敛模型。下述模型中，式（7－9）是空间自回归模型 SLM，式（7－10）是空间误差模型 SEM，式（7－11）是空间杜宾模型 SDM。其中 $X_{it}$ 是控制变量，其余参数与绝对收敛模型中参数意义一致。

$$\ln\left(\frac{\mathrm{FDI}_{it}}{\mathrm{FDI}_{io}}\right) = \alpha + \rho\ln\mathrm{FDI}_{i0} + \beta W\ln\left(\frac{\mathrm{FDI}_{it}}{\mathrm{FDI}_{i0}}\right) + \delta X_{it} + \varepsilon_{it} \qquad (7-9)$$

$$\ln\left(\frac{\mathrm{FDI}_{it}}{\mathrm{FDI}_{i0}}\right) = \alpha + \rho\ln\mathrm{FDI}_{i0} + \delta X_{it} + (1-\lambda\omega)^{-1}\mu_i \qquad (7-10)$$

$$\ln\left(\frac{\mathrm{FDI}_{it}}{\mathrm{FDI}_{i0}}\right) = \alpha + \rho\ln\mathrm{FDI}_{i0} + \beta W\ln\left(\frac{\mathrm{FDI}_{it}}{\mathrm{FDI}_{i0}}\right) + \delta X_{it} + (1-\lambda\omega)^{-1}\mu_i \qquad (7-11)$$

### 7.2.2 空间收敛模型的进一步细节设定

1. 空间权重矩阵

空间权重矩阵（Spatial Weighting Matrix）是空间收敛模型区别于传统计量经济学的重要特征之一，也是空间计量核心之一，对最终结果具有较大影响。我们借鉴既有研究，用邻近反距离权重矩阵 $W_1$、经济反距离权重矩阵 $W_2$、经济邻近权重矩阵 $W_3$ 等三种复合空间权重矩阵。其中，使用 $W_1$ 与 $W_2$ 的各赋 50% 权重的加权平均：$0.5 * W_1 + 0.5 * W_2$。基础的空间权重矩阵主要有以下三种：（1）邻接权重矩阵，这里使用 Queen 邻接矩阵，测度标准是相邻区域有共同的边或顶点，则 $w_{ij} = 1$，否则为 0；（2）地理距离权重矩阵测度标准是两区域欧式地理上距离的倒数，即 $w_{ij} = \frac{1}{d_{ij}}$；（3）经济权重矩阵，测度标准是相邻区域的实际 FDI 绝对差值的倒数，即 $w_{ij} = \frac{1}{|Y_i - Y_j|}$；复合空间权重矩阵 $W_3$ 的测度标准。本研究所采用复合空间权重矩阵能够弥补单个权重矩阵缺陷，检验结果更具说服力。

2. 收敛速度和周期

收敛速度和收敛周期科技以进一步判断各区域 FDI 收敛发展的未来趋势。收敛速度通过收敛系数 $\rho$ 来衡量,$s = -\ln(1+\rho)/T$,$T = t$ 指时间间隔,本研究 $T$ 取 18;收敛周期即 FDI 水平较低地区收敛于水平较高地区 FDI 一半水平所需的半生命周期,其中 $\tau = \ln(2)/s$。

3. 空间效应模型的选择

首先,通过比较传统 OLS 模型与空间模型,考察空间效应纳入模型的必要性。目前有沃尔德检验、似然比检验和拉格朗日乘子检验等 3 种基于最大似然原理的检验方式,其中拉格朗日乘子检验是基于原假设成立的情况,因此只需要进行最小二乘估计,所以最为常用。本研究选取 LM 和 RLM 检验方法来确定选择 SDM、SEM 还是 SLM 模型,并在三种权重矩阵下分别进行。Anselin 首次提出利用 LM 统计量检验选择 SEM 或者 SLM,并于 2006 年又进一步给出了稳健的拉格朗日乘子检验,判断准则如下:如果 LM – SEM 显著而 LM – SLM 不显著,那么选择 SEM,反之 SLM。如果均显著,则利用 RLM 进行检验,如果 RLM – SEM 显著而 RLM – SLM 不显著,则选择 SEM,反之选择 SLM。如果两者均显著,则选择更为显著的。其次,还需进一步通过 L 和 Wald 检验考察 SDM 模型能否退化为 SLM 或 SEM 模型,判断准则如下:如果 $\theta = 0$ 和 $\theta = -\rho\beta$ 的原假设同时无法被拒绝,那么选择 SDM 模型。如果 $\theta = 0$ 无法被拒绝,且 SLM 的 LM 检验显著,那么选择 SLM;如果 $\theta = -\rho\beta$ 无法被拒绝,且 SEM 的 LM 检验较显著,那么选择 SEM。

## 7.2.3　变量选择

1. 被解释变量

根据上文理论模型部分,在 FDI 的 $\alpha$ 收敛性的研究中,被解释变量选取以 1997 年为基年的外商直接投资额;在 FDI 的 $\beta$ 收敛性研究中,被解释变量选取以 1997 年为基年的外商直接投资额的增长率($Y$),利用取对数后差分方法来计算。

2. 解释变量

根据外商直接投资的相关理论和研究,在 FDI 的 $\beta$ 收敛性研究中,核心解释变量选取以 1997 年为基期的外商直接投资额,按照当年兑美元汇率换算成人民币。我们根据 FDI 的动因不同选取 FDI 的 $\beta$ 条件收敛性研究所需控制变量。本研究将对外直接投资动因划分为自然资源导向型、市场导向型、效率导向型及战略资产导向型等四类的做法,结合数据可得性,将 FDI 分为自然资源导向型、生产要素导向型、市场导向型和技术导向型四种,并据此选取相应解释变量。其中,自然资源导向型对外直接投资是为了寻找及开发以石油矿产为主的自然资源而兴起的海外投资,生产要素导向型对外直接投资是一种为了寻求类似廉价劳动力等要素海外投资,将这两种合并为资源导向型,选取自然资源和土地资源占用成本,劳动力总量和人力资源等变量来表征。市场导向型对外直接投资动因为巩固、扩大原有市场,开辟新市场,选取经济发展水平和工业化水平两变量表征。技术导向型对外直接投资动因是为获取东道国技术或技术溢出的海外投资,选取技术水平变量表征。详见表7.1。

表7.1 解释变量选择表

| FDI 类型 | | 解释变量 | 变量表征 | 变量意义 |
|---|---|---|---|---|
| 解释变量 | 资源导向型 | 战略资源 | 自然资源使用成本(ZR) | 地方财政资源税(亿元) | 反映除土地资源外的自然资源开采成本 |
| | | | 土地资源占用成本(TD) | 地方财政耕地占用税(亿元) | 反映土地资源占用成本 |
| | | 一般资源 | 劳动力总量(LABOR) | 年末劳动力总数(万人) | 反应人力资源数量 |
| | | | 劳动力素质(HR) | 大学生与研究生学历占总人口比例(%) | 反应人力资源质量 |
| | 市场导向型 | | 经济发展水平(PGDP) | 人均GDP(元) | 反映经济发展水平 |
| | | | 工业化水平(GY) | 第二产业增加值(亿元) | 反映工业化发展水平 |
| | 技术导向型 | | 技术水平(JS) | 技术市场成交额(亿元) | 反映科技发展水平 |

### 7.2.4 数据采集

由于西藏数据不完整及港澳台地区的特殊性,本次样本数据选取1997—2019年中国除港澳台和西藏外31个省(市、区)的面板数据,数据采自《中国统计年鉴》《中国城市统计年鉴》和各省(市、区)统计年鉴。为使指标数据更加科学、可靠,利用GDP平减指数、CPI平减指数剔除各类涉及价格数据所受通胀影响,并对空缺数据进行插值化处理以保证数据的连续性与平稳性。

# 7.3　在华外资空间布局收敛性检验与结果分析

## 7.3.1　在华外资收敛过程的探索性空间分析

建立空间计量模型前首先需要测定空间相关性,本次使用全域莫兰指数和局域莫兰指数(Moran's I)进行空间相关性检验。

1. 全域空间相关性

全域莫兰指数用来测算整体是否存在空间相关性,计算公式如下:

$$I = \frac{n \sum\limits_{i=1}^{n} \sum\limits_{j=1}^{n} w_{ij}(X_i - \overline{X})(X_j - \overline{X})}{\sum\limits_{i=1}^{n} \sum\limits_{j=1}^{n} w_{ij} \sum\limits_{i=1}^{n} (X_i - \overline{X})^2} \quad (-1 \leqslant I \leqslant 1) \qquad (7-12)$$

式中,$i$ 和 $j$ 分别代表不同区域;$X_i$ 和 $X_j$ 分别代表不同区域 FDI 水平;$n$ 表示研究区域总数;$w_{ij}$ 是空间权重矩阵。$I$ 越大,越接近 1,代表空间正相关性越强,反之则负相关性越强。

1997—2019 年 31 个省(市、区)实际 FDI 莫兰指数如表 7.2 所示,各省 FDI 呈现显著的空间正相关。可以看到,莫兰指数随着年份逐渐增强,即 FDI 空间效应逐渐增大,各地区对其周边的影响增强。

表 7.2　各年 *Moran's* 指数及 *P* 值

| Variables | I | E(I) | sd(I) | z | p 值 |
|-----------|------|--------|-------|-------|-------|
| 1997 年 | 0.194 | −0.033 | 0.099 | 2.287 | 0.011 |
| 1998 年 | 0.163 | −0.033 | 0.097 | 2.023 | 0.022 |
| 1999 年 | 0.172 | −0.033 | 0.099 | 2.082 | 0.019 |
| 2000 年 | 0.15 | −0.033 | 0.098 | 1.877 | 0.03 |
| 2001 年 | 0.17 | −0.033 | 0.103 | 1.975 | 0.024 |
| 2002 年 | 0.167 | −0.033 | 0.106 | 1.885 | 0.03 |
| 2003 年 | 0.186 | −0.033 | 0.106 | 2.055 | 0.02 |

表 7.2（续）

| Variables | I | E(I) | sd(I) | z | p 值 |
|---|---|---|---|---|---|
| 2004 年 | 0.322 | −0.033 | 0.115 | 3.099 | 0.001 |
| 2005 年 | 0.334 | −0.033 | 0.114 | 3.231 | 0.001 |
| 2006 年 | 0.287 | −0.033 | 0.112 | 2.865 | 0.002 |
| 2007 年 | 0.267 | −0.033 | 0.11 | 2.723 | 0.003 |
| 2008 年 | 0.228 | −0.033 | 0.109 | 2.389 | 0.008 |
| 2009 年 | 0.15 | −0.033 | 0.11 | 1.666 | 0.048 |
| 2010 年 | 0.116 | −0.033 | 0.111 | 1.35 | 0.089 |
| 2011 年 | 0.078 | −0.033 | 0.112 | 0.994 | 0.16 |
| 2012 年 | 0.108 | −0.033 | 0.112 | 1.261 | 0.104 |
| 2013 年 | 0.13 | −0.033 | 0.115 | 1.417 | 0.078 |
| 2014 年 | 0.172 | −0.033 | 0.118 | 1.74 | 0.041 |
| 2015 年 | 0.358 | −0.033 | 0.119 | 3.295 | 0.000 |
| 2016 年 | 0.456 | −0.033 | 0.119 | 4.1 | 0.000 |
| 2017 年 | 0.42 | −0.033 | 0.12 | 3.785 | 0.000 |
| 2018 年 | 0.365 | −0.033 | 0.12 | 3.321 | 0.000 |
| 2019 年 | 0.358 | −0.033 | 0.12 | 3.274 | 0.001 |

注:采用 Queen 距离权值矩阵,随机性检验中,采用 999permutation。

### 2. 局域空间相关性

全局莫兰指数用来分析整体有没有空间自相关性存在,而局部莫兰指数用来探测异常值或者集聚出现的范围和位置,可用于测算不同区域空间相关性的非典型特征(Anselin,1995),其计算公式如下:

$$I = \frac{n(X_i - \overline{X})}{\sum\limits_{i=1}^{n}(X_i - \overline{X})^2}\sum\limits_{i=1}^{n}W_{ij}(X_j - \overline{X}) \qquad (7-13)$$

该公式测度区域 $i$ 的 FDI 与周边 FDI 的相关性,各变量含义与全域莫兰指数类似。其中,广义相邻概念的二进制空间权重矩阵设定使用 Queen 相邻,认为只要 $i$、$j$ 有共同的顶点或共同的边,则判定两地区为"邻居"关系,二进制空间权重矩阵 $W_{ij}$ 记为 1,否则为 0。测算结果中,正的 $I$ 值表示高—高聚集或低—低聚集,也称为热点或冷点区域,负的 $I$ 值表示高—低聚集或低—高聚集。

以 11 年为跨度,选取 1997 年、2008 年、2019 年等 3 个年份,计算各省(市、区)

实际 FDI 莫兰指数,并配合 Geoda 软件获得 *Moran's* 散点图如图 7.1,进而编制 FDI 省际聚集分区表如表 7.3。可以看到,考察期内莫兰指数值均为正值,但 FDI 布局 不均衡显著,FDI 热点均处于东部,冷点均处于西部。其中,高—高聚集省份逐年 增多,从 1997 年的 5 个到 2008 年的 6 个,再到 2019 年的 10 个;低—低聚集省份数 量明显缩减,从 1997 年的 16 个到 2008 年的 15 个,再到 2019 年的 12 个。

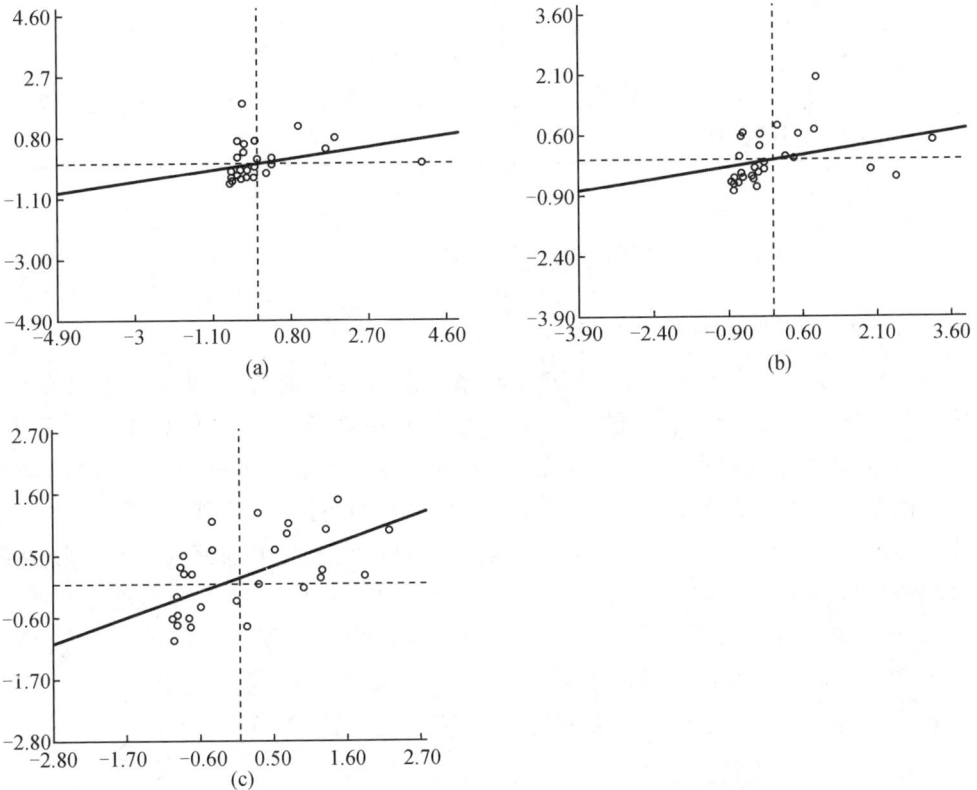

**图 7.1　局域 Moran's 散点图**

**表 7.3　局域 Moran's 下的 FDI 省际聚集分区表**

| 聚集类型 | 1997 年 | 2008 年 | 2019 年 |
|---|---|---|---|
| 高—高 | 山东、福建、江苏、上海、广东 | 上海、福建、北京、山东、浙江、江苏 | 浙江、山东、江西、湖南、湖北、河南、安徽、上海、江苏、广东 |

**表 7.3（续）**

| 聚集类型 | 1997 年 | 2008 年 | 2019 年 |
|---|---|---|---|
| 低—低 | 云南、新疆、西藏、四川、陕西、青海、宁夏、内蒙古、吉林、湖北、黑龙江、河南、贵州、甘肃、重庆、河北 | 云南、新疆、四川、陕西、山西、山东、青海、宁夏、内蒙古、湖南、湖北、黑龙江、贵州、甘肃、重庆 | 云南、新疆、陕西、青海、宁夏、内蒙古、辽宁、吉林、黑龙江、贵州、甘肃、福建 |
| 高—低 | 辽宁、天津 | 辽宁、广东、天津 | 四川、北京、河北 |
| 低—高 | 北京、安徽、湖南、浙江、广西、江西、海南 | 江西、河北、吉林、安徽、海南、广西 | 山西、天津、海南、广西、重庆 |

## 7.3.2 在华外资空间收敛特征检验

### 7.3.2.1 α 收敛性检验

根据上文 α 收敛理论,利用 FDI 变异系数衡量 α 收敛值,结果如图 7.2 所示。1997—2019 年全国 FDI 总体的 α 收敛系数趋势呈现倒 U 形,以 2012 年为分界,2012 年至今变异系数不断扩大,并在 2019 年明显回落至往年最低水平,说明全国范围内 FDI 之间的差异在增大,存在较小的 α 收敛特征。东部地区 FDI α 收敛系数总体呈下降趋势,说明东部地区存在较明显的 α 收敛。中部地区 FDI α 收敛系数趋势呈现倒 U 形,2016 年到 2019 年呈现波动趋势,2019 年下降至往年最低水平,说明存在较小的 α 收敛特征。西部地区 FDI α 收敛系数总体呈上升趋势,2019 年 α 收敛系数回落至往年最低水平,说明西部地区间 FDI 差异不断增大,存在较小的 α 收敛特征。西部地区 FDI 差异性最大,其次是中部、东部。

### 7.3.2.2 β 收敛性检验

收敛假说指出 β 收敛是 α 收敛存在的必要条件,若 α 收敛不存在时,未必 β 收敛也不存在,此外 β 收敛能够反应由于随机因素冲击导致的收敛情况,因此本研究再进行 β 收敛分析的检验。

（1）β 绝对收敛性检验

绝对 β 收敛指不考虑地区之间的差异,不添加附加约束条件下的 β 收敛情况,本次通过构建传统收敛模型和空间收敛模型,对不同条件下 β 收敛模型结果进行对比。

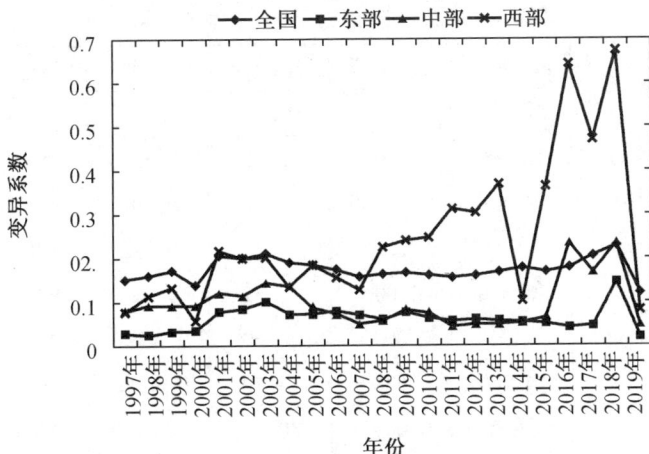

图 7.2 1997—2019 年全国和东中西部地区 FDIα 收敛系数

①模型选择。具体检验结果如表 7.4 所示，首先判断空间效应纳入模型的必要性，从 LM 和 RLM 检验值可以看出，在三种空间权重矩阵下 LM 均通过 10% 的显著性水平检验，表明利用 OLS 估计模型会存在误差，有必要将空间效应纳入模型；RLM 检验值均通过 1% 的显著性水平检验，表明可以选择 SDM 空间杜宾模型。

进一步判断 SDM 空间杜宾模性能否简化为 SEM 空间滞后模型或 SLM 空间误差模型。邻近反距离权重矩阵下 LR 检验和 Wald 均通过 10% 显著性水平，拒绝 $\theta = 0$ 和 $\theta = -\rho\beta$ 的原假设，因此 SDM 不能简化为 SEM 或 SLM，选择 SDM 空间杜宾模性。在经济反距离权重矩阵下，LR 检验均通过 10% 显著性水平，Wald 检验未通过空间误差模型 1% 的显著性水平检验，无法拒绝 $\theta = -\rho\beta$ 的原假设，因此 SDM 模型可以简化 SEM 空间误差模型。在邻近经济权重矩阵下，LR 和 Wald 检验均通过空间误差模型 10% 显著性水平，均未通过空间滞后模型 1% 的显著性水平检验，无法拒绝 $\theta = 0$ 的原假设，因此 SDM 模型可以简化 SLM 空间滞后模型。在三种权重矩阵下 Hausman 检验均选择固定效应。

同时，关于内生性的解决问题，有学者提出利用空间两个阶段最小二乘估计法对空间滞后模型进行估计来解决因变量空间滞后项导致的内生性问题，其主旨是将解释变量的空间滞后项作为被解释变量空间滞后项的工具变量，由于空间杜宾模型 SDM 本身既包含 WY，也包含 WX 项，陈强在《高级计量经济学》中也提出，SDM 模型不存在内生性问题，因此可以忽略内生性问题。

表7.4　β绝对收敛空间面板模型的选择

| 统计量 | 邻近反距离权重矩阵 | | 经济反距离权重矩阵 | | 邻近经济权重矩阵 | |
| --- | --- | --- | --- | --- | --- | --- |
| | 统计量 | P值 | 统计量 | P值 | 统计量 | P值 |
| LM lag | 36.399 | 0.000 | 0.913 | 0.339 | 84.844 | 0.000 |
| LM error | 44.386 | 0.000 | 0.732 | 0.392 | 90.250 | 0.000 |
| R－LM lag | 7.333 | 0.007 | 1.514 | 0.219 | 6.019 | 0.014 |
| R－LM error | 15.320 | 0.000 | 1.332 | 0.248 | 11.425 | 0.001 |
| Wald test spatial lag | 19.89 | 0.000 0 | 20.60 | 0.000 0 | 16.61 | 0.000 0 |
| Wald test spatial error | 4.26 | 0.038 9 | 16.79 | 0.000 0 | 3.36 | 0.067 0 |
| LR test spatial lag | 19.38 | 0.000 0 | 20.23 | 0.000 0 | 16.11 | 0.000 1 |
| LR test spatial error | 4.60 | 0.031 9 | 16.66 | 0.000 0 | 3.47 | 0.062 4 |

②检验结果分析。β绝对收敛的检验结果如表7.5所示。可以看出,无论是传统 OLS 估计,还是考虑空间效应的三种复合权重估计,FDI 的收敛系数均为负,这表明 FDI 全国范围内存在显著的绝对 β 收敛,FDI 总额较低地区相比 FDI 总额较高地区有更高的增长速度,存在"追赶效应",全国范围内 FDI 总额具有走向同一水平的趋势。对比上文的 α 收敛检验结果,FDI 不存在显著的 α 收敛性,表明尽管 FDI 存在收敛特征,但区域之间差异并没有显著缩减。考虑空间效应后,收敛系数绝对值更大,说明空间效应对 FDI 的收敛有一定正向作用。在不同的空间权重矩阵下,空间溢出效应系数 ρ 均显著且方向一致,表明在三种空间权重矩阵下全国范围内 FDI 存在正的空间溢出效应,且周边地区的 FDI 增长速度对本地区 FDI 存量增长具有一定促进作用,即 FDI 存量高的地区会促进邻近地区的 FDI 吸收。收敛速度更快,相应收敛生命周期更短,表明考虑空间效应能更真实反映 FDI 收敛速度,且对其具有促进作用。

表7.5　β绝对收敛检验结果

| 变量 | 传统收敛模型 | 空间收敛模型 | | |
| --- | --- | --- | --- | --- |
| | OLS(模型1) | 邻近反距离权重矩阵 | 经济反距离权重矩阵 | 邻近经济权重矩阵 |
| | | SDM(模型2) | SDM(模型3) | SDM(模型4) |
| LNFDI | −0.022 5＊＊＊ | −0.073 6＊＊＊ | −0.151＊＊＊ | −0.146＊＊＊ |
| | (0.007 53) | (0.013 5) | (0.020 4) | (0.022 8) |

表 7.5(续)

| 变量 | 传统收敛模型 | 空间收敛模型 | | |
|---|---|---|---|---|
| | OLS(模型 1) | 邻近反距离权重矩阵 SDM(模型 2) | 经济反距离权重矩阵 SDM(模型 3) | 邻近经济权重矩阵 SDM(模型 4) |
| $W \cdot LNFDI$ | — | 0.466 * * * (0.078 5) | 0.102 * * * (0.022 6) | 0.114 * * * (0.027 9) |
| $\rho$ | — | 0.466 * * * (0.078 5) | 0.123 * * * (0.037 0) | 0.547 * * * (0.049 6) |
| 常数 | 0.288 * * * (0.075 3) | — | — | — |
| $R^2$ | 0.013 4 | 0.016 | 0.011 | 0.008 |
| Log – L | — | – 215.993 8 | – 207.737 8 | – 178.931 7 |
| 收敛性 | 收敛 | 收敛 | 收敛 | 收敛 |
| 收敛速度(%) | 0.103 0 | 0.347 5 | 0.744 1 | 0.717 4 |
| 收敛周期 | 672.96 | 199.47 | 93.15 | 96.62 |
| Obs | 660 | 660 | 660 | 660 |

注:* * *、* *、*分别表示在 1% 、5% 、10% 水平下显著。

(2)$\beta$ 条件收敛性检验

$\beta$ 条件收敛指考虑地区之间的差异,增加控制因素进行约束的 $\beta$ 收敛情况,它反映的是各个地区收敛于自己长期的期望值,本次通过构建传统收敛模型和空间收敛模型,对不同条件下 $\beta$ 收敛模型结果进行对比。

①模型选择。首先判断空间效应纳入模型的必要性,具体检验结果如表 7.6 所示,选择 SDM 空间杜宾模型。进一步判断 SDM 空间杜宾模型能否简化为 SEM 空间滞后模型或 SLM 空间误差模型。根据上文判断准则,在三种空间权重矩阵下,均选择 SDM 空间杜宾模型。在三种权重矩阵下 Hausman 检验均选择固定效应。

表 7.6  $\beta$ 条件收敛空间面板模型的选择

| 统计量 | 邻近反距离权重矩阵 | | 经济反距离权重矩阵 | | 邻近经济权重矩阵 | |
|---|---|---|---|---|---|---|
| | 统计量 | $P$ 值 | 统计量 | $P$ 值 | 统计量 | $P$ 值 |
| LM lag | 32.428 | 0.000 | 1.158 | 0.282 | 85.051 | 0.000 |

表7.6(续)

| 统计量 | 邻近反距离权重矩阵 | | 经济反距离权重矩阵 | | 邻近经济权重矩阵 | |
|---|---|---|---|---|---|---|
| | 统计量 | P 值 | 统计量 | P 值 | 统计量 | P 值 |
| LM error | 51.377 | 0.000 | 0.703 | 0.402 | 96.782 | 0.000 |
| R – LM lag | 13.632 | 0.000 | 2.432 | 0.119 | 8.315 | 0.004 |
| R – LM error | 32.581 | 0.000 | 1.977 | 0.160 | 20.046 | 0.000 |
| Wald test spatial lag | 26.40 | 0.000 | 24.42 | 0.001 9 | 31.51 | 0.000 |
| Wald test spatial error | 24.19 | 0.000 | 24.08 | 0.002 2 | 32.17 | 0.000 |
| LR test spatial lag | 30.06 | 0.000 | 23.99 | 0.002 3 | 31.74 | 0.000 |
| LR test spatial error | 36.50 | 0.000 | 23.95 | 0.002 3 | 36.55 | 0.000 |

②检验结果分析。$\beta$ 条件收敛的检验结果如表7.7所示,模型5是不考虑空间效应的检验结果,模型6~8是考虑空间效应的检验结果。可以看出,传统和空间收敛模型的收敛系数均为负,表明 FDI 在全国范围内存在显著的 $\beta$ 条件收敛。相比绝对收敛结果,添加控制变量的收敛结果收敛系数绝对值更大,具有更高的收敛效果。从收敛速度来看,具有更大的收敛速度,在 OLS 估计下全国 FDI 的收敛速度为6%,在三种空间权重矩阵下,收敛速度分别是 19.6%、22.94%、21.2%。

表7.7 $\beta$ 条件收敛检验结果

| 变量 | 传统收敛模型 | 空间收敛模型 | | |
|---|---|---|---|---|
| | OLS(模型5) | 邻近反距离权重矩阵 | 经济反距离权重矩阵 | 邻近经济权重矩阵 |
| | | SDM(模型6) | SDM(模型7) | SDM(模型8) |
| LN FDI | −0.064 3 * * * | −0.178 * * * | −0.205 * * * | −0.191 * * * |
| | (0.014 6) | (0.025 6) | (0.024 0) | (0.026 6) |
| LN ZY | −0.036 3 * * * | −0.039 7 | −0.026 9 | −0.006 95 |
| | (0.012 3) | (0.024 8) | (0.022 4) | (0.024 1) |
| LN TD | 0.009 88 | 0.058 5 * * | 0.029 7 | 0.104 * * * |
| | (0.015 4) | (0.025 2) | (0.022 5) | (0.026 9) |
| LN LABOR | 0.016 6 | −0.029 7 | −0.002 96 | −0.027 5 |
| | (0.020 9) | (0.028 0) | (0.025 9) | (0.026 7) |
| HR | −0.010 4 * * * | 0.000 784 | −0.002 81 | 0.004 17 |
| | (0.002 80) | (0.005 39) | (0.004 99) | (0.005 35) |

表 7.7(续)

| 变量 | 传统收敛模型 | 空间收敛模型 | | |
|---|---|---|---|---|
| | OLS(模型 5) | 邻近反距离权重矩阵 SDM(模型 6) | 经济反距离权重矩阵 SDM(模型 7) | 邻近经济权重矩阵 SDM(模型 8) |
| LN PGDP | 0.130 * * * | 0.245 * | 0.258 * * | 0.040 6 |
| | (0.049 7) | (0.145) | (0.125) | (0.145) |
| LN GY | 0.020 9 * * | 0.017 | 0.020 5 | 0.010 9 |
| | (0.008 81) | (0.019 9) | (0.019 5) | (0.018 8) |
| LN JS | 0.013 4 | 0.003 82 | − 0.042 7 * * | − 0.001 72 |
| | (0.012 1) | (0.020 9) | (0.019 6) | (0.019 2) |
| W * LN FDI | — | − 0.273 * | 0.054 5 * | 0.072 5 |
| | | (0.144) | (0.029 3) | (0.051 8) |
| $\rho$ | — | − 0.052 0 | 0.054 1 | 0.432 * * * |
| | | (0.158) | (0.038 0) | (0.058 2) |
| 常数 | − 0.756 | — | — | — |
| | (0.488) | | | |
| $R^2$ | 0.048 | 0.060 2 | 0.034 6 | 0.049 |
| Log $L$ | — | − 167.701 0 | − 178.306 7 | − 148.179 0 |
| 收敛性 | 收敛 | 收敛 | 收敛 | 收敛 |
| 收敛速度(%) | 0.302 1 | 0.891 0 | 1.043 0 | 0.963 4 |
| 收敛周期 | 229.44 | 77.79 | 66.46 | 71.95 |
| Obs | 660 | 660 | 660 | 660 |

注:* * *、* *、* 分别表示在 1%、5%、10% 水平下显著。

空间效应系数 $\rho/\lambda$ 在三种空间权重矩阵下不一致,表明空间权重矩阵的选择对空间效应判断具有一定影响。针对正向的空间溢出效应,从全国 FDI 分布来看可能存在原因是中国外商直接投资存在一定的路径依赖,导致聚集效应的产生。FDI 集聚是外商直接投资的自我强化效应,已有的外资企业所产生的企业网络联系、知识溢出、制度完善等都有助于克服外来者劣势。由于长期以来 FDI 大量在发达地区、沿海地区,这些地区本身在市场规模、劳动力素质、软环境具有一定优势,且有更为重要并短时间内无法建立的制度绝对优势,而中西部地区在这些方面都处于劣势,且没有较多的 FDI 积累,导致了 FDI 具有一定聚集效应。

分析控制变量对 FDI 收敛速度的影响,其中地方财政耕地资源税、人均 GDP、工业化水平回归系数均为正,对 FDI 增长具有一定正向作用,地方财政资源税的回归系数均为负,对 FDI 增长具有抑制作用,劳动力总量、劳动力素质和技术水平的回归系数不统一,有待进一步分析。地方财政耕地资源税对外商直接投资增长率具有正向作用,可能的原因如下:耕地资源税收是针对土地的经济特征—固定性、稀缺性而征收的税收形式,具有促进土地资源合理利用、调节土地收益分配、促进企业公平竞争等作用,因此耕地税收高的原因可能是固定土地资源紧缺、土地需求过高等,而这种现象往往倾向于在经济发达地区、产业集聚地区产生,这些地区对FDI 具有较强的吸引力,耕地资源税在一定程度上可以反映地区经济发展水平,因此耕地资源税对 FDI 增长具有促进作用;人均 GDP 对外商直接投资增长具有正向作用,说明提高地区经济发展水平有助于 FDI 的增长;工业化水平对外商直接投资具有正向作用,工业化水平发达地区能够形成完整的产业链条,能够形成与外商直接投资较为吻合的产业关联,从而吸引相关外资进入;地方财政资源税对外商直接投资具有负向作用,外资动因中有一项是资源导向型,过高的资源税会让外资寻求成本更低的替代品或选择其他投资地。劳动力总量、劳动力素质和技术水平对外商直接投资的影响在传统 $\beta$ 收敛模型下和空间 $\beta$ 收敛模型下方向均不一致,现有大量关于劳动力因素对 FDI 的影响的实证研究结果是不稳健的,技术水平通过技术市场成交额来表征,本身技术投入到产出的过程具有风险,且回报周期较长,可能产生对 FDI 的影响作用短期内不显著的情况,因此从检验结果可知这三个变量对 FDI 的增长作用均不明显。

### 7.3.3 在华外资空间收敛稳健性检验

稳健性检验主要从两方面来进行,第一,分区域进行回归,全国范围划分为三个区域:东部、中部和西部地区,检验不同区域的收敛情况;第二,以 2008 年为时间节点分阶段回归,由于 2008 年全球金融危机的爆发引起 FDI 的波动,一定程度上反应经济周期对回归结果的影响,因此将样本时间跨度划分为 1997—2008 年,2009—2019年两个阶段。由于考虑经济和地理的复合矩阵更能反映真实的空间依赖性,因此空间权重矩阵选择经济反距离权重矩阵或邻近经济权重矩阵,具体回归结果如表 7.8、7.9 所示。考虑不同区域和不同时段的 $\beta$ 条件收敛状况,收敛系数均显著为负,相比传统收敛模型,东部地区空间收敛模型的收敛系数更大,而中西部地区空间收敛模型的收敛系数更小,在空间模型里收敛系数和收敛速度按东部、中部、西部地区顺序递减,2008 年后收敛速度有所增加,表明上述 $\beta$ 收敛结果较为稳健。

#### 表 7.8　分区域 $\beta$ 条件收敛回归结果

| 变量 | 东部 | | 中部 | | 西部 | |
|---|---|---|---|---|---|---|
| | 无权重 | 经济反距离权重矩阵 | 无权重 | 经济反距离权重矩阵 | 无权重 | 经济反距离权重矩阵 |
| | OLS | SDM | OLS | SEM | OLS | SDM |
| LN FDI | −0.243 ∗ ∗ ∗ (0.043 9) | −0.267 ∗ ∗ ∗ (0.046 6) | −0.589 ∗ ∗ ∗ (0.042 7) | −0.187 ∗ ∗ ∗ (0.057 0) | −0.391 ∗ ∗ ∗ (0.041 2) | −0.167 ∗ ∗ ∗ (0.055 7) |
| LN ZY | −0.017 7 (0.044 4) | 0.0365 ∗ (0.020 1) | −0.102 ∗ (0.054 3) | −0.131 (0.082 7) | −0.263 ∗ ∗ ∗ (0.075 0) | 0.033 8 (0.104) |
| LN TD | −0.026 5 (0.077 7) | 0.089 7 ∗ ∗ ∗ (0.032 4) | −0.243 ∗ ∗ ∗ (0.057 7) | 0.033 9 (0.069 7) | 0.040 7 (0.050 2) | 0.077 4 (0.065 9) |
| LN LABOR | −0.146 (0.290) | 0.338 (0.234) | 0.713 ∗ ∗ ∗ (0.133) | −0.002 92 (0.697) | 0.290 ∗ ∗ (0.127) | 0.585 (0.685) |
| HR | −0.006 42 (0.012 5) | 0.013 1 ∗ ∗ (0.005 90) | −0.026 9 (0.017 4) | −0.017 3 (0.018 7) | −0.003 46 (0.017 1) | −0.026 8 (0.022 7) |
| LN PGDP | −0.046 9 (0.358) | 0.312 (0.268) | 1.441 ∗ ∗ ∗ (0.124) | 0.316 ∗ (0.164) | 0.193 (0.154) | −0.086 0 (0.198) |
| LN GY | 0.249 (0.250) | −0.646 ∗ ∗ ∗ (0.248) | −0.015 7 (0.021 5) | −0.033 9 (0.026 3) | 0.305 ∗ ∗ ∗ (0.074 7) | 0.061 8 (0.098 1) |
| LN JS | 0.065 4 (0.070 6) | −0.004 36 (0.037 8) | −0.013 1 (0.052 8) | −0.009 11 (0.057 3) | −0.026 4 (0.039 8) | −0.041 3 (0.066 9) |
| W ∗ LN FDI | — | 0.215 ∗ ∗ ∗ (0.050 9) | — | −0.418 ∗ ∗ ∗ (0.136) | — | −1.087 ∗ ∗ ∗ (0.217) |
| $\rho$ | — | 0.917 ∗ ∗ ∗ (0.013 2) | — | 0.366 ∗ ∗ ∗ (0.116) | — | −0.327 (0.216) |
| 常数 | 3.108 (3.690) | — | −9.981 ∗ ∗ ∗ (1.454) | — | −0.663 (1.510) | — |
| $R^2$ | 0.206 | 0.105 | 0.562 | 0.583 | 0.429 | 0.134 |
| Log L | — | −43.110 1 | — | −84.137 2 | — | −105.044 9 |
| 收敛性 | 收敛 | 收敛 | 收敛 | 收敛 | 收敛 | 收敛 |
| 收敛速度(%) | 1.265 4 | 1.411 8 | 4.041 4 | 0.941 0 | 2.254 3 | 0.830 5 |
| 收敛周期 | 54.78 | 49.10 | 17.15 | 73.66 | 30.75 | 83.46 |
| Obs | 242 | 242 | 220 | 220 | 198 | 198 |

注: ∗ ∗ ∗ 、∗ ∗ 、∗ 分别表示在 1%、5%、10% 水平下显著。

表7.9　分时 $\beta$ 条件收敛回归结果

| 变量 | 1997—2008 年 | | 2009—2019 年 | |
| --- | --- | --- | --- | --- |
| | 无权重 | 邻近经济矩阵 | 无权重 | 经济反距离权重矩阵 |
| | OLS | SEM | OLS | SDM |
| LN FDI | − 0.595 * * * （0.035 5） | − 0.343 * * * （0.047 1） | − 0.086 1 * * * （0.027 1） | − 0.451 * * * （0.060 8） |
| LN ZY | − 0.199 * * * （0.046 7） | − 0.063 3 （0.047 7） | − 0.060 1 * * * （0.020 6） | 0.046 4 （0.037 8） |
| LN TD | 0.192 * * * （0.069 1） | 0.106 * * （0.048 6） | 0.036 1 （0.033 1） | 0.041 6 （0.048 0） |
| LN LABOR | − 0.020 7 （0.107） | 0.556 （0.424） | 0.128 * （0.068 4） | − 0.292 （0.547） |
| HR | − 0.031 7 * * （0.014 5） | 0.000 462 （0.013 9） | 0.003 03 （0.005 21） | − 0.006 53 （0.012 6） |
| LN PGDP | 0.802 * * * （0.077 9） | − 0.068 3 （0.052 6） | 0.020 2 （0.118） | 0.206 （0.328） |
| LN GY | 0.136 * * * （0.027 0） | − 0.017 2 （0.017 9） | 0.038 7 * * （0.015 6） | 0.037 8 （0.036 1） |
| LN JS | 0.095 8 * * （0.046 7） | − 0.020 0 （0.038 5） | − 0.019 8 （0.022 6） | 0.020 5 （0.046 9） |
| W * LN FDI | — | − 0.049 8 （0.079 4） | — | 0.293 * * （0.122） |
| $\rho$ | — | 0.619 * * * （0.058 6） | — | 0.621 * * * （0.077 6） |
| 常数 | − 0.154 （0.984） | — | − 0.209 （1.133） | — |
| $R^2$ | 0.543 8 | 0.437 | 0.075 1 | 0.008 |
| Log L | — | − 1.206 8 | — | − 78.415 7 |
| 收敛性 | 收敛 | 收敛 | 收敛 | 收敛 |
| 收敛速度(%) | 4.108 5 | 1.909 4 | 0.409 2 | 2.725 7 |
| 收敛周期 | 16.87 | 36.30 | 169.39 | 25.18 |
| Obs | 330 | 330 | 300 | 300 |

注：* * * 、* * 、* 分别表示在1%、5%、10%水平下显著。

综上,本章从 FDI 区位选择理论出发,在收敛理论基础上,构建 FDI 收敛模型,在不同空间复合权重矩阵下考察空间效应对 FDI 收敛的影响。研究发现,区域引资具有显著追赶效应,区域间引资差距呈逐渐缩小趋势,FDI 存量较低地区具有较高的引资增速。具体结论如下,

(1)空间相关性方面,1997—2019 年 Moran's 总体上都显著大于 0,表明全国范围内 FDI 存在正的空间相关性,FDI 存在空间集聚现象。

(2)收敛趋势方面,中国利用外资规模巨大但区域发展不均衡,中国不存在显著的整体上 FDI $\alpha$ 收敛,但存在显著 $\beta$ 绝对收敛、条件收敛,表明尽管各地区 FDI 具有收敛性,FDI 存量较低的地区相比 FDI 存量较高的地区有大增长率,区域间差异在缩小。考虑控制变量后的 $\beta$ 条件收敛仍显著,表明考虑地区间差异条件下,FDI 会逐渐收敛于均衡状态。

(3)从解释变量的影响来看,首先,$\beta$ 条件收敛空间效应分析下,FDI 初始值的空间溢出系数在考虑经济与地理因素的权重矩阵下为正值,空间效应系数也为正,表明邻近地区 FDI 具有一定的空间依赖性,且 FDI 存量高的地区会产生正向溢出作用,有利于 FDI 均衡发展。其次在控制变量中地区土地资源税收、地区人均 GDP 和工业化水平对 FDI 增长具有促进作用,地区财政资源税收对 FDI 增长抑制作用,劳动力总量、劳动力素质和技术投入对 FDI 增长的作用不确定。

## 7.4　本　章　小　结

为考察在华外商直接投资空间布局状况与区域间引资差异,本章从 FDI 区位选择理论出发,在收敛理论基础上,构建 FDI 收敛模型,在不同空间复合权重矩阵下考察空间效应对 FDI 收敛的影响。研究显示,首先,1997—2019 年中国整体 FDI 存在正的空间相关性。其次,空间收敛特征方面,不存在显著的整体收敛,但存在显著绝对收敛和条件收敛,这意味着地区间引进外资具有"追赶效应",FDI 低存量地区具有较高增速,区域间差距在缩小,其中,东部地区 FDI 存量差异最小,其次是中部、西部地区,空间效应仍然是东部地区收敛系数最大,收敛速度最快,其次是中部、西部地区。最后,影响因素上,除了 FDI 空间溢出有利于区域间外资均衡发展以外,传统的战略资源状况、一般性资源状况、市场状况、技术水平等因素对引资收敛作用仍须重视。下一章将从政府视角入手考察如何干预外资空间布局。

# 第 8 章　在华外资空间布局政府干预路径研究

在上一章考察空间效应对 FDI 收敛的影响基础上,本章将从政府视角入手考察如何干预外资空间布局。我们将在文献回顾的基础上,首先分析政府干预外资空间布局的内在机理,其次检验政府干预外资空间布局的有效性,再次从行政效率、吸收能力等路径识别政府干预外资空间布局的有效路径,最后设定各省级区域外资空间溢出的角色扮演。

## 8.1　外资空间布局干预文献回顾

市场机制在空间资源配置中发挥主导作用,而政府干预被认为是市场化不足的一种制度性替代。市场机制下的外资并不总是与东道国的引导意图一致,东道国会根据自己经济社会发展不同阶段的需要对外资进行干预与引导,从宏观层面完善市场机制的不足。在对外开放数十年进程中,中国对外资干预与引导最早出现在 20 世纪 90 年代初。改革开放之初,在发展中国家双缺口金融抑制理论支持下,中国对外资的态度秉持着持续的欢迎态度,基本上是外资自己决定的产业进入与空间布局。直到 20 世纪 90 年代初,中国成为世界最大发展中国家外资进入目的地让业界与学界开始反思外资的区域与产业引导问题。其后,伴随西部大开发、中原崛起、东北振兴等区域发展计划的出台与逐步展开,出于产业转业、产业结构调整等需要,又有部分研究关注通过外资空间布局,以资本"挤入效应、鲇鱼效应"引导本土产业参与跨区域转移,吸收外资技术转移与合作研发。但是事实证明很少有跨国公司愿意主动拿出自己的核心技术进行交易。2007 年次贷危机是各国对外资态度的一个转变,由于国际市场投资能力的下降,各国开始关注如何吸引更多外资。值得关注的是,伴随十八届五中全会"绿色发展"与十九大"高质量发展"的提出,大量文献转向关注如何减少高污染高能耗外资进入,如何通过吸收跨国公司技术从而促进自主创新。

政府引导方式主要有直接引导与间接引导两大类。直接引导集中考察了政府投资的挤入效应与示范效应,大量研究关注了国家级或省级引导基金的作用。引导基金的运作模式可以根据投资模式分为参股、合作设立、跟进投资、融资担保四种,既有的外资引导与实施文献提出,希望以政府先行的形式对外资的产业进入产生挤入效应。但是研究所得结论并不一致。通过运用计量模型得出引导基金联合投资可以促进创业企业融资,并通过匹配样本利用 Logit 模型得出相同的结论,认为引导基金联合投资可以引导私人创投投资。而部分研究认为引导基金存在多种问题,可能导致引导结果违背引导基金初衷,理事会行政化,内部治理机制与考核体系不完善,晋升锦标赛和风险规避动机催生短期项目,行业结构问题等现象突出。引导基金退出机制不完善、双重委托代理、专业人匮乏导致投资效率低下。除此之外还有运作过程中政府资本和社会资本目标冲突、投资限制多、资金持续性不足等问题,政府直接投资造成对私人投资的挤出问题。其引导作用决定因素集中在引导基金投资结构、资本补偿机制、投资限制、引导基金的数量、管理方式、组织层级的不同、引导资金存续年限、引导基金退出机制等方面,会直接影响引导基金的杠杆效应。值得注意的是,通过既有研究,我们认为引导基金的支持有利于创业企业创新,且创业企业创新产出与引导基金的保障年限之间存在正 U 型关系。间接引导主要表现为中央政府的产业转移激励政策、各地方政府间的引资竞争、外资驻地产业匹配与中间产品供求匹配等方面。总体来看,部分研究认为地方政府干预会带来同伴效应,且地方政府干预较强的地区同伴效应更加显著。但是亦有学者认为,西部地区利用外资大大低于东部发达地区,存在外资质量不高、资金效益差、资金缺口仍很突出、外资多集中于劳动密集型产业和能源开发产业等问题,其原因集中在政府干预引发的企业过度投资、通货膨胀等方面,并通过借鉴 Wurgler 模型明确提出,2000 年后政府干预削弱了金融深化对行业投资配置效率的改善作用。

综上,无论直接引导还是间接引导,结论均不一致,这启发我们考虑中国政府对外资空间布局的影响是否有效。进一步,有鉴于前述所谓在华外资至少并未完全按照的东道国引导意图进行空间布局,这引导我们进一步考虑东道国对外资空间布局的影响是怎样实现的。因而,我们试图从如下三方面探究政府干预外资空间布局的有效路径,首先,从地区政府干预相互影响这一空间关联视角,对地区政府干预之间空间关联的内在形成机制和具体形式进行考察,并探索其对外资空间布局的影响效应,同时引入工具变量解决模型存在的内生性问题,使估计结构更加可靠。其次,考虑到政府干预与外资空间布局之间可能存在的非线性关系,以地区技术吸收能力为门槛变量构建面板门槛模型,对门槛效应及其显著性,相应门槛值的准确性进行检验。最后,运用结构方程模型,分地区剖析政府干预对外资空间布局的具体路径与强度,揭示政府干预的"黑箱"系统。

下面,我们将在文献分析基础上,首先考察政府干预对外资空间布局影响性的存在性及其线性与非线性特征,接着从行政效率、吸收能力等路径考察政府干预如何影响外资空间布局的。

## 8.2 政府干预外资空间布局的作用机理分析

本研究基于 Krugman 的"中心—外围模型",借鉴 Markusen & Venables 的知识资本进行分析,首先假设存在两个地区(地区 1 与地区 2)。这两个地区的只有农业部门与制造业部门,且制造业生产规模报酬递增,农业生产规模报酬不变。地区中每个消费者的效用如下:

$$U = M^{\mu} A^{1-\mu} \qquad (8-1)$$

式中,$M$ 与 $A$ 分别为消费者对工业品集合体与农产品的消费量。

假设任意两种工业品之间的替代弹性 $\delta$ 都相同,这样消费者消费工业品集合体所获得的子效用可以用 CES 函数表示:

$$M_s = \left( \sum_{i=1}^{n_s} C_{is}^{(\delta-1)/\delta} \right)^{\delta/(\delta-1)} \qquad (s = 1,2) \qquad (8-2)$$

式中,$C_{is}$ 是消费者对第 $i$ 种工业品的消费量,$n$ 为消费的工业品种类数,其中,$\delta \equiv 1/(1-\rho)$,且 $\delta > 1$;$\rho$ 为消费者的多样化偏好,$0 < \rho < 1$。考虑消费者决策的第一阶段,消费者在收入约束下,选择效用最大化的组合,得到

$$\max M^{\mu} A^{1-\mu} \quad s.t. \quad A_s + I_s M_s = Y_s \qquad (8-3)$$

两地区农业品的价格定为 1,地区 1 工业品集合体的价格为 $I_1$,$Y_1$ 为地区 1 消费者的收入水平,可以得到

$$I_1 M_1 = \mu Y_1 \quad A_1 = (1-\mu) Y_1 \qquad (8-4)$$

从式(2.4)中可以看出,$\mu$ 反映了消费者对工业品和农业品的支出比例关系,$\mu$ 的大小也可以反应一个地区工业化水平的高低。消费者在式(2.5)的制造品支出的预算约束下,通过对 $C_{i1}$ 的选择使子效用 $M_1$ 最大,约束式中 $p_{i1}$ 是区域 1 第 $i$ 种差异化工业品的价格,可以得到

$$\max \left( \sum_{i=1}^{n} C_{i1}^{(\delta-1)/\delta} \right)^{\delta/(\delta-1)} \quad s.t. \quad \sum_{i=1}^{n} p_{i1} c_{i1} = \mu Y_1 \qquad (8-5)$$

由消费者效用最大化原则,求解制造品效用 $M_1$ 的一阶条件,可以写出地区 1 中代表性的消费者对工业品 $i$ 的需求函数如下:

$$c_{i1} = p_{i1}^{-\delta}(I_1^{\delta-1}\mu Y_1) \quad I_1 = \left(\sum_{i=1}^{n_1} p_{i1}^{(1-\delta)}\right)^{1/(1-\delta)} \tag{8-6}$$

$L_1$ 为地区 1 的人口总数,则地区 1 对工业品 $i$ 的需求函数如下:

$$x_{i1} = L_1 c_{i1} = L_1 p_{i1}^{-\delta}(I_1^{\delta-1}\mu Y_1) \tag{8-7}$$

令 $k_1 = L_1 I_1^{\delta-1}\mu Y_1$,则地区 1 对工业品的需求函数可写为式(8-8),区域 2 对工业品 $i$ 的需求函数与工业品价格指数与之类似。

$$x_{i1} = k_1 p_{i1}^{-\delta} \tag{8-8}$$

考虑生产者的生产决策,工业品的生产包含固定成本和不变边际成本,如果地区的决策机构对在该地进行布局的企业进行干预,使得该地区制造企业的边际成本是原来的 $w$ 倍,则 $w$ 表示政府干预因子。地区如果拥有丰富的人力资本,可以通过减少劳动力成本或提高劳动效率来降低劳动投入,使其劳动投入是原来的 $w$ 倍,则 $w$ 表示技术吸收能力,$w$ 越小表示人力资本水平越高。得到劳动投入如下:

$$l_{is} = w_s(\alpha + \theta_s\beta x_{is}) \quad (s = 1,2) \tag{8-9}$$

式中,$l_{is}$ 是 $s$ 地区企业生产产品 $i$ 时使用的劳动投入;$x_{is}$ 为产品 $i$ 的产出量;$F$ 表示企业固定成本。

则企业选择在地区 1 布局生产 $i$ 产品时的利润函数如下:

$$\pi_{i1} = p_{i1}x_i - w_1(\alpha + \theta_1\beta x_i) - F \quad s.t. \quad x_i = x_{i1} + \tau x_{i2} \tag{8-10}$$

引进冰山成本,设为了运送 1 单位的工业品到地区 2,需从地区 1 运送 $\tau$ 单位,即地区间的交易成本$(\tau-1)$,设在地区 1 生产产品 $i$ 的价格为 $p_{i1}$,则在地区 2 销售产品就要收取 $\tau p_{i1}$ 的价格。将式(8-8)代入式(8-10)并整理后得

$$\pi_{i1} = (p_{i1} - w_1\theta_1\beta)(k_1 p_{i1}^{-\delta} + k_f\tau^{1-\delta}p_{i1}^{-\delta}) - w_1\alpha - F \tag{8-11}$$

由一阶条件可得

$$p_{i1} = \frac{w_1\theta\beta}{1 - \dfrac{1}{\delta}} = \frac{w_1\theta\beta}{\rho} = \rho^{-1}w_1\theta\beta \tag{8-12}$$

这说明在垄断竞争的条件下,$\delta = \varepsilon$,即厂商数目 $n$ 非常多时,产品的替代弹性就等于产品的需求价格弹性。将式(8-12)代入式(8-8)并整理后再代入式(8-10)的约束条件得到

$$x_i = k_1\rho^{\delta}(w_1\theta_1\beta)^{-\delta} + k_2\rho^{\delta}\tau^{1-\delta}(w_1\theta_1\beta)^{-\delta} = \rho^{\delta}(w_1\theta_1\beta)^{-\delta}(k_1 + k_2\tau^{1-\delta}) \tag{8-13}$$

将式(8-12)、式(8-13)代入式(8-10)的利润函数则得企业在地区 1 布局生产的利润形

$$\pi_{i1} = (1-\rho)\left(\frac{w_1\theta_1\beta}{\rho}\right)^{1-\delta}(k_1 + k_2\tau^{1-\delta}) - w_1\alpha - F \tag{8-14}$$

若为企业选择在地区 2 布局,其产出为两地区的需求之和形:

$$x_i = \tau x_{i1} + x_{i2} \tag{8-15}$$

类似地,在地区 2 生产产品 $i$ 的利润如下:

$$\pi_{i2} = (1-\rho)\left(\frac{w_2\theta_2\beta}{\rho}\right)^{1-\delta}(k_1\tau^{1-\delta} + k_2) - w_2\alpha - F \tag{8-16}$$

因此,在保证不发生亏损的情况下,厂商选择在地区 2 进行布局的条件如下:

$$\pi_{i2} - \pi_{i1} = (1-\rho)\left(\frac{\beta}{\rho}\right)^{1-\delta}\{[(w_2\theta_2)^{1-\delta} - (\tau w_1\theta_1)^{1-\delta}] \cdot k_2 +$$

$$[(\tau w_2\theta_2)^{1-\delta} - (w_1\theta_1)^{1-\delta}] \cdot k_1\} + (w_1 - w_2)\alpha > 0 \tag{8-17}$$

从上式可得,政府干预 $\theta$、人力资本 $w$、运输成本 $\tau$、市场规模 $L_2 \cdot y_1$、产业结构 $\mu$ 均会影响企业的布局选择。当前,中国已由高速增长阶段转向高质量发展阶段,在 2020 年已成为全球 FDI 第一大流入国。学者普遍认为外资在中国经济发展中扮演了重要角色。外资企业不仅显著地推动了中国宏观经济增长与区域经济发展,而且也有力地促进了出口贸易增长、产业结构调整、研发创新与技术进步。但目前 FDI 在空间分布上呈现高度不均衡状态,深入认识 FDI 空间布局的影响因素,揭示 FDI 空间布局的成因,探究影响 FDI 空间布局的路径,对当下中国具有重要的现实意义。政府干预无疑是其中一项重要举措,地方政府根据发展现状、土地财政、财政支出结构和税收治理结构等甄别出合适的外资,并通过多样化政策手段引导外资布局,有效解决当前 FDI 在空间分布上呈现高度不均衡状态的问题。

# 8.3　外资空间布局干预影响有效性检验

伴随空间计量的发展,有学者开始关注政府干预是否存在空间效应。他们基于中国存在的户籍制度与地区发展差异,讨论空间中性政策或空间干预政策的可行性,认为应当实施基于地方的空间干预政策。通过研究发现各省(市、区)经济高质量发展呈空间负相关,政府干预对本地区高质量发展产生积极影响,对周边地区的溢出效应为负,且空间溢出效应存在地区异质性。

## 8.3.1　检验模型设定

### 8.3.1.1　基准模型设定

接下来建立空间计量回归模型,进而实证检验政府干预对外资空间布局的影响绩效。首先,在上述理论模型中引入集聚经济,建立基准检验模型:

$$\mathrm{fdi}_{it} = \alpha + \beta_1 \mathrm{gov}_{it} + \beta_2 \mathrm{tac}_{it} + \beta_3 \mathrm{ae}_{it} + \beta_4 \mathrm{tc}_{it} + \beta_5 \mathrm{is}_{it} + \beta_6 \mathrm{scale}_{it} + \mu_i + \theta_t + \varepsilon_{it}$$

$$(8-18)$$

式中, $\mathrm{gov}_{it}$、$\mathrm{tac}_{it}$、$\mathrm{ae}_{it}$、$\mathrm{tc}_{it}$、$\mathrm{is}_{it}$、$\mathrm{scale}_{it}$ 分别表示 $i$ 地区在第 $t$ 年的政府干预水平、技术吸收能力、集聚经济、运输成本、产业结构、市场规模; $\alpha$ 为常数项; $i$ 为样本个体; $t$ 为时间; $\beta$ 为变量系数; $\mu_i$ 为空间固定效应; $\theta_t$ 为时间固定效应; $\varepsilon_{it}$ 为模型的误差项。

外资在空间上呈现的聚集性与各地政府的竞争性要这意味着相邻地区的外资布局与政府干预存在一定的空间相关性。因而有必要将这种关系纳入空间计量分析框架中。根据观测值空间相关性的不同冲击方式,常用的空间计量模型可以划分为空间滞后模型(SLM)和空间误差模型(SEM)两种,详见式(8 - 19)~(8 - 20):

$$\mathrm{fdi}_{it} = \rho \boldsymbol{W} \mathrm{fdi}_{it} + \beta_1 \mathrm{gov}_{it} + \beta_2 \mathrm{tac}_{it} + \beta_3 \mathrm{ae}_{it} + \beta_4 \mathrm{tc}_{it} + \beta_5 \mathrm{is}_{it} + \beta_6 \mathrm{scale}_{it} + \mu_i + \theta_t + \varepsilon_{it}$$

$$(8-19)$$

$$\mathrm{fdi}_{it} = \beta_1 \mathrm{gov}_{it} + \beta_2 \mathrm{tac}_{it} + \beta_3 \mathrm{ae}_{it} + \beta_4 \mathrm{tc}_{it} + \beta_5 \mathrm{is}_{it} + \beta_6 \mathrm{scale}_{it} + \mu_i + \theta_t + \varepsilon_{it}; \varepsilon_{it} = \lambda \boldsymbol{W} \varepsilon_j + \eta_i$$

$$(8-20)$$

式中, $\boldsymbol{W}$ 为空间权重矩阵; $\rho$ 和 $\lambda$ 分别为空间滞后系数和空间误差系数; $\varepsilon$ 为服从正态分布的随机误差项向量。

进一步,考虑到空间滞后相关和空间误差相关可能同时存在于同一模型中,简单将两者分割的处理可能导致估计系数偏误,因而本研究借鉴进一步构建空间杜宾模型(SDM)形如式(8 - 21),来捕捉空间溢出与依赖效应。

$$\mathrm{fdi}_{it} = \rho \boldsymbol{W} \mathrm{fdi}_{it} + \beta_1 \mathrm{gov}_{it} + \beta_2 \mathrm{tac}_{it} + \beta_3 \mathrm{ae}_{it} + \beta_4 \mathrm{tc}_{it} + \beta_5 \mathrm{is}_{it} + \beta_6 \mathrm{scale}_{it} + \delta_1 \boldsymbol{W} \mathrm{gov}_{it} +$$
$$\delta_2 \boldsymbol{W} \mathrm{ac}_{it} + \delta_3 \boldsymbol{W}_{it} + \delta_4 \boldsymbol{W} \mathrm{tc}_{it} + \delta_5 \boldsymbol{W} \mathrm{is}_{it} + \delta_6 \boldsymbol{W} \mathrm{scale}_{it} + \mu_i + \theta_t + \varepsilon_{it} \quad (8-21)$$

### 8.3.1.2　变量选择与数据采集

被解释变量为外资空间布局(fdi),采用各地区历年实际利用外商直接投资额表征。

解释变量包括 5 个:

(1)政府干预(gov),吸引外资投资的政策也是十分重要的,在财政分权体制下,地方政府之间的"GDP 赛跑"、官员晋升博弈等因素必然会导致地方政府对外资等流动性要素进行竞争,这也是地方保护主义的根源。本研究以财政支出占财政收入的比重反映政府干预程度。使用各地区政府财政支出占 GDP 的比重来衡量政府干预程度。

(2)人力资本(hc),外商直接投资注重的不仅仅是工资成本,更注重劳动力的素质,人力资本水平对利用、吸收外资相当重要,劳动力素质直接影响到劳动生产率的高低,地区人力资本水平高意味着有丰富技术人员。外资进入相关产业,当地能提供外资企业需要的技术人员,或者进行短暂培训就能参与研发生产,这意味着只有那些低成本并且具有较高劳动生产率的区位,才更具有吸引力。在其他条件相同时,外商对在华直接投资更倾向于人力资源丰富、劳动生产率高的地区。本研究用《中国人力资本报告》中的各地区人力资本数据作为技术吸收能力的代理变量,《中国人力资本报告》采用国际通用 j-f 方法,并根据中国国情进行了有效改进,保证了估算数据的可靠性及国际的可比性。

(3)运输成本(tc),通过中心—外围理论可以发现,企业为了利润最大化的目标必然会考虑产品成本,其中运输成本是重要组成部分,因而企业会在运输成本低的地方聚集,而地区的运输成本很大程度上取决于当地的物流网络发展水平,本研究用各地区的公路里程作为运输成本的代理变量,数值越大说明运输成本越低。

(4)产业结构(is),对外直接投资是企业经营决策的结果,不同的产业结构类型会影响到不同特征 FDI 的空间布局。市场的不完全性是跨国公司对外直接投资的决定因素。在不完全竞争产业市场中,由于市场垄断力量的存在,通常行业市场竞争较为缓和。影响产业竞争状况的因素有竞争者数量与规模、产业进入壁垒、产业市场容量、产品所处生命周期的阶段等产业结构特征。因此分析企业在每个区位所面对的产业和竞争状况是跨国公司决策者必须做的功课,它要求跨国公司准确了解和把握该产业的全球竞争状况和每个国家的竞争状况。具有合理产业结构的地区,整体工业水平、上下游产业配套能力也更好,有利于吸引 FDI。本研究采用第二产业的增加值在国内生产总值中的占比作为产业结构的代理变量。

(5)市场规模(scale),市场规模越大,对产品也有更加多样化的需求。本研究采用各地区人均 GDP 作为市场规模的代理变量。

以上数据来自中国及各省统计年鉴、中国科技统计年鉴、《中国人力资本报告》与国研网,时间跨度为 1997—2019 年。为使指标数据更加科学、可靠,利用 GDP 平减指数、CPI 平减指数剔除各类涉及价格数据所受通胀影响,并对空缺数据进行插值化处理以保证数据的连续性与平稳性。

## 8.3.2 空间计量检验

### 8.3.2.1 城市之间的政府干预行为和外商直接投资空间依赖性判断

如果相邻地区的经济变量存在空间相关,那么传统面板模型可能产生内生性,导致估计偏差。因此在做回归分析之前需要对变量进行空间相关性检验,以确定是否需要采用面板空间模型进行后续回归。本研究采用 Moran's I 指数对变量进行空间相关性检验。Moran's I 指数取值范围为 [-1,1],取值越趋于 1,正相关性越强,越趋于 -1,负相关性越强,趋于 0 则表示基本不相关。运用 stata15 计算出外商直接投资和政府干预的全局 Moran's I 值。测算结果详见表 8.1。表 8.1 显示,1997—2019 年外商直接投资和政府干预的全局 Moran's I 值基本显著为正,表明城市之间的政府干预行为和外商直接投资呈现显著的空间正自相关性。

表 8.1　fdi 与 gov 的 Moran's I 值

|  | 1997 年 | 1998 年 | 1999 年 | 2000 年 | 2001 年 | 2002 年 | 2003 年 |
|---|---|---|---|---|---|---|---|
| *fdi* | 0.104 * | 0.095 * | 0.099 * | 0.093 | 0.111 | 0.124 * | 0.167 * * |
| *gov* | 0.194 * * * | 0.203 * * * | 0.219 * * * | 0.256 * * * | 0.253 * * * | 0.232 * * * | 0.206 * * * |

| 2004 | 2005 | 2006 | 2007 | 2008 | 2009 | 2010 | 2011 |
|---|---|---|---|---|---|---|---|
| 0.201 * * | 0.215 * * | 0.236 * * * | 0.284 * * * | 0.283 * * * | 0.274 * * * | 0.246 * * * | 0.247 * * * |
| 0.262 * * * | 0.238 * * * | 0.255 * * * | 0.249 * * * | 0.243 * * * | 0.284 * * * | 0.295 * * * | 0.255 * * * |

| 2012 | 2013 | 2014 | 2015 | 2016 | 2017 | 2018 | 2019 |
|---|---|---|---|---|---|---|---|
| 0.250 * * * | 0.258 * * * | 0.262 * * * | 0.272 * * * | 0.255 * * * | 0.096 | 0.097 | 0.108 |
| 0.256 * * * | 0.263 * * * | 0.235 * * * | 0.256 * * * | 0.247 * * * | 0.263 * * * | 0.234 * * * | 0.245 * * * |

注:* * * 、* * 、* 分别表示在 1% 、5% 、10% 水平下显著。

### 8.3.2.2　空间检验模型构建与选择

通常在处理空间面板数据时,首先需要确定采用哪种模型对样本的解释力度更强。外资空间布局与政府干预的 Moran's I 检验值为正且通过了 1% 的显著性水平检验,说明需要引入空间计量来反映变量之间的空间相关性。Hausman 检验结果显示固定效应优于随机效应的选择,进一步观察空间自相关 LM 检验以及空间杜宾模型简化为空间滞后模型(或空间误差模型)的 Wald 及 LR 检验。结果详见表 8.2。表 8.2 显示,LM 检验及 Robust - LM 检验大多通过 1% 的显著性水平检验,且固定效应模型的 Wald(SLM)和 LR(SLM)的统计量均通过了 1% 的显著性水平检验,从而拒绝将模型设置为空间滞后形式的原假设,根据空间模型判别准则可知,空间杜宾模型(SDM)为最优选择。因此本研究将传统面板模型扩展为包含因变量空间滞后项和空间误差项的空间杜宾模型。

表8.2　模型选择

| spatial_lag | SDM(fe) | SDM(re) | spatial_error | SDM(fe) | SDM(re) |
|---|---|---|---|---|---|
| LM | 134.275＊＊＊ | | LM | | 445.655＊＊＊ |
| Robust－LM | 4.583＊＊ | | Robust－LM | | 315.962＊＊＊ |
| LR | 60.42＊＊＊ | 55.25＊＊＊ | LR | 57.17＊＊＊ | 52.08＊＊＊ |
| Wald | 10.16＊＊＊ | 4.12 | Wald | 61.04＊＊＊ | 55.84＊＊＊ |
| Hausman test | 8.28＊＊ | | | | |

注:＊＊＊、＊＊、＊分别表示在1%、5%、10%水平下显著。

### 8.3.2.3　空间杜宾检验结果

空间检验结果详见表8.3。表8.3中SDM模型的回归结果,政府干预的系数为正值,且在1%的显著性水平下通过假设检验,表明本地区的政府干预程度越高,外资在此地区布局的规模越大。政府干预的空间滞后项系数为负值,且在1%的显著性水平下拒绝原假设,表明政府具有显著的空间效应,即相邻的政府干预程度对本地区的外资规模也具有显著的负向作用。

表8.3　SDM模型回归结果与空间效应分解

| 变量 | | 变量 | | 变量名 | 直接效应 | 间接效应 | 总效应 |
|---|---|---|---|---|---|---|---|
| gov | 1.682＊＊＊<br>(－2.72) | W×gov | －1.551＊<br>(－1.84) | gov | 1.663＊＊＊<br>(－2.67) | －1.472＊<br>(－1.68) | 0.19<br>(－0.23) |
| hc | 4.185＊＊＊<br>(－18.84) | W×tac | －1.118＊＊＊<br>(－2.98) | tac | 4.158＊＊＊<br>(－19.63) | －0.620＊<br>(－1.85) | 3.538＊＊＊<br>(－9.68) |
| is | －0.017 5＊＊<br>(－2.36) | W×is | 0.029 9＊＊＊<br>(－2.69) | is | －0.016 1＊＊<br>(－2.27) | 0.030 3＊＊<br>(－2.48) | 0.014 3<br>(－1.08) |
| scale | 0.033 5＊＊＊<br>(－7.21) | W×scale | －0.023 0＊＊＊<br>(－3.25) | scale | 0.033 0＊＊＊<br>(－7.54) | －0.020 4＊＊＊<br>(－2.86) | 0.012 6＊＊<br>(－2.13) |

表 8.3(续)

| 变量 | | 变量 | | 变量名 | 直接效应 | 间接效应 | 总效应 |
|---|---|---|---|---|---|---|---|
| tc | −0.011 5 * * * <br> (−7.27) | W×tc | 0.001 56 <br> (−0.72) | tc | −0.011 4 * * * <br> (−7.61) | −0.000 178 <br> (−0.08) | −0.011 6 * * * <br> (−6.11) |
| Spatial rho | | | | 0.137 * * * <br> (−3.61) | | | |

注:表中括号内为 t 值; * * *、* * 和 * 分别表示在 1%、5% 和 10% 水平上显著。

由于空间杜宾模型解释了各省(市、区)间的空间经济相关性,其参数估计结果并不能直接反映直接作用和空间溢出效应真实作用效果,参考偏微分方法,将各自变量对外资空间布局的影响系数分解为直接效应、间接效应以及总效应。据表 8.3 所示,政府干预的直接效应显著为正,间接效应则显著为负,表明地区的政府干预程度除了对当地的外资布局规模具有正向促进作用,对相邻地区的外资布局还具有显著的空间效应。若忽略空间因素互动影响,则会错估政府干预影响外资空间布局的作用效果,因此再次证明空间计量模型选择的合理性。

由表 8.3 可知,政府干预对地区内外资空间布局的直接溢出效应显著为正,说明政府干预对外资选择在本地区布局产生明显的促进作用。这可能的解释是外资对地区的 GDP 增长、技术进步和产业结构升级、提升出口商品结构、增强研究与发展能力等方面有重要贡献,不仅可以推动地区经济的持续增长,还能改变地区经济增长方式,提高经济增长的质量。因此,地方政府会通过税收优惠、提升技术吸收能力、优化营商环境等干预手段来促使外资在本地区布局。

政府干预对关联地区外资空间布局的间接溢出效应显著为负,说明政府干预对关联地区外资空间布局产生了明显的负向作用。这可能的解释是由于中国的财政分权体制和政治晋升压力,使地方政府之间存在着相互攀比式的竞争,其目的在于争夺流动性要素,地方政府为了提升政绩围绕外资空间布局展开的干预一般是以相邻地区为竞争标尺的,因此在相邻地区其他影响因素差别不大的情况下,有意在本地区进行布局的外资会转向政府干预更强的相邻地区。政府干预的Moran's I 指数呈现显著的空间正自相关性可能也是地方政府竞争的结果。

政府干预的总溢出效应为正,但并未通过假设检验。政府干预的直接效应与间接效应的系数绝对值可以看出直接效应大于间接效应但两者相差不大,这说明在考虑空间效应的情况下,政府干预对外资布局的影响仍有促进作用,但这种促进作用被相邻地区的政府干预大大削弱了,相邻政府为了争夺外资进行干预会在一定程度上抵消本地政府干预的正向影响,这样的"恶性竞争"很有可能导致政府过度投资、区域产业结构同质化及资源错配等无效率现象。

其他变量中,人力资本的直接效应与总效应显著为正,说明人力资本对于外资布局是重要影响因素;间接效应显著为负可能是由于虹吸效应导致人力资本在相邻的高人力资本地区集中;产业结构总效应为正但不显著,说明产业结构对外资有正向影响,但这种影响并不显著;三种效应均为正且通过了显著性检验,可能使产业结构合理的地区整体工业水平、上下游产业配套能力也更好,进而有利于引进外资布局;运输成本的间接效应不显著,但直接效应和总效应显著,说明总体上运输成本对外资的空间布局有正向影响;市场规模的直接效应与总效应显著为正,间接效应显著为负,说明外资在进行布局时会考虑当地的市场需求大小,会偏向在市场规模大的地区布局。

### 8.3.3 稳健性检验

#### 8.3.3.1 内生性检验

尽管本研究采用面板空间模型来解决由于空间效应带来的内生性,但仍然可能存在解释变量与被解释变量互为因果所产生内生性问题。政府干预会影响外资的空间布局,反过来,由于外资带来的巨大效益可能会促使政府加大干预力度,由此产生双向因果关系导致产生内生性问题。为了避免内生性问题的影响,本研究采用各地区城市每万平方米拥有的道路照明灯作为工具变量对模型进行稳健性检验。逻辑在于道路照明灯作为重要的公共产品,其建设与维持都需要政府资金的投入,因此道路照明灯的数量在一定程度上可以反映政府干预能力,同时外资在考虑布局时不会将道路照明灯数量作为考虑因素,在一定程度上满足外生性。检验结果详见表8.4,表8.4中LM统计量显示工具变量识别不足的概率为0,即不存在识别不足问题。检验弱工具变量的 CD – Wald F 统计量显著大于10%水平下8.96的临界值,即不存在弱工具变量问题,可见,选取的工具变量是有效的。结果表明,采用工具变量法进行估计后的回归结果与空间回归基本保持一致,说明考虑内生性问题后本研究的结果仍具有稳健性。

表8.4　工具变量检验结果

| gov | hc | is | scale | tc | AndersonLM 检验 | C – D Wald 检验 |
|---|---|---|---|---|---|---|
| 13.004 65 | 7.926 085 | 0.098 010 8 | − 0.025 013 1 | − 0.023 915 9 | 12.278 | 12.388 |
| ( −3.17) | ( −6.52) | ( −3.2) | ( −0.026) | (0.000) | ( −0.000 5) | (8.96) |

注:＊＊＊、＊＊、＊分别表示在1%、5%、10%水平下显著。

## 8.3.3.2　分样本检验

考虑到研究结论的稳健性,在全国范围内进行东、中、西部地区分样本检验,检验结果详见表8.5。

表 8.5　分样本检验结果

| 东部地区 | 主效应 | 空间效应 | 直接效应 | 间接效应 | 总效应 |
| --- | --- | --- | --- | --- | --- |
| gov | 8.464 * | − 14.32 * * | 8.481 * | − 13.94 * * | − 5.463 |
| | − 1.94 | ( − 2.56 ) | − 1.9 | ( − 2.49 ) | ( − 0.92 ) |
| tac | 5.847 * * * | − 0.385 | 5.820 * * * | − 0.246 | 5.574 * * * |
| | − 11.62 | ( − 0.53 ) | − 11.94 | ( − 0.40 ) | − 6.7 |
| is | − 0.023 7 | 0.027 1 | − 0.021 7 | 0.025 | 0.003 26 |
| | ( − 1.04 ) | − 0.81 | ( − 0.99 ) | − 0.71 | − 0.09 |
| scale | 0.032 2 * * * | − 0.036 2 * * | 0.032 1 * * * | − 0.035 6 * * | − 0.003 44 |
| | − 3.05 | ( − 2.55 ) | − 3.15 | ( − 2.53 ) | ( − 0.31 ) |
| tc | − 0.015 5 * * * | 0.004 88 | − 0.015 3 * * * | 0.004 11 | − 0.011 2 * * |
| | ( − 3.40 ) | − 0.83 | ( − 3.48 ) | − 0.67 | ( − 2.13 ) |
| 中部地区 | 主效应 | 空间效应 | 直接效应 | 间接效应 | 总效应 |
| gov | − 0.449 | − 0.782 | − 0.474 | − 0.925 | − 1.399 * * |
| | ( − 0.90 ) | ( − 1.27 ) | ( − 0.95 ) | ( − 1.49 ) | ( − 2.56 ) |
| tac | 0.378 * * * | 0.609 * * * | 0.409 * * * | 0.734 * * * | 1.142 * * * |
| | − 3.42 | − 4.09 | − 4.03 | − 5.9 | − 13.32 |
| is | − 0.001 84 | − 0.001 54 | − 0.001 73 | − 0.002 13 | − 0.003 86 |
| | ( − 0.95 ) | ( − 0.60 ) | ( − 0.94 ) | ( − 0.82 ) | ( − 1.38 ) |
| scale | 0.004 47 * * | − 0.003 59 | 0.004 23 * * | − 0.003 13 | 0.001 1 |
| | − 2.1 | ( − 1.56 ) | − 2.21 | ( − 1.43 ) | − 0.69 |
| tc | − 0.000 265 | 0.000 383 | − 0.000 218 | 0.000 33 | 0.000 112 |
| | ( − 0.49 ) | − 0.63 | ( − 0.45 ) | − 0.53 | − 0.22 |
| 西部地区 | 主效应 | 空间效应 | 直接效应 | 间接效应 | 总效应 |
| gov | 0.392 * * * | − 0.831 * * * | 0.358 * * * | − 0.888 * * * | − 0.531 * * * |
| | − 3.46 | ( − 5.08 ) | − 3.09 | ( − 4.97 ) | ( − 2.80 ) |
| tac | 1.262 * * * | − 0.472 * * * | 1.248 * * * | − 0.271 | 0.976 * * * |
| | − 14.74 | ( − 2.64 ) | − 15.03 | ( − 1.45 ) | − 4.53 |

表 8.5(续)

| 西部 | 主效应 | 空间效应 | 直接效应 | 间接效应 | 总效应 |
|------|--------|----------|----------|----------|--------|
| is | −0.007 39 * * * | 0.002 59 | −0.007 20 * * * | 0.001 24 | −0.005 96 |
|  | (−3.19) | −0.79 | (−3.17) | −0.33 | (−1.42) |
| scale | 0.017 8 * * * | −0.014 8 * * * | 0.017 2 * * * | −0.013 5 * * * | 0.003 7 |
|  | −7.56 | (−4.60) | −7.85 | (−4.01) | −1.44 |
| tc | 0.000 156 | 0.000 113 | 0.000 18 | 0.000 129 | 0.000 309 |
|  | −0.42 | −0.21 | −0.51 | −0.2 | −0.43 |

注:* * *、* *、*分别表示在1%、5%、10%水平下显著。

### 8.3.4　门槛效应检验

上述研究分析了政府干预对外资空间布局的空间关联性和空间溢出效应,检验结果表明政府干预对于外资空间布局具有正向作用,但是这种作用是否是线性的。已有研究发现政府干预对企业研发投资等方面的影响呈非线性关系,政府干预对外资空间布局的影响是否也会存在非线性关系。为了充分发挥政府干预的积极作用,本研究需要进一步探讨政府干预作用的演化机制。接下来采用面板门槛模型,以人力资本为门槛变量,探讨政府干预对外资空间布局是否存在门槛效应,进行门槛效应检验,检验结果详见表8.6。

表 8.6　门槛效应检验

|  | 单门槛估计值 | 双门槛估计值 | F | BS 次数 | 1% 临界 | 5% 临界 | 10% 临界 |
|------|------------|------------|------|--------|---------|---------|---------|
| 单门槛 | 1.639 3 |  | 87.43 * | 300 | 198.085 | 87.780 6 | 64.740 8 |
| 双门槛 | 1.639 3 | 0.966 1 | 11.39 | 300 | 136.925 | 78.194 9 | 61.521 5 |

注:* * *、* *、*分别表示在1%、5%、10%水平下显著。

从门槛效应地检验结果可以看出,以人力资本为门槛变量时,单门槛效应在10%的置信水平下通过显著性检验,门槛值1.639 3,而双门槛检验没有通过显著性检验,为了更深入地探究政府干预作用的演化机制,本研究最终采用单门槛回归模型进行参数估计。检验结果详见表8.7。

从表8.7的门槛回归可以看到,当人力资本低于门槛值(hc < 1.639 3)时,政府干预对外资空间布局的影响系数为 −0.378;当人力资本高于门槛值(1.639 3 ≤

hc)时,政府干预对外资空间布局的影响在 1% 的水平下显著为正。当人力资本跨越门槛值以后,政府干预对外资空间布局的影响将随着人力资本的提升由负向效应转为正向效应,同时显著性水平也越来越高。以上结果充分表明,政府干预与外资空间布局之间存在显著的非线性关系,政府干预对外资空间布局的影响显著存在基于地区人力资本水平的门槛效应,而且政府干预对外资空间布局影响的大小和方向都取决于地区人力资本水平高低。当地区人力资本水平较低时,政府干预不但不能对外资空间布局产生促进效应,反而会对外资空间布局产生负效应,只有当区域人力资本水平提升到跨越临界门槛值以后,政府干预才能对外资空间布局产生显著为正的促进效应。

表 8.7　门槛效应回归结果

| 变量 | gov1 | gov2 | hc | is | scale | tc |
|---|---|---|---|---|---|---|
| 估计值 | − 0.378<br>( − 0.86) | 18.71 * * *<br>( − 9.05) | 2.421 * * *<br>( − 9.69) | − 0.005 49<br>( − 0.84) | 0.019 7 * * *<br>( − 7.05) | − 0.009 08 * * *<br>( − 8.86) |

注:表中括号内为 $t$ 值;* * *、* *、* 分别表示在 1%、5%、10% 水平下显著。

## 8.4　政府干预引进外资的作用路径识别

上述研究针对政府干预对外资空间布局的影响进行了空间计量与面板门槛回归检验,分析了政府干预的空间效应与门槛效应,但政府干预对外资空间布局的具体影响机制还不清晰,而这正是打开政府干预对外资空间布局影响黑箱的重要环节。有研究认为政府应当加强对外商投资的引导,通过法律法规和管理政策等手段来干预 FDI 的空间布局,但也有研究发现政府干预会干扰资源的合理配置对外商直接投资起到负面效应。这些研究之所以会出现不同的结论,有可能是多数研究只关注了解释变量与被解释变量的相关性,没有进一步探究两者之间可能存在的中介变量。政府干预手段多样化,能通过直接或间接作用影响外资空间布局。但是,上述研究并不能有效甄别政府干预外资空间布局的路径。结构方程模型能考量多变量间的复杂性,因此本研究运用结构方程模型来量化政府干预对外资空间布局的作用路径和强度。理解政府干预对外资空间布局的直接效应与间接效应,结构方程模型由 Amos 23 完成。

R&D 人员作为创新要素的重要内容,是地方政府提升创新绩效的重要基础。

创新人员流动能够强化政府财政科技支出的竞争激励效应,提升地区的创新绩效,从而吸引外商直接投资。近年来,政府为国家的创新进程提供了坚实保障,地方政府通过为创新企业减免税费以降低企业的创新风险与研发成本,创立创新引导基金解决企业创新资金不足。同时,政府能够出台针对 R&D 人员的人才政策"招贤纳士",通过支持科技创新活动有效促进 R&D 人员的流动以显著促进流入地的创新绩效。在国家实施区域战略的背景下,地方政府通过本地优势与掌握的大量资源来影响创新人员的流动,吸引 R&D 人员向本地区流入。目前,影响高质量外资的决定性区位因子已经从早期的产业发展、资源基础与市场规模变为综合实力、研发环境与外部资源。因此,地方政府可以通过有效的政府干预来持续大量地吸引R&D 人员流入,从而影响外资的空间布局。

FDI 除了会受到人力资本、集聚经济、运输成本等经济系统的影响,还会受到非经济系统的影响。随着中国经济进入高质量发展时期,传统的税收减免、土地折价、放松管制等引资优惠会造成粗放式发展、环境污染等问题。在财政分权与政治晋升需求的背景下,地方政府作为相关制度的制定者、监督者会对 FDI 的空间布局产生重要影响。政府对于 FDI 空间布局的影响主要体现在腐败方面,相较于传统的引资优惠,地方政府积极的反腐力度和政府效率的提高对 FDI 布局有更显著的正面效应,高效率的政府提供便利的通讯与完善的基础设施是 FDI 布局时考虑的重要因素,同时培养的高素质劳动力也可以降低外资企业的招聘成本。高效透明的地方政府可以降低经济体制、政治差异带来的风险促进 FDI 的流入。因此,地方政府可以通过提高行政效率来影响外资的空间布局。

在梳理已有研究文献的基础上,本研究认为政府干预可以通过直接效应和间接效应来促进了外资空间布局。首先,政府可以直接通过土地、税收政策才直接影响外资布局;其次,政府干预对相关产业与地区释放了积极信号,有助于当地吸收更多技术人才,提升当地技术吸收能力,间接促进外资空间布局。

### 8.4.1 结构方程检验所涉及变量的选择与测量

R&D 人员流入量($pi$):本研究基于"推拉理论",衡量各地区 R&D 人员流入量,将本省(市、区)的就业人员平均工资水平作为流入地的拉力,两省的省会城市距离作为流出地的推力。R&D 人员流动在拉力和推力两种力量下共同完成。则两省之间 R&D 人员流动规模详见式(8 – 22):

$$\text{FP}_{ij} = \ln p_i \cdot \ln \text{wage}_j \cdot d_{ij}^{-2} \qquad (8-22)$$

式中,$\text{FP}_{ij}$ 表示为从 $i$ 省流动到 $j$ 省的 R&D 人员流动量;$p_i$ 为 $i$ 省 R&D 人员全时当量;$\text{wage}_j$ 代表 $j$ 省从业人员的平均工资;$d_{ij}$ 代表两省的省会城市距离。政府干预

(gov)与外资空间布局(fdi)变量与前面含义与测量方法一致。

考虑到数据的连续性与可得性,本研究将数据缺失值较为严重的西藏与港澳台地区从样本中剔除,由于 R&D 人员全时当量从 1999 年开始统计,路径分析使用全国 31 个省(市、区)1999—2019 年的数据。上述数据主要来自《中国统计年鉴》、国研网、《中国检察年鉴》以及各省市检察院工作报告。同样,为使指标数据更加科学、可靠,利用 GDP 平减指数、CPI 平减指数剔除各类涉及价格数据所受通胀影响,并对空缺数据进行插值化处理以保证数据的连续性与平稳性。

## 8.4.2　结构方程检验与作用路径分析

中国幅员辽阔,各地区资源、经济情况各不相同,政府干预对外资布局的影响很有可能存在地区异质性,基于此将样本分为东部、中部、西部地区,通过结构方程模型和路径分析模型,对政府干预、R&D 人员流动和外资空间布局三者之间的因果关系进行分析。检验结果详见表 8.8。检验结果可以看出,模型中各地区的 GFI 与 CFI 值均为 1,RMR 值小于 0.05(其中参数 GFI、CFI 临界值为 0.9,值越接近 1 越好。参数 RMR 临界值为 0.05,值越接近 0 越好),这表明结构方程模型和路径分析模型的拟合优度良好,达到路径分析的基本目的。

表 8.8　基于 SEM 模型的作用路径检验结果

| | 路径 | Unstd. | Std. | S. E. | C. R. | $P$ 值 |
|---|---|---|---|---|---|---|
| 东部地区 | pi←gov | 0.007 | 0.068 | 0.007 | 1.036 | 0.3 |
| | fdi←pi | 22 294.637 | 0.048 | 30 375.656 | 0.734 | 0.463 |
| | fdi←gov | 5 784.746 | 0.118 | 3 218.266 | 1.797 | * |
| | GFI = 1；CFI = 1；RMR = 0.005 | | | | | |
| | 路径 | Unstd. | Std. | S. E. | C. R. | $P$ 值 |
| 中部地区 | pi←gov | 0.005 | 0.092 | 0.004 | 1.264 | 0.206 |
| | fdi←pi | 45 850.353 | 0.396 | 6 983.074 | 6.566 | * * * |
| | fdi←gov | 2 482.27 | 0.369 | 405.583 | 6.12 | * * * |
| | GFI = 1；CFI = 1；RMR = 0.000 | | | | | |

表 8.8(续)

| | 路径 | Unstd. | Std. | S. E. | C. R. | P 值 |
|---|---|---|---|---|---|---|
| 西部地区 | pi←gov | 0.003 | 0.214 | 0.001 | 3.163 | * * * |
| | fdi←pi | 67 590.098 | 0.332 | 13 515.338 | 5.001 | * * * |
| | fdi←gov | −573.815 | −0.193 | 197.586 | −2.904 | * * * |
| | GFI = 1；CFI = 1；RMR = 0.006 | | | | | |

注：* * *、* * 和 * 分别表示在 1%、5% 和 10% 水平上显著。

从整个路径分析结果来看，东部地区政府干预能直接作用于外资空间布局，该路径系数为 0.118，且较为显著，同时也能通过吸引 R&D 人员流入来间接影响外资的空间布局，该路径系数为 0.003 2，可以看出东部地区政府影响 FDI 的空间布局的间接路径的强度与显著性都不如直接路径。中部地区地方政府干预能够显著作用于外资空间布局，该路径系数为 0.369，R&D 人员的间接路径系数为 0.036。西部地区政府干预无论是直接路径还是间接路径都显著，但是直接路径的系数为 −0.193，R&D 人员的间接路径系数为 0.036，因此政府干预外资空间布局的总效应为 −0.157。

总体来看，东、中部地区地方政府干预能够有效促进外资空间布局，且以直接作用路径为主。西部政府干预对外资空间布局有负向作用，但是政府干预通过吸引 R&D 人员可以降低这一负向作用。可能的解释是东、中部地区地方政府经过多年的市场化改革，政府更能"好钢用在刀刃上"，针对本地区资源禀赋、市场特点与外资痛点进行"精准干预"，而西部地区地方政府的干预手段不够精细化与有针对性。此外，技术吸收能力可能也是的原因之一，人力资本水平较高的东、中部地区不仅会有利于外资布局，还能促进政府的人才建设与政策落实，而人力资本水平较低的西部地区可能不能有效实施政府干预，使其干预效果与预期产生偏差，这也验证了政府干预的门槛效应。据此获得政府引资干预作用路径示意图形如图 8.1。

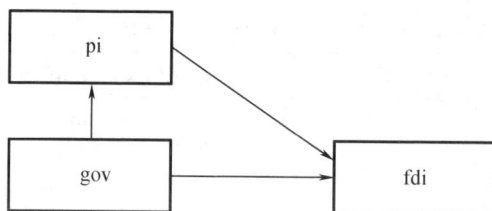

图 8.1 政府引资干预作用路径示意图

# 8.5　在华外资网络空间结构优化引导主力角色分析

下面,我们试图从网络关系入手,运用社会网络分析法考察哪些区域处于在华外资网络中重要位置,能够通过空间溢出、空间依赖来对其他区域引资产生重要的辐射带动作用。

## 8.5.1　网络分析法简介

有别于表征自身特征的属性数据,基于引力模型构建的区域空间关联网络(简称关联网络)属于关系数据,网络分析法(SNA)能够从整体网络特征、个体网络特征与板块模型分析三大块内容对关联网络的结构特征进行分析。

其中,整体网络特征方面,集中于网络内部全部成员之间的关联关系及结构,主要运用网络密度(Density, D)以网络中实际拥有的关系数与整体网络中最多可能拥有的关系数之比来反映各成员之间关联关系的疏密情况。个体网络特征则主要是通过中心性(Centrality)来研究关联各成员在网络中的地位和作用,主要包括度数中心度、接近中心度、中介中心度。其中,度数中心度(Degree Centrality, DC)根据关系数来衡量各成员在整体网络中所处的地位,数值越高的成员产生的关系数越多,在网络中的中心地位越突出。接近中心度(Closeness Centrality, CC)刻画了单个成员与其他成员的直接关联程度,数值越高表明该成员产生的直接关系数越多,在网络中越表现出中心行动者的地位,不受其他成员控制的程度越高。中介中心度(Betweenness Centrality, BC)反映了某成员对其他成员间关联关系的控制程度,即在网络中发挥中介作用的程度,数值越高则中介作用越明显。相关网络特征的指标详见表 8.9。

表 8.9　空间关联网络特征分析主要指标测算与说明

| 指标 | | 计算公式 | 公式说明 | 指标含义 |
|---|---|---|---|---|
| 整体网络 | 网络密度 | $D = \dfrac{L}{N \times (N-1)}$ | 实际关系数与理论最大关系总数之比 | 密度越大,成员之间关联关系越紧密 |
| 个体网络 | 度数中心度 | $DC = \dfrac{n}{N-1}$ | 与某成员直接关联的成员数量与最大可能直接关联的成员总数之比 | 度数中心度越高,某成员对其他成员的控制能力越强 |

表 8.9（续）

| 指标 | | 计算公式 | 公式说明 | 指标含义 |
|---|---|---|---|---|
| 个体网络 | 接近中心度 | $$CC = \sum_{j=1}^{N} d_{ij}$$ | 网络中某成员与其他成员的捷径距离之和 | 接近中心度越高,成员之间的距离越短,关联与协同越密切 |
| | 中介中心度 | $$BC = \frac{2\sum_{j}^{N}\sum_{k}^{N} b_{jk}(i)}{N^2 - 3N + 2},$$ $$b_{jk}(i) = \frac{g_{jk}(i)}{g_{jk}}$$ | 网络中成员为其他成员发挥中介作用的程度 | 中介中心度越高,成员在网络中的中介地位越明显 |

注:$N$ 为网络中成员总数量;$K$ 为网络中对称可达的成员对的数量;$n$ 为网络中与某成员直接关联的其他成员数量;$d_{ij}$ 为两成员间的捷径距离,即捷径中包含的关系数;$g_{jk}$ 为成员 $j$、$k$ 之间捷径数量,$g_{jk}(i)$ 为成员 $j$、$k$ 间捷径经过成员 $i$ 的数量,则 $b_{jk}(i)$ 为成员 $i$ 处于 $j$、$k$ 之间捷径上的概率,$j \neq k \neq i$,且 $j < k$。＊＊＊、＊＊、＊ 分别表示在 1%、5%、10% 水平下显著。

## 8.5.2 社会网络视角下的外资空间分布调整目标分析

### 8.5.2.1 整体目标

运用 UCINET－6.232 软件进行网络特征计算。首先测量网络中心度,网络各节点大小代表其节点中心度的大小,中心度代表与此城市有联系的城市个数,经过 0－1 矩阵处理的中心度指标代表与此城市联系程度超过均值的城市数量。中心度越高的地区在网络中所处地位越核心,与之产生联系的区域越多,FDI 规模相对相邻区域较高。首先测得网络整体平均中心度为 8.476,说明平均区域与 8.476 个区域外资有关联。其次测得网络直径为 3,说明外资整体网络中关联最远的两个区域间外资距离为 3。最后测得整体网密度为 0.424,说明外资网络的整体联系紧密程度尚属一般,网络联系较为松散,网络中各区域外资联系比较松弛,意味着外资网络整体差异显著,空间依赖性较弱。

### 8.5.2.2 区域与板块目标

进一步,通过聚类分析绘出区域外资间存在紧密联系的板块,得到聚类结果形如图 8.2。从图中可以清晰看到,聚类分析将所有区域大体划分为三类。第一类聚类区包括北京、山西、内蒙古、天津、山东、河北、辽宁、陕西、河南等地区。第二类聚类区包括上海、江苏、江西、海南、浙江、安徽、福建、广东、湖北、湖南等地区。第三类则包括重庆和四川。这意味着三大板块中区域间联系相对于板块外区域联系较弱。同时,值得尤其注意的是,重庆、四川仅在其所处的第三类板块,彼此存在显著关联,但是与前两类地区外资间不存在显著的空间溢出或空间依赖。

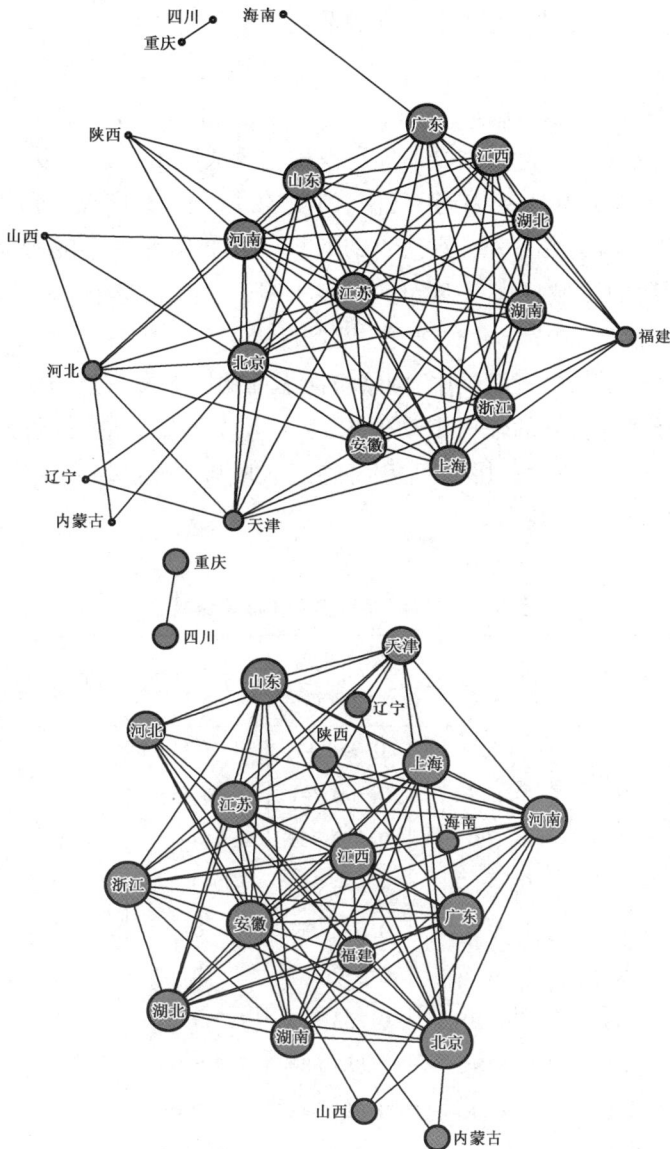

图 8.2 区域外资网络关联分析图

### 8.5.2.3 省际目标

上表中接近中心度表示某个节点与其他节点的远近程度,接近中心度越大,其网络地位越核心。中介中心度表示某个节点处于其他两个节点中介位置的程度,中介中心度越大,说明此节点作为中介的次数越多,作为链接其他城市的中心城市的概率越大。模块类别相同的城市属于一个模块。聚类系数越大的城市越容易与其他城市聚为一类,否则则为较为孤立的节点。

表8.10显示,从接近中心度角度看,所有区域的接近中心度按照如下次序依次降低,重庆、四川、北京、江苏、河南、山东、安徽、上海、广东、河北、天津、福建、陕西、山西、辽宁、内蒙古、海南,结合前面所发现的重庆四川为独立版块,得出各区域的网络地位排序依次为北京、江苏、河南、山东、安徽、上海、广东、河北、天津、福建、陕西、山西、辽宁、内蒙古、海南、重庆、四川。类似的,中介中心度所反映的作为过桥起到链接作用的区域排序按照如下次序下降,北京、江苏、河南、浙江、安徽、山东、上海、广东、湖北、湖南、天津、河北、福建、陕西、辽宁、内蒙古、海南、重庆、四川。

因而,各区域未来引资发展中,网络位次靠前的区域要有意识发挥自身的网络主导地位,积极发挥自身的辐射带动作用,引导整个网络高效发展,而链接靠前的区域要积极发挥其肩负的过桥作用,引导边缘区域与主导区域发生空间联系,提升主导区域空间溢出传导效率。

**表8.10　省际外资空间关联网络特征**

| ID | 中心度 | 接近中心度 | 标准化后接近中心度 | 中介中心度 | 模块类别 | 聚类系数 |
|---|---|---|---|---|---|---|
| 北京 | 16 | 0.9 | 0.944 44 | 34.292 063 | 0 | 0.525 |
| 天津 | 9 | 0.628 57 | 0.740 741 | 4.166 667 | 0 | 0.75 |
| 河北 | 8 | 0.620 69 | 0.712 963 | 4.644 444 | 0 | 0.642 857 |
| 山西 | 3 | 0.514 286 | 0.564 815 | 0 | 0 | 1 |
| 内蒙古 | 2 | 0.5 | 0.537 037 | 0 | 0 | 1 |
| 辽宁 | 2 | 0.5 | 0.537 037 | 0 | 0 | 1 |
| 上海 | 12 | 0.75 | 0.833 333 | 1.717 063 | 1 | 0.878 788 |
| 江苏 | 14 | 0.818 182 | 0.888 889 | 7.205 952 | 1 | 0.725 275 |
| 浙江 | 12 | 0.75 | 0.863 333 | 1.717 063 | 1 | 0.878 788 |
| 安徽 | 13 | 0.782 609 | 0.861111 | 3.705 952 | 1 | 0.807 692 |
| 江西 | 11 | 0.72 | 0.805 556 | 0.669 444 | 1 | 0.945 455 |

表 8.10(续)

| ID | 中心度 | 接近中心度 | 标准化后接近中心度 | 中介中心度 | 模块类别 | 聚类系数 |
|---|---|---|---|---|---|---|
| 山东 | 13 | 0.782 609 | 0.861 111 | 4.547 619 | 0 | 0.756 410 |
| 河南 | 14 | 0.818 182 | 0.888 889 | 10.325 397 | 0 | 0.670 330 |
| 湖北 | 11 | 0.72 | 0.805 556 | 0.669 444 | 1 | 0.945 455 |
| 湖南 | 11 | 0.72 | 0.805 556 | 0.669 444 | 1 | 0.945 455 |
| 广东 | 12 | 0.75 | 0.833 333 | 17.669 444 | 1 | 0.787 879 |
| 陕西 | 4 | 0.545 455 | 0.601 852 | 0 | 0 | 1 |
| 福建 | 8 | 0.580 645 | 0.694 444 | 0 | 1 | 1 |
| 海南 | 1 | 0.439 024 | 0.472 222 | 0 | 1 | 0 |
| 重庆 | 1 | 1 | 1 | 0 | 2 | 0 |
| 四川 | 1 | 1 | 1 | 0 | 2 | 0 |

综上,上述研究得到如下结论:

(1)从理论模型上看,政府干预、人力资本、运输成本、市场规模、产业结构均会影响外资企业的布局选择;

(2)从省级层面上看,中国的外资布局具有明显的空间关联性,政府干预对外资布局具有明显的空间溢出效应,直接效应显著为正,间接效应显著为负,总效应为正;

(3)政府干预与外资空间布局之间具有非线性关系,政府干预对外资空间布局影响的方向显著存在基于人力资本的单门槛效应,当人力资本低于门槛值时,政府干预对外资空间布局的影响为负,当人力资本跨越门槛值以后,政府干预对外资空间布局影响显著为正;

(4)不同地区政府干预对外资空间布局的路径强度与方向各有差异,东、中部地区政府干预能够有效促进外资空间布局,且以直接作用路径为主,西部政府干预对外资空间布局有负向作用,但是政府干预通过吸引 R&D 人员可以降低这一负向作用;

(5)不同区域在空间辐射带动效应中的作用不同,应积极发挥不同子区域在外资网络中的辐射带动作用。

# 8.6　本　章　小　结

　　本章关注政府对外资空间布局的干预作用存在的存在性与作用路径。我们首先构建了增加政府干预与人力资本的"中心—外围"模型,理论分析影响外资布局的因素,紧接着以中国省级面板数据为样本,基于固定效应的 SDM 模型,探究政府干预对外资空间布局影响性的存在性,然后采取单门槛模型分析政府干预的线性与非线性特征,最后采用结构方程模型分地区分析政府干预影响外资空间布局的路径,并进而分析了外资网络中哪些区域为主导区域,哪些区域为过桥区域。研究发现,政府干预、人力资本、运输成本、市场规模、产业结构会影响外资企业的布局选择。政府干预对外资布局具有明显的空间溢出效应,直接效应显著为正,间接效应显著为负,总效应为正,进一步,政府干预对外资空间布局影响的方向显著存在基于人力资本的单门槛效应,东、中部地区政府干预能够有效促进外资空间布局,且以直接作用路径为主。西部地区政府干预对外资空间布局有负向作用,但是政府干预通过吸引 R&D 人员可以降低这一负向作用。下一章是全书的结论总结与对策提出。

# 第9章　结论与对策

行文至此,我们已经完成了从地理视角对中国引进外资空间布局优化几个相关子问题的解读,为能够对本书研究内容有一个清晰完整地认识,在上一章考察政府干预对外资空间布局影响性的存在性与实现路径的基础上,本章将对前述内容中获得的一些结论性的内容进行进一步的系统和提炼,并将今后需要进一步深入讨论的内容暂记于此。

目前的引进外资理论可以大致分为两种情况:首先是从供给角度讲的外资进入动因分析,即各国企业出于什么样的投资目的对外直接投资;其次是从需求角度的企业对外直接投资动因分析,即东道国如何提供优惠政策以吸引别国企业来东道国投资。正如前面所进行的分析那样,这两类研究都很难完全解释中国引进外资的地理特征。比如说从资本需求角度说,市场有效条件下,如果再辅以东道国显著的投资导向引导,外资理应显著向中西部地区转移,但是实际情况却是,无论是中原崛起还是西部大开发,抑或是东北振兴,长期以来实施的各类激励政策并未显著改变东部地区集中、中西部地区不均匀、东北外资缺乏的状况,这是单纯的需求说难以解释得通的;再如,从资本供给角度看,资本将向需要它的价值洼地流去,那么从劳动—技术配比关系最优的视角看,一个显而易见的推论是企业将向富集劳动的中西部地区流去,以实现资本广化最大化,那么为什么中国引进外资表现出来的恰恰相反,在华外资多分布在技术密集型的东部地区。

显然,这两类研究在解释跨境投资的时候都存在一定不足。其实这两类企业跨境投资都有一个潜在假设前提,即企业生命周期前提下的生存适宜度问题。基于适合生存的战略考虑,无论是国家驱动的还是企业驱动的跨境投资,都是资本追逐可持续生存的有序投资行为,其前提就是东道国某区域的软硬件条件是否满足企业成长,本书主要考虑包括东道国资源禀赋、软硬件环境等对于企业国际化不同生命周期阶段区位选择的影响。

外资生存的软硬件环境形成的内在原因根植于中国数十年经济发展历程,我们的基本结论是,中国增长与转型的双重考虑决定了中国引进外资的基本空间地理特征。

改革开放 40 余年来,中国在转型与增长的双重考虑中奋力前行,这一过程中的各种国情决定了中国对外直接投资呈现出与发达国家、发展中国家不尽相同的特点。在具有双缺口理论所强调的前提下,背负着经济增长与发展转型的双重目标,中国经济长期采用了以出口导向型为特征的对外贸易政策,所有经济政策都是在这一政策的前提下制定和执行的,包括这些政策的制定机构和执行机构也都是这一政策下的产物,此时与之相对的地方政府引资环境呈现显著的晋升锦标赛特征,即引进外资政策的制定从属于出口导向型外贸政策,而出口导向型外贸政策又是源于增长与转型的双重考虑,这一双重考虑直接带来了区域引资政策的显著差异,尤其表现为外资超国民待遇与各区域出现的区域市场分割与地方保护主义。因而,区域地方政府主导的引资政策与地方禀赋差异的结合就必然造就了各区域引资生态位适宜度的差异,这在整体上推动中国引资走势的同时,也在一定程度上加剧了区域间引资差异,造成了区域间不同的收敛速度,需要地方政府以看得见的手引导外资空间优化。

# 9.1 基 本 结 论

本书核心研究内容是如何评价与优化生态位视角下的中国引进外资空间绩效。其细化子问题包括三方面:(1)新进外资与在华外资的再次投资区位选择机理与关键影响因素都有哪些;(2)微观企业区位选择的演进是如何反映为在华外资空间布局宏观特征的;(3)如何引导、优化在华外资空间分布。通过全篇缜密的理论推演与实证检验,我们得到如下基本结论:

1. 在华 FDI 不均衡现象依旧突出、空间溢出效应较弱、尚未实现外资从东部地区向中西部地区的转移。通过空间探索性分析考察在华外资空间布局的空间聚集性、空间分异、以及外资重心演化的外资空间布局演化进程,我们发现,在华外资不均衡现象依旧突出,空间溢出效应较弱,尚未实现外资从东部地区向中西部地区的有效转移,因而解决在华外资空间地理分布的核心问题在于如何通过对在华外资空间布局的形成、演化及收敛规律分析,实现华外资空间布局的优化。

2. 东部地区已阶段性实现最初的引资目的,正在由引资数量向引资质量转型,中西部地区正在努力达成充分利用资源禀赋与市场潜力的目的。通过分析各区域引资动因与外资进入动因间的互动与区域引资目标达成度,我们发现,东部地区为中国早期引资重点区域,外资市场的软硬件环境已比较成熟,东部地区引资动机已由规模扩大转向质量提升,面板检验显示,FDI 对东部地区区域创新能力有显著促进作用,FDI 规模每增加一个百分点,区域创新指数就相应上升 0.05 个百分点,初步实现本阶段引资目的,当然这距离我们的希望尚有一定差距。中西部地区引资目的是为了充分利用资源禀赋与发掘市场潜力,面板检验显示,外资显著促进西部社会消费品零售总额增长,FDI 每增长一个百分点,社会消费品零售总额增速会增长 0.3 个百分点,说明外资进入初步实现了中西部地区引资目标。

3. 区域间外资生态位显示省域间引资能力存在客观差异。通过测算 1997—2019 年在华外资的生态位宽度、生态位重叠度和生态位态势值等细分指标,我们发现,历年引资生态位宽度变化幅度不大,数值平稳,总体上与在华外商直接投资所呈现东高西低的阶梯状分布态势相符,即东部省份引进外资能力要强于西部。从生态位重叠度来看,大部分省域在引进外资过程中资源利用程度相似,彼此间并没有突出的竞争优势。从生态位态势值来看,不同维度、不同板块间的态势值差异较大,聚类得出的类型划分与综合生态位存在细微差异,但基本上与综合生态相吻合。

4. 区域间细分的外资生态位适宜度存在差异。通过测算各区域不同纬度的引资细分适宜度,我们发现,东部地区技术维度的生态位适宜度最高,其次是中部地区和东北部地区,最后是西部地区。市场维度的生态位适宜度总体上处于平稳水平,各省(市、区)间略有差异,中部和东北部地区均值最高,其次是东部地区,西部地区均值最低且与其他三个地区的差距较显著。生产要素生态位适宜度方面,东部、中部、东北部地区的生产要素维度的生态位适宜度大体相同,但均高于西部地区的该指标水平。资源维度的生态位适宜度与技术、市场、生产要素的生态位适宜度存在显著差异,全国大部分省份资源维度的生态位适宜度随着时间推移波动剧烈且无明显规律可循,其中,中部地区资源维度的生态位适宜度明显高于东部、中部和东北部地区。

5. 区域高质量发展目标与引资生态位间的匹配度直接影响外资空间布局。基于 1997—2019 年省际面板进行的区域引资生态位适宜度、宽度、重叠度对外资与东道国区域间空间耦合的作用机理分析与空间计量检验显示,区域引资具有显著空间溢出特征。区域自设的理想生态位目标与实际生态位之间的差距越大,对外资的吸引力越弱;引资生态位宽度、重叠度对耦合产生正向影响,可以有效辅助适宜度,减小理想生态位与现实生态位间差距对外资空间耦合的负向影响。部分地区生态位适宜度较高但生态位耦合度较低的原因在于区域自设可持续发展目标过高,与自身生态位宽度、重叠度实际不符,而生态位适宜度较低但耦合度较高存在的原因在于,生态位适宜度所反映的可持续发展目标设定较低。

6. 地区间引进外资具有“追赶效应”,区域间引资差距呈逐渐缩小趋势,FDI 存量较低地区具有较高的引资增速。基于不同空间复合权重矩阵下的收敛性检验显示,1997—2019 年中国整体 FDI 存在正的空间相关性,不存在显著整体收敛,但存在绝对收敛和条件收敛,FDI 低存量地区具有较高增速,区域间差距在缩小,其中东部地区 FDI 存量差异最小,其次是中部、西部地区。收敛过程中,东部地区收敛系数最大,收敛速度最快,中、西部地区次之。影响外资空间布局演化收敛的因素方面,值得注意的是,除了空间溢出以外,传统的战略资源状况、一般性资源状况、市场状况、技术水平等因素仍值得我们进一步关注与提升。

7. 监管方对外资空间布局的干预不但要重视传统的直接干预渠道更要注意拓展更多间接渠道。基于政府干预与人力资本的"中心—外围"模型空间检验显示,必要的政府干预十分有效,在人力资本、运输成本、市场规模、产业结构的因素的辅助下,政府干预可以显著影响外资的区位选择与空间布局。省际层面上,中国的外资布局具有明显空间关联性,政府干预对外资布局具有明显的空间溢出效应,直接效应显著为正,间接效应显著为负,总效应为正。政府干预与外资空间布局间具有非线性关系,政府干预对外资空间布局影响的方向显著存在人力资本单门槛效应,当人力资本低于门槛值时,政府干预对外资布局的影响为负,当人力资本跨越门槛值后,政府干预对外资空间布局影响显著为正。不同地区地方政府的干预对外资空间布局路径强度与方向各有差异,东、中部地区地方政府干预能够有效促进外资空间布局,且以直接作用路径为主,西部地区地方政府的干预对外资空间布局则呈负相关,但是 R&D 人员的迁入与累积可以有效冲抵这一负向作用。

# 9.2　对　策　建　议

尽管中国实际利用外资总额庞大,但从外资网络内部的空间布局来看,仍然显著不均衡,在各地区间分布存在显著差异,如果不注重外商直接投资的均衡分布,可能进一步加剧经济发展不均衡局势,因而我们试图从空间视角为中国引资实践提供以下几方面建议:

(1)如何通过监管方激励实现在华外资空间布局更趋优化;

(2)如何提升引资效率,避免逆向选择,避免资源错配,吸引更多高技术、低能耗、低污染的优质外资进入中国;

(3)如何通过引进外资提升中国全域与局域产业发展水平,推进区域发展协调。

## 9.2.1　兼顾直接与间接干预手段,引导外资合理布局

各监管部门应积极行动起来,抓住全球经济复苏所带来的产业资本全球化转

移机遇,突出对外开放与引进外资从追求规模向提升质量的转变,通过调整全面引资政策,提升技术溢出能力,促进产业协调发展入手,持续优化外资空间布局,实现外资与其所在驻地经济社会的和谐共生,实现可持续的质量发展。

### 9.2.1.1　划定干预边界,构建合理外资布局干预渠道

主流宏观理论认为,政府干预是必要的但又违反看不见的手规律,被贴上不尊重市场规律的风险,因而如何通过更具人性化与精准化的努力,构建高效、科学、适当的干预体系成为各级政府必须要考虑的关键。考虑到第 8 章检验中所显示的东、中部地区地方政府干预能够有效促进外资空间布局,且以直接作用路径为主。西部政府干预对外资空间布局有负向作用,但是政府干预通过吸引 R&D 人员可以降低这一负向作用。因而我们建议东、中部地区引资干预应更加精细化,针对本地区资源禀赋充分利用,市场的深度挖掘、外资准入的审批痛点进行精准介入,以期实现引资从量向质的顺利转变。而西部地区应着力推进教育环境改革,积极引进高层次国际化人才,以期早日跨过人力资本门槛,实现引资能力的提升与区域引资规模的迅速赶超。

### 9.2.1.2　科学评价本地禀赋条件,引导外资凭借垄断优势进行投资

科学评价当地禀赋优势有利于各区域对引资发展有一个清晰认识,坚持科学性、导向性、差异性等原则,对本地吸引外资能力进行正确评价、分析和研究,通过科学、合理的引导实现引资从规模导向向质量导向转变。首先,实践中各地区应积极推动包括自然资源、制度条件、技术条件、营商环境的异质性禀赋条件的综合评价,结合本地产业结构、创新能力、环境保护、土地利用、绿色发展等综合发展目标,科学设置指标权重,进行综合评价,明确本地所拥有的关键优势有哪些,进而确定更适合本地的是 4 类外资中的哪一类,进而进行有针对性的引资。其次,要有可持续发展的动态意识,要对评价体系的指标进行动态修正,并根据经济社会发展状况的变动及时做出相关修订,为引资决策的动态调整提供重要的现实基础。

在此基础上,有针对性地引导不同类型外资进入市场和自己的区域。在华外资区位选择受多重因素影响,不同的产业所受主要影响因素也不同,例如劳动密集型产业更看重劳动力成本,因而可以考虑引导要素导向型外资,如农业、旅游、环保、零售、通信、银行业、会计师事务所等产业外资投向劳动力资本较为丰裕且劳动力成本不高的西部地区。技术导向型外资更看重科技发展和劳动力素质,可以鼓励医疗机构、管理公司、咨询服务业等高科技产业外资进入中东部地区。资源导向型外资更看重东道国当地的自然资源,在保证绿色发展的前提下可以考虑引导低能耗的绿色产业进入资源开发能力相对较弱中西部地区。市场导向型外资更看重

的是市场潜力,因而可以考虑引导零售业、物流行业外资进入中西部地区,挖掘这些区域的市场潜力。

### 9.2.1.3 关注引资方引资需求,鼓励外资进入引资方重点关注领域

区域引资政策应该体现区域经济、社会发展指向,做到有所侧重,有所为有所不为。第3章资本供求双方动因耦合分析告诉我们,外资进入动因与东道国引资动因的和谐共舞才是区域经济可持续发展与外来企业健康成长的关键。因而,我们首先要注重东道国产业层次优化。产业的空间依赖、空间溢出、空间聚集在很大程度上依赖于产业关联,而产业关联在很大程度上受制于产业层次。必须要着力提升产业层次。实践中可以考虑通过税收优惠、政府引导基金等形式为外资进入提供指引,但是必须将有限的资金用在刀刃上,我们需要高附加值、高技术含量的产业加强投入,产业关联较低且高污染高能耗的产业要减少投入,甚至明确表示不欢迎此类产业进入。其次,各级政府要积极构建引资载体。可以考虑公办民营、合作开发的形式,吸引社会资本建设工业园区、物流园区,为外资进入提供更趋完善的上下游产业匹配与优质的供应链服务。最后,各级监管部门必须意识到深入挖潜,提升存量资本利用率的重要性。已有投资是重要的存量资源,提升这些投资的回报率与辐射带动作用是探寻新兴增长的关键。要积极鼓励存量增资,切实推进在谈项目落地速度,鼓励民营企业、骨干企业积极参与和国际资本合作,以重点项目的形式进行产业改造、产业链重组、投资效率提升以及区域产业配套完善。

### 9.2.1.4 创新外资利用方式,加速对外开放新格局建设

首先,以更积极的态度进行全方位的招商引资宣传。编制高质量招商项目书,科学评价引资方的项目潜能、产业效应、市场预测、投资回报,并抓住包括好友城建设、行业协会商会平台在内的各种渠道,积极展示自身的区位优势、产业优势、企业优势,突出优势产业招商,围绕产业链的延伸,进行项目招商、产业招商、企业联合招商、优势产业招商宣传。

其次,以更灵活的手段鼓励外资以多种形式参与区域投资。要立足当前、着眼长远,在积极发展民族产业的前提下,充分发挥工业园区等重要载体的作用,修编规划,确保各级各类引资政策落到实处,着力引进世界500强企业,鼓励外资以企业联盟、并购、绿地投资等多种形式参与到区域优势产业发展、新兴产业创立、研发合作中心建设中来。要敢于允许外资实施与中国民族品牌的合作,对支柱产业的投资,以股权转让、股权置换、增资扩股,尤其是以技术入股的形式与本土企业合作,进而充分发挥我们所拥有的营销网络优势、信息优势,实现强强联合,合作共赢。

再次,进一步解放思想,以更加开放的心态引入各类资本。可以考虑因地制宜的引入国际金融组织贷款、外国政府间贷款、国际商业银行间贷款,努力形成金融资本、产业资本齐头并进,商业投资与机构投资综合利用的引资格局。一是,无论是积极向中国提供多边贷款的世界银行、国际货币基金组织、国际农业发展基金组织,还是亚洲开发银行都应该是我们积极争取的融资对象。二是,积极争取以国际性商业银行贷款、金融机构信贷、出口贷、国际债券、融资租赁出现的国际权益性商业贷款。三是,监管方应积极为中国经济社会发展争取政府间贷款。这一类贷款不但往往是中长期贷款,而且有很大援助与赠予的目的,理应成为发展中国家经济社会发展的重要助力。

最后,积极鼓励外资发挥跨境优势,增加出口产品国内增值率。运用出口退税、出口配额等手段在鼓励外资参与出口贸易的同时,引导其增加国内深加工环节,诱导本土产业国际价值链位置攀升早日实现。

## 9.2.2　优化区域引资生态位,提升区域引资适宜度

各区域应积极优化软硬件环境,培育上下游产业,通过筑巢引凤、提质增效,提升引资效率,变引进外资为吸引外资主动进入。

### 9.2.2.1　重视外资投资初衷,满足不同生命周期外资的多样化需求

正如第 3 章所讲,跨国公司对外直接投资动因各有不同,可以大体分为技术导向型、资源导向型、市场导向型、成本导向型。进入东道国的子公司必须要服从母公司赋予其的全球化战略任务,按照母公司的意图出演应当的角色,而这一动因很可能与引资方的意图不完全一致,这就出现了如何协调外资与东道国间关系的问题。解决这一问题的关键在于关注企业进入动机,及时帮助解决不同生命周期外资企业的各种需求。

首先东道国要慎重引资。在引资之初就要从自身禀赋条件出发,引进真正符合自身发展期望的外资。其次要全面关注企业需求。在外资进入后,则要求引资方要注重跨国公司成长需求,建立跟踪机制,积极辅助外资发展,为外资发展提供软硬件条件支持、上下游产业匹配。最后东道国要尽力与外资伴随成长,伴随企业成长壮大,引资方也要注重自身的同步成长,用自身的成长为成长后企业提供更大的发展空间,让外资企业始终觉得有发挥自己所长。

### 9.2.2.2　着力推进次级省域错位崛起,边缘省域特色发展。

从第 4 章生态位重叠度评价来看,大部分省域在引进外资过程中资源利用方面的相似程度一般,相互之间多数没有突出的竞争优势,只有少许相对比较优势。

但是仍然有必要从已有的条件入手，着力突出自身相对优势，推进错位发展。如东部地区城市可以充分发挥自己在规模经济和集聚经济方面的优势，加速引资从量向质的转变，中部地区城市应进一步提高人力资本水平，积极准备承接来自东部的产业转移，西部地区则可以借助改善基础设施条件、提高当地技术水平的环境建设机遇，引入要素导向型外资、市场导向型外资。具体来说，我们建议，湖南、安徽、山西、江西等引进外资能力居中的省份，应避免生态位高度重叠而形成恶性竞争，要善于利用引进外资能力强的省域在不同维度的正向辐射。甘肃、海南、宁夏、青海等引进外资能力弱的边缘省域，应立足自身的特色资源优势，完善投资环境，提升竞争优势。

### 9.2.2.3 科学设置区域发展目标，保证引资生态位与可持续发展目标协调

第6章考察生态位适宜度、生态位宽度、生态位重叠度对于耦合的影响发现，理想生态位与现实生态位间的差距存在负向影响，青海、甘肃、山西、吉林、内蒙古、新疆、云南、广西、黑龙江、贵州等10个省（市、区）存在生态位适宜度较高但生态位耦合度较低的原因在于区域自设可持续发展目标过高，与其自身的生态位宽度、生态位重叠度不相符，因而出现耦合度较低。而北京、海南、河南、江苏、湖北、湖南、陕西、浙江、广东、江西、安徽、山东、四川、河北等14个省（市、区）存在的生态位适宜度较低但耦合度较高的原因在于，生态位适宜度所反应的可持续发展目标设定较低，结合较好的生态位宽度、较积极的引资政策，自然出现生态位适宜度较低但耦合度较高的状态。

因而，引资实践中，首先，我们要意识到区域间错位发展的重要性。考虑到各省外资空间耦合度会受到邻域影响，为避免吸引外资能力生态位重叠导致的竞争激烈和整体经济效应下降，应按照生态位分离原理，实施生态位特化或泛化从而实现生态位错位发展。一方面，各地区要科学明确自身定位，从与相邻区域间的禀赋条件与制度创新错位入手，推进区域间生态位分离的形成。另一方面，各地方政府应加强与相邻地区间合作与协调，既要推进要素互补，更要在与相邻区域竞争中考虑通过发挥外资空间聚集效应，形成合力，从而改善自身所处大区域的生态位。

其次，要科学评价生态位适宜度，合理设定可持续发展驱动下的区域发展目标与高质量发展目标。在可持续发展背景下，设置一定的踮着脚才能够得到的生态位适宜度所表征的理想目标与现实情况差距是有必要的，但考虑到区域引资生态位适宜度对耦合度产生显著负向影响，区域自设的理想生态位目标与实际生态位之间的差距越大，对外资的吸引力越弱，外资的进入意愿越弱，因而需要有合适的生态位宽度与重叠度辅助生态位适宜度目标的实现。这就要求各地区应根据自身

的历史经验与现实禀赋与制度条件,结合国际经济发展趋势,动态调整自身可持续发展目标设定,适度引入跷脚效应。

最后,要积极推进生态位宽度与重叠度与适宜度的结合。高质量发展是对的,但需要有合适的生态位宽度(资源)与适宜度(政策)辅助生态位适宜度目标的设定,以政策创新过程中的减弱跷脚效应的影响。目前部分地区引资实践中更加关注地方引资环境,而很少考虑市场竞争或者说市场结构的影响,这可能导致引资生态位适宜度与宽度、重叠度间的矛盾。这就要求各地区应根据自身的历史经验、禀赋约束与制度环境,结合国际经济发展趋势,动态调整自身可持续发展目标设定,适度利用跷脚效应的激励作用。

#### 9.2.3.4　优化区域发展软硬件环境,营造友好营商环境

首先要全面梳理区域现状,着力优化区域发展软硬件条件。要积极完善引资区域硬环境,持续加大基础设施投入实现区际互通,加强信息基础设施建设投入营造反应及时便捷的服务环境,通过信息共享与跨部门协同形成部门联动的引资推进机制吸引更多的外资企业进入。

其次要加强软环境建设,以高层次的法治保障推进更高水平对外开放格局的尽早到来。在继续重视引资方式中传统的直接因素的作用的同时,不断完善制度环境。引资之初就要深刻理解引资负面清单,继续实行重大外资项目协调服务首问负责制,明确专人跟踪、落实有投资意愿的涉外项目,凡是不在禁止引进范围内的企业原则上均应一视同仁,积极参与协调解决核准、审批及建设开工中所遇到的困难,遵从从便、从快引入原则,切实推进外资项目顺利实施,争取早签约、早注册,全面提升涉外项目签约率、履约率、资金到位率以及投产开工率。

最后东道国在日常监管服务中,要想企业所想,急企业所急,积极提高外资日常管理水平。对于已进入的外资企业,要认真执行外资优惠政策,保护外资合法权益,促进外资健康成长,重视外资天然涉外企业这一属性,鼓励其积极利用其原有营销网络出口创汇。其中值得注意的是,如果外资出现生产性配套需要,应及时组织国内企业为体提供相关服务,鼓励外资尽量在国内采购,如果国内难以满足需求,需要进口则尽量要灵活运用关税政策,在外资进口需求方面提供配额、优惠关税等帮助。

### 9.2.3　重视空间聚集与空间溢出,诱导区域间引资规模加速收敛

各区域应从自身禀赋出发,全面重视临域间的空间溢出与空间依赖效应,积极推进相邻区域间的协同,形成优势互补与差异化发展,提升区域间引资规模的收敛

速度。

### 9.2.3.1 重视外资网络作用,鼓励关键节点发挥引资辐射带动作用

充分发挥自身优势,从不同维度引资空间效应入手发挥外资网络主导区域的核心作用。整体上看,应着眼于外资空间网络空间耦合特征,持续加大对外资网络中外围地区的扶持力度,推动中心和外围地区、国内和国际的共同发展。第2章探索性空间分析显示,1997—2019年Moran's指数总体上显著大于0,表明全国范围内FDI存在正的空间相关性,FDI存在空间集聚现象,这意味着,FDI不仅对投入地区具有溢出作用,而且对邻近地区、相关产业产生技术溢出、知识溢出等溢出作用,应积极利用垂直产业链分工、开设分公司等方式,充分发挥跨国公司的优势,此外,还需要促进国内企业越过技术吸收门槛,避免挤出效应的负面影响。

对于任何一个子区域来说,无论是前述空间依赖特征还是各区域在外资网络中所扮演角色差异,抑或是引资生态位宽度指标所强调的东部引资能力强于西部的现实,均提示我们引资能力提升需要兄弟单位的支持帮助,各区域在提升自身优势的同时应着力加强与其他省域的联动,形成板块区域竞争优势。发达地区,尤其是处于外资网络中心的东部发达地区,要勇于站出来,加大与欠发达地区的技术合作,推进信息共享与产业链共赢,承担其应当承担的空间辐射带动作用与扶助牵引社会责任,从而降低生产成本,缩小区域差异,实现区域间的协调稳步发展。同时,中西部地区的外资网络外围地区要结合本地禀赋与产业特色,抓住全国与区域性产业结构调整机遇,拓宽区域交流合作渠道,筑巢引凤提升引资吸引力,积极接收中心地区的外资空间外溢与产业转移。

### 9.2.3.2 考虑引资维度差异,引导各区域实施生态位分割策略

首先,要在不同区域实施差异化引资政策,直接与间接干预手段要各有侧重。第8章监管干预路径空间检验显示,不同地区政府干预对外资空间布局的路径强度与方向各有差异,东、中部政府干预能够有效促进外资空间布局,且以直接作用路径为主。西部地区政府干预对外资空间布局有负向作用,但是政府干预通过吸引R&D人员可以降低这一负向作用。因而,西部地区应当通过引进人才引进外资布局,加大人才引进力度,力促人力资本累积,避免直接干预可能带来的资源错配与市场失灵。

其次,要引导区域间实施生态位分离策略。第6章引资生态位宽度、重叠度对耦合检验显示为正,这意味着目前中国整体引资生态位多代表的区域资源对耦合产生正向影响,尤其受资源导向型外资青睐,因而,为避免引进外资能力生态位重叠导致的干扰性竞争和整体经济效能下降,应按照生态位分离原理,引导区域引资

生态位特化或泛化,从而诱发区域生态位引资分割效应的发生。尤其是检验所发现的存在生态位适宜度较高但生态位耦合度较低的青海、甘肃、山西、新疆、黑龙江、云南、广西等区域,存在的生态位适宜度较低但耦合度较高的浙江、广东、江西、安徽、河北、北京、海南区域等区域,尤其要注意明确自身定位,从与相邻区域间的禀赋条件与制度环境客观条件入手,科学合理地推进区域间生态位分离环境早日形成。

### 9.2.3.3　重视区域禀赋差异与产业结构匹配,因地制宜推进区域差距迅速收敛

一是基于区域禀赋差异,实施差异化引资战略。资源禀赋异质性导致外商直接投资对长江经济带区域经济增长存在差异。各地区政府应基于地区禀赋特征,实施差异化引资策略,避免盲目引资和恶性竞争。不同地区存在不同的禀赋优势,可以根据在华外资导向,差异化发力,不断完善各区域基础设施,促进区域优势产业错位发展,引导外资有选择的、有针对性进入。其中,考虑到高技术产业更看重科技发展和劳动力素质,资源密集型产业更看重自然资源等特征,中西部地区应凭借其所拥有的劳动力比较优势,重点承接劳动密集型产业。而东部地区则可以凭借其较好的人力资本积累与相对更好的研发条件,将引资重点放在知识密集型产业上,避免由于低端产业可能带来创新能力钝化效应,尽早孵化出更高水平的自主知识产权,形成区域自主创新能力。

二是落实区域经济均衡发展战略,为内陆地区争取更多的外资。正如第 7 章收敛分析所示,中国利用外资规模不存在显著的整体上 FDI$\alpha$ 收敛,但存在显著 $\beta$ 绝对收敛、条件收敛,意味着各地区 FDI 具有收敛性,FDI 存量较低的地区相比 FDI 存量高的地区有大增长率,并且考虑控制变量后的 $\beta$ 条件收敛仍显著,表明考虑地区间差异条件下,FDI 会逐渐收敛于均衡状态。这就要求 FDI 存量较低的中西部地区引资具有显著后来者优势,这不仅需要自身抓住机遇,同时也需要政府合理引导,推进"长江经济带建设""京津冀协调发展""振兴东北等老工业基地""中原崛起"等举措落到实处,为外资引入提供更健康的市场环境,引领带动中、西部地区大开发形成新格局等重要举措。

### 9.2.3.4　鼓励地方政府差异化引资监管,构建统一大市场

首先,落实区域经济均衡发展战略,为内陆地区争取更多的外资项目。从收敛性结果可以看出,全国范围内 FDI 存在绝对收敛和条件收敛,说明 FDI 存量较低的中西部地区具有引资的巨大潜力,即后来者优势,这不仅需要自身抓住机遇,同时也需要政府合理引导,促进外资空间布局均衡。自十九大以来,促进区域协调发展的相关政策不断推进,"长江经济带""京津冀"协调发展,深化改革加快东北等老

工业基地振兴,引领带动西部大开发形成新格局等重要举措,同时也要中西部地区对外开放以及东中西部地区合作,不断开放中西部地区市场。此外政府还应合理引导市场,完善市场机制,为外资引入提供更健康的市场环境。

其次,避免恶性竞争,优化资源配置。FDI区位分布所呈现的显著的空间溢出与空间依赖意味着地区间的恶性竞争使得政府干预对于外资布局的效果大大降低,影响资源配置效率,这要求监管部门在制定引资政策时充分考虑跨区域空间联系,不仅通过税收、土地、配套等优惠政策诱导外资进入,更要通过产业配套诱导企业跨区域合作,实现外资布局优化,避免GDP竞赛与晋升锦标赛所带来的恶性竞争与低水平重复,形成区域间互利共赢的局面。

最后,全国应当建立统一的引资大市场,建立跨区域的外资补贴机制,鼓励外资在一定区域内自由流动。第8章结构方程检验显示,在省级层面上,中国的外资布局具有明显的空间关联性,政府干预对外资布局具有明显的空间溢出效应,直接效应显著为正,间接效应显著为负,总效应为正。因而,各地方政府全国一盘棋的意识,需要在本地区市场有效性的前提下,结合各地优势既要筑巢引凤,更要合理疏导。可以考虑在市场机制作用下,在规范不当的政府干预行为前提下,引导某地区过剩外资向其他地区或转移,实施有所为有所不为的科学监管,实现外资在不同地区间的科学流动,推进区域协作形成合力。

### 9.2.4 构筑高水平对外开放选资门槛,吸引高质量外资主动进入

随着中国经济社会发展进入新常态,高水平对外开放对引进外资也提出了更高要求,考虑到第8章干预路径所发现的技术水平会抑制高质量外资引进,因而各级监管机构应结合本地优势与产业的现实需求,以科学发展观为指引,统筹物质文明与精神文明,在缩小技术差距、提升人力资本积累的同时,变引资为选资,构筑高质量发展门槛,将引资目标从规模效应的追逐转向可持续的高水平对外开放建设,变引资为选资,吸引更多高技术、低能耗、低污染的优质外资进入中国,避免资本逆向选择,降低区域资源错配可能,在全面开放格局中实现区域经济社会的高效、创新、协调、绿色发展。

#### 9.2.4.1 审慎面对夕阳产业跨境转移,将双高企业拒之门外

必须坚持绿水青山就是金山银山的环保思想。引资过程中必须时刻警惕发达国家对发展中国家的污染转移问题,深刻意识到保护生态环境就是保护生产力,改善生态环境就是发展生产力,全面践行习近平生态文明思想要求,把绿色发展作为基本目标,扎实推动低碳发展、绿色发展,加快推进人、资、环协调发展。

引资实践中,必选以低碳、绿色为标准进行选资。务必抓住碳达峰碳中和建设重要契机,倡导绿色文明发展风尚,坚决改变以往的高耗能型粗放型发展模式,构建绿色制度,研发绿色技术,推进绿色生产,大力实施低碳计划,努力实现经济高质量发展和生态环境高水平保护良性互动。

### 9.2.4.2　提升知识产权保护力度,加速科技成果转化

首先要积极实施区域创新首位战略。全国及各区域应把创新能力提升作为发展的首要任务,抓住自主创新示范区建设契机,着力推进区域性创新园区、人才高地建设,突出强化外企创新主体地位,鼓励本土高校与科研院所发挥其在技术研发与技术转化中的主力军与排头兵作用,力促两者以研发联合体或创新联盟的形式进行研发合作,以期加速对外开放领域的质量变革、效率变革与动力变革。

其次要切实完善知识产权保护制度。知识产权保护是跨境而来的外资企业核心竞争力的基石之一,是外资考察东道国制度环境的首要指标之一,因而知识产权保护就成为我们引进技术导向型外资的制度保障之一,我们有必要在《商标法》《专利法》《反不正当竞争法》《著作权法》等的基础上形成统一的《知识产权法》,并通过地方行政法规摒弃短期行为,将知识产权保护落到实处。

最后要全面提升科技转化效率。必须要积极构建科技成果发现、评估、交易、转化、投融资、商业化开发等技术交易服务市场载体,完善科技成果路演机制,完善从技术研发—生产实验—技术交易—批量生产的整个技术成果转化链条,形成多元主体参与、协同、合作,线上线下多手段衔接的科技成果交易生态系统,吸引包括外资在内的各类主体主动参与到科技成果转化中来。

### 9.2.4.3　提升区域知识吸收能力,缩小资方供求双方技术差距

首先,改善监管手段,依据本地人力资本水平进行引资干预。第8章干预路径检验显示,政府干预对外资空间布局影响的方向显著存在基于人力资本的单门槛效应,当人力资本低于门槛值时,政府干预对外资空间布局的影响为负,当人力资本跨越门槛值以后,政府干预对外资空间布局影响显著为正。这意味着,政府干预力度并非越大越好,干预力度必须与地区人力资本水平相适应,盲目实施干预可能适得其反。引资实践必须因地制宜,量体裁衣,必须意识到,当地区人力资本水平较低时,政府干预不仅不能引进外资布局,反而会对外资布局产生负效应,当地区人力资本水平跨越门槛值后,政府干预将对外资布局产生正向促进效应。

其次,各地区要进一步加大教育投入,推进教育均等化水平,全面提升本地区技术吸收能力。如第6章、第8章分析所示,区域吸收能力差距是引进技术导向性外资的关键影响因素,因而,必须要加大引进人才力度,完善高层次人才培养制度,

构建完善职业教育体系,提高区域技术储备水平,增强内外企业技术契合度,以期形成本地经济增长与外商直接投资良性互动。

再次,全面实施引智工程,改变传统引资合作方式。要着力创新技术利用方式,积极引进培训基地、地区总部、研发中心和相关技术外包机构,将区域引资合作从加工合作转向研发合作,变引进技术为消化技术与技术再创新,为企业利用国内科研成果和人才创造条件。

最后,全面实施人才战略,以战略科学家、一流领军人才、青年科技人才、双师型工程师为重点,开展系列引才计划。引才实践要抓住人才培养体制综合改革契机,敢于赋予用人单位人才评价自主权,不但要以优质服务吸引国际化人才、拥有自主知识产权的高科技人才、海外留学归来人员人才流入,更要以利益保障机制减少人才流失,打造稳定可靠的高层次人才蓄水池。

### 9.2.4.4 注重区域产业链匹配,提升外资空间集聚水平

首先,注重经济发展和完善产业链条对吸引 FDI 的关键作用,早日建成产业集群强度大、土地集约程度高的外资产业集聚区。第 7 章收敛模型分析显示,在 $\beta$ 条件收敛空间效应下,FDI 初始值的空间溢出系数在均考虑经济与地理因素的权重矩阵下为正值,表明邻近地区 FDI 具有一定的空间依赖性,FDI 存量高的地区会产生正向溢出作用,有利于 FDI 均衡发展。进一步,收敛检验中,控制变量中的土地资源税收、地区人均 GDP 和工业化水平对 FDI 增长具有促进作用,地区财政资源税收对 FDI 增长抑制作用,劳动力总量、劳动力素质和技术投入对 FDI 增长的作用不确定,这意味着影响在 FDI 区位选择的因素中传统区位因素目前仍然值得重视,市场规模、基础产业发展、劳动力素质等地区经济发展是影响 FDI 区位选择的重要因素,应着力促进地区经济发展均衡,发挥各地区优势产业,并完善产业链条,形成上下游产业间的紧密关联。

其次,鼓励更多本土企业提供产业配套。实行链长制推进内外资企业跨组织合作,各区域通过做大主导产业、做强支柱产业、突出特色产业为外资进入提供更加适合的产业环境,实践中要尤其注重面向外资企业的内资企业数据库、面向外资的营商流程数据库、面向外资的资源定制数据库,以全面提升区域产业链融合水平。尤其值得注意的是,当外资企业遇到本地区甚至国内没有合适的配套资源的时候,应抓住机会,有针对性地开展招商引资,鼓励外资企业将与其相关的产业引入本地,实现本土产业链高水平扩展。

最后,抓住关键技术引进、重大装备进口等外资扩张机遇,扩大内外资企业间技术示范和合作范围。实践中,部分外资企业的技术水平明显高于本土同类企业,

可以考虑灵活运用企业出面或政府直接参与等形式,以有偿形式鼓励外资对本土企业开放流水线、人员代培、学术交流、联合建设研发机构等形式诱发跨地区、跨行业的内外资企业间知识溢出。

## 9.3　未来努力方向

上述研究为丰富跨国公司空间布局理论领域的讨论做出了一定努力,也获得一些与已有文献有所不同的结论,相信会对在华外资布局引导起到一定作用,但是仍然有很多待拓展空间,对于这一主题的相关讨论仍待我们继续努力。例如,通过更多数据的获取进一步分析中国引进外资制度供给与制度需求的因果关系。今后将争取在获得更早一些分省数据的基础上进行进一步讨论。再例如,对于引进外资的政策演变与定制过程的研究需要到政府相关部门进行实地调研,但是由于外资政策的制定涉及多个部门,因而具有很大的协调难度,今后如果能够获得更多机会实地观察监管机构引资制度生产过程、跨国公司区域选择决策过程,相信必然可以更加科学的、更趋准确的、更具可操作性的、更加逼近现实的研究结论,让区域引资效率更高,外资在东道国活得更好,区域经济发展更趋高质量。

## 9.4　本章小结

本章在总结了全文基本结论的基础上,从引资能力建设、区域目标设定、诱导区域发展速度、加速人力资本积累等方面提出了优化在华外资空间布局的对策建议,并进一步明确了研究的未来努力方向。

# 参考文献

杨俊，杨尘，李晓羽. 外商直接投资区位分布与区域经济发展：基于内生结构模型的实证研究[J]. 中国软科学，2007(2)：87 - 94.

钟昌标. 外商直接投资地区间溢出效应研究[J]. 经济研究，2010(1)：80 - 89.

张宇. 空间经济视角下的外资依赖与我国经济增长[J]. 经济学，2010(3)：1211 - 1238.

聂名华. 中国外资区位配置调控政策的回顾与思考[J]. 国际贸易，2014(9)：46 - 50,56.

李学彦. 技术约束下的两缺口理论与中国的外资流入[J]. 国际金融研究，2004(11)：61 - 66.

何德旭，饶明. 中国两缺口不缺情况下的外资引进：1994—2004———一个金融视角下的微观解释[J]. 经济学家，2007(1)：25 - 31.

王剑，张会清. 外国直接投资对中国就业效应的实证研究[J]. 世界经济研究，2005(9)：13 - 19.

包群，叶宁华，王艳灵. 外资竞争、产业关联与中国本土企业的市场存活[J]. 经济研究，2015(7)：102 - 115.

Kueh Y Y. Foreign Investment and Economic Change in China[J]. The China Quarterly，1992(131)：637 - 690.

Hayter R，Edgington D. Cutting Against the Grain：A Case Study of MacMillan Bloedel's Japan Strategy ∗[J]. Economic Geography，1997，73(2)：187 - 213.

张键. 外商在华直接投资区位选择影响因素研究[J]. 长江大学学报(社会科学版)，2013，36(9)：60 - 61.

王庆喜，王巧娜. 外商群体投资区位选择的因素研究——基于企业微观数据的分析[J]. 科学学与科学技术管理，2012，33(8)：112 - 116.

汪文姣，陈志鸿. "泛珠三角"外资的空间结构以及梯度转移分析[J]. 国际商务(对外经济贸易大学学报)：对外经济贸易大学学报，2014(3)：44 - 53.

东童童，刘乃全. 中国内外资工业的空间共聚：理论模型与中国经验[J]. 技术经济，2015，34(12):47-54.

廖小东，丰凤. 近10年外商在华直接投资的空间分异及成因分析[J]. 经济地理，2012，32(12):112-116.

梁琦. 中国工业的区位基尼系数——兼论外商直接投资对制造业集聚的影响[J]. 统计研究，2003(9):21-25.

董春，梁银鹤. 工业集聚与外商直接投资——基于空间动态面板计量模型的分析[J]. 财经科学，2014(6):97-107.

佘雪锋. 中国16个环渤海经济圈城市利用外资比较研究[J]. 技术经济与管理研究，2013(6):114-118.

陈嘉，韦素琼，陈松林. 近20年来台湾对大陆直接投资的空间格局演化[J]. 经济地理，2012，32(11):89-93.

王方方，杨志强. 企业异质性与中国对外直接投资"第三方"效应——基于企业微观数据的考察[J]. 国际经贸探索，2013，29(2):103-116.

杨成钢，曾永明. 空间不平衡、人口流动与外商直接投资的区域选择——中国1995~2010年省际空间面板数据分析[J]. 人口研究，2014，38(6):25-39.

侯丹丹. 台商对大陆投资区位分布的时空格局演变[J]. 台湾研究集刊，2017(3):72-82.

许丽明. 外商在中部六省直接投资区位选择的影响因素的动态变化研究[J]. 经济经纬，2012(3):75-79.

梅燕，王誉蒙. 市场潜能对外商直接投资区位选择的影响效应——以我国长三角和珠三角地区为例[J]. 杭州电子科技大学学报:社会科学版，2016(3):16-21.

Li C. Location choice in a mixed oligopoly[J]. Economic Modelling, 2006, 23(1):131-141.

蒋伟. 中国外商直接投资区位决定:基于"第三方效应"的空间计量分析[J]. 世界经济研究，2012(1):75-80.

Vernon R. International investment and international trade in the product cycle[J]. The Quarterly Journal of Economics,1966,80(2):190-207.

Bartlett C A, Ghoshals. Transnational Management: Text, Cases, and Readings in Cross-Border Management[M]. Dongbei University of Finance & Economics Press, 1998.

张建伟，张吉献. 外资研发与中国研发产业的空间变系数计量分析[J]. 商业经济研究，2015(14):130-131.

Hannan M T,Freeman J H. The Population Ecology of Organization[J]. American Journal of Sociology, 1977,82(5):929 – 964.

梁嘉骅,葛振忠,范建平. 企业生态与企业发展[J]. 管理科学学报, 2002, 5(2):34 – 40.

许芳,李建华. 企业生态位原理及模型研究[J]. 中国软科学, 2005(5): 130 – 139.

钱辉,张大亮. 基于生态位的企业演化机理探析[J]. 浙江大学学报(人文社会科学版), 2006, 36(2):20 – 26.

许箫迪,王子龙. 企业生态位 K – r 选择策略研究[J]. 管理评论, 2006, 18(10):35 – 40.

Campbell D T, Baum J A C, Singh J V. How Individual and Face – to – Face – Group Selection Undermine Firm Selection in Organizational Evolution[C]// Jac Baum & Jv Singh, Oxford University Press. 1994:23 – 28.

万伦来. 企业生态位及其评价方法研究[J]. 中国软科学, 2004(1):73 – 78.

闫安,达庆利. 企业生态位及其能动性选择研究[J]. 东南大学学报(哲学社会科学版), 2005, 7(1):62 – 66.

Baum J A C, Singh J V. Organizational Niches and the Dynamics of Organizational Founding[M]. Organization Science – ORGAN SCI, 1994:483 – 501.

Sorensen, Aage B. Toward a Sounder Basis for Class Analysis[J]. American Journal of Sociology, 2000, 105(6):1523 – 1558.

贺灿飞,潘峰华,尹薇. 产业联系与外资溢出效应—对浙江省制造业的实证研究[J]. 人文地理, 2008, 23(6):60 – 65.

徐康宁,王剑. 要素禀赋、地理因素与新国际分工[J]. 中国社会科学, 2006(6): 65 – 77.

Feng T, Zhao H Y, Du M M. An empirical analysis of FDI regional agglomeration and disparities in China[J]. China Economic Quarterly, 2008.

殷华方,潘镇,鲁明泓. 中国外商直接投资产业政策测量和有效性研究:1979—2003[J]. 管理世界, 2006(7):34 – 45.

茹玉骢,金祥荣,张利风. 合约实施效率、外资产业特征及其区位选择[J]. 管理世界, 2010(8):90 – 101.

张俊妮,陈玉宇. 产业集聚、所有制结构与外商投资企业的区位选择[J]. 经济学:季刊, 2006, 5(4):1091 – 1108.

Baldwin R, Okubo T. Agglomeration, Offshoring and Heterogeneous Firms[J].

Cepr Discussion Papers, 2006.

Okubo T, Picard P M, Thisse J F. The spatial selection of heterogeneous firms [J]. Statistical Research, 2013, 82(2):230 – 237.

Avinash Kamalakar Dixit, Joseph E. Stiglitz. Monopolist Competition and Optimum Product Diversity[J]. The American. Economic Review, 1977, 67(3):297 – 308.

罗芊,贺灿飞,郭琪. 基于地级市尺度的中国外资空间动态与本土产业演化 [J]. 地理科学进展, 2016(11):1369 – 1380.

Xingqiang, H, Lixia, W, Empirical Analysis on Spatial Linkages in FDI across China[J]. Economic Research Journal, 2008, 43(11):137 – 150.

贺灿飞,魏后凯. 信息成本、集聚经济与中国外商投资区位[J]. 中国工业经济, 2001(9):38 – 45.

赵永亮,张光南. 市场获得、壁垒与外资企业分布——新经济地理解释[J]. 南开经济研究, 2009(5):60 – 71.

Driffield N, Jones C. Impact of FDI, ODA and Migrant Remittances on Economic Growth in Developing Countries: A Systems Approach[J]. European Journal of Development Research, 2013, 25(2):173 – 196.

盛垒. 跨国公司在华 R&D 的空间集聚机制研究——基于新经济地理学视角 的实证分析[J]. 国际贸易问题, 2010(4):88 – 97.

杨丹辉,渠慎宁,李鹏飞. 中国利用外资区位条件的变化:基于中美制造业成 本的比较分析[J]. 中国社会科学院工业经济研究所, 2017(9):44 – 50.

Amiti M, Pissarides C A. Trade and industrial location with heterogeneous labor [J]. Journal of International Economics, 2005, 67(2):392 – 412.

Amiti M, Javorcik B S. Trade costs and location of foreign firms in China[J]. Journal of Development Economics, 2008, 85(1):129 – 149.

冯涛,赵会玉,杜苗苗. 外商在华直接投资区域聚集非均衡性的实证研究 [J]. 经济学(季刊), 2008(1):565 – 586.

周犀行,欧阳溥蔓. 国内外市场潜力对 FDI 区位选择的影响研究[J]. 国际贸 易问题, 2013(6):124 – 134.

余珮,孙永平. 集聚效应对跨国公司在华区位选择的影响[J]. 经济研究, 2011(1):71 – 82.

颜银根. FDI 区位选择:市场潜能、地理集聚与同源国效应[J]. 财贸经济, 2014(9):103 – 113.

傅元海，唐未兵，王展祥. FDI 溢出机制、技术进步路径与经济增长绩效[J].
经济研究，2010(6):92 - 104.

黄肖琦，柴敏. 新经济地理学视角下的 FDI 区位选择——基于中国省际面板
数据的实证分析[J]. 管理世界，2006(10):7 - 13,26.

聂名华. 提升中国东部地区 FDI 利用质量思考[J]. 国际贸易，2013(2):
31 - 34.

李斌，杜松泰，蒋泌莹. 文化包容、地理集聚对 FDI 区位选择的影响分析——
基于动态面板数据模型的实证分析[J]. 湖南大学学报(社会科学版)，2013，27
(5):46 - 50.

Berliant M, Tabuchi T. Local politics and economic geography[J]. Journal of Re-
gional Science, 2014, 54(5):806 - 827.

Kumar A, Saha B. Spatial competition in a mixed duopoly with one partially na-
tionalized firm[J]. Journal of Comparative Economics, 2008, 36(2):326 - 341.

Coughlin C C, Segev E. Location Determinants of New Foreign - Owned Manufac-
turing Plants[J]. Journal of Regional Science, 2000, 40(2):323 - 351.

魏后凯，贺灿飞，王新. 外商在华直接投资动机与区位因素分析——对秦皇
岛市外商直接投资的实证研究[J]. 经济研究，2001(2):67 - 76.

霍杰.外商直接投资、聚集经济和地区经济增长的空间计量研究[J].统计与决
策,2017(01):141 - 144..

Meyer K E, Nguyen H V. Foreign Investment Strategies and Sub - national Institu-
tions in Emerging Markets: Evidence from Vietnam [J]. Journal of Management Stud-
ies, 2005, 42(1):63 - 93.

Baum J A C, Singh J V. Organizational hierarchies and evoltionary processes:
some reflections on a theory of organizational evolution[J]. 1994.

金相郁,朴英姬.中国外商直接投资的区位决定因素分析:城市数据[J].南开
经济研究, 2006 (2) :35 -45

汪旭晖. 外商对华直接投资的区位变迁及影响因素分析——兼论中国引资政
策的调整[J]. 国际贸易问题，2006(4):95 - 101.

蒋伟，赖明勇. 空间相关与外商直接投资区位决定——基于中国城市数据的
空间计量分析[J]. 财贸研究，2009，20(6):1 - 6,19.

Chen Y. Agglomeration and location of foreign direct investment: The case of Chi-
na[J]. China Economic Review, 2009, 20(3):549 - 557.

肖刚. 中国外商直接投资区位分布的时空格局演变[J]. 当代财经，2015(10):

97 – 107.

韩剑，张凌. 集聚、扩散与 FDI 空间演化——基于中国省级数据的研究[J].
财经科学，2010(12):43 – 49.

许政，陈钊，陆铭. 中国城市体系的"中心—外围模式"[J]. 世界经济，2010(7):
144 – 160.

武晓霞，任志成，姜德波，等. 产业集聚与外商直接投资区位选择:集中还是
扩散?[J]. 产业经济研究，2011(5):26 – 34.

李娅，伏润民. 为什么东部产业不向西部转移:基于空间经济理论的解释[J].
世界经济，2010(8):59 – 71.

陈英武，郑江淮. 转型背景下"中心—外围"特征的演变机制与发展趋势——
基于江苏区域产业结构变迁的实证分析[J]. 经济地理，2010，30(3):449 – 453.

李正，陈才，熊理然. 欧美地缘经济理论发展脉络及其内涵特征探析[J]. 世
界地理研究，2014(1):10 – 18.

李从欣，李国柱. 中国外商直接投资的空间统计分析[J]. 商业时代，2010(15):
44 – 45.

冼国明，葛顺奇. 跨国公司 FDI 与东道国外资政策演变[J]. 南开经济研究，
2002(1):3 – 8.

陆雄文. 管理学大辞典[M]. 上海:上海辞书出版社，2013.

Masahisa Fujita, Jacques – François Thisse. Does Geographical Agglomeration Foster Economic Growth? And Who Gains and Loses from It? [J]. Japanese Economic Review, 2003, 54(2):121 – 145.

Stuart S. Rosenthal, William C. et al. The Determinants of Agglomeration[J]. Journal of Urban Economics, 2001, 50(2):191 – 229.

Samuelson Paul A. The Transfer Problem and Transport Costs, II:Analysis of Effects of Trade Impediments[J]. The Econmic Journal, 1954, 64(254):264 – 289.

孙林，周科选. 中国低碳试点政策对外商直接投资质量影响研究——来自"低碳城市"建设的准自然实验证据[J]. 东南学术，2020(4):136 – 146.

阎虹戎，刘灿雷. 外商引资政策、精准导向与中国制造业升级[J]. 国际贸易问题，2020(6):39 – 55.

陈景华，王素素，陈敏敏. 服务业双向 FDI、空间溢出与服务业全要素生产率——来自中国的经验证据[J]. 山东财经大学学报，2020，32(1):87 – 96.

雷丽萍，余梦俐. 粤港澳大湾区基础设施提升与 FDI 空间结构演变[J]. 现代经济信息，2018(34):450 – 452,454.

苏红岩,李京梅."一带一路"沿线国家 FDI 空间布局与污染转移的实证研究[J].软科学,2017,31(3):25－29.

胡荣才,贺宇辰,张婉婷.FDI、空间外溢与区域产业结构优化——基于空间面板数据模型的实证研究[J].阅江学刊,2016,8(5):67－77.

梁雯,张伟,秦胜杰.物流业 FDI 空间集聚影响因素研究[J].统计与决策,2016(15):138－142.

汪辉平,王美霞,王增涛.FDI、空间溢出与中国工业全要素生产率——基于空间杜宾模型的研究[J].统计与信息论坛,2016,31(6):44－50.

唐晓华,刘相锋.中国装备制造业产业结构调整中外资修复作用的实证研究[J].数量经济技术经济研究,2016,33(2):144－155.

姜海宁.泛长江三角洲 FDI 空间格局演化研究[J].人文地理,2015,30(6):126－131,145.

龚惠文,季青原,金平斌.基于空间计量模型的中国东中部地区 FDI 时空演变格局研究[J].浙江大学学报(理学版),2015,42(5):595－604,620.

矫萍,姜明辉.生产性服务业 FDI 空间集聚的影响因素研究——基于空间计量的分析[J].预测,2015(2):41－47.

潘雅茹,罗良文.区域城镇化差异对 FDI 空间集聚的影响——基于省级面板数据的 GMM 估计[J].华东经济管理,2015(2):55－60.

朱金生,杨丽,王鹤.引资博弈、就业转移与就业和谐的公共政策选择[J].江汉论坛,2013(10):11－17.

邹建华,韩永辉.引资转型、FDI 质量与区域经济增长——基于珠三角面板数据的实证分析[J].国际贸易问题,2013(7):147－157.

吴海兵,李华.FDI 对中国中部地区技术进步影响的实证研究[J].经济地理,2013,33(6):36－41.

许和连,张萌,吴钢.文化差异、地理距离与主要投资国在中国的 FDI 空间分布格局[J].经济地理,2012,32(8):31－35.

何奕,童牧.中国制造业 FDI 空间布局模式研究[J].宏观经济研究,2012(6):69－74.

张二震,戴翔.提升利用外资质量:理论分析与对策思路[J].当代经济研究,2012(5):22－27,92.

傅元海,史言信.制度政策与外商直接投资质量——基于中国 1985 年～2007 年数据的计量检验[J].经济经纬,2011(6):67－71.

张萃,赵伟.产业区域集聚研究:新经济地理学的理论模型和实证命题[J].人文地理,2011,26(4):23-28,6.

苏楠,肖晓勇.产业集聚对FDI空间分布的影响——基于省际面板数据的实证分析[J].现代经济(现代物业中旬刊),2011,10(4):101-106.

孟德友,陆玉麒.1984-2005年中国对外开放地域分异研究——基于贸易和外资的综合分析[J].经济问题探索,2008(1):80-85.

宋晓露.环渤海经济圈FDI空间技术溢出效应研究[D].大连:大连理工大学,2010.

李惠茹,杨丽.基于提高引资质量的FDI生态环境效应分析[J].国际商务:对外经济贸易大学学报,2010(2):71-76.

鲁成军,孙稳存.中国外商直接投资政策的调整研究——基于资本异质性的引致效应[J].经济经纬,2009(1):38-41.

赵家亮,张京祥.基于马尔可夫链的江苏省FDI空间集聚与扩散研究[C]//中国地理学会、南京师范大学、中国科学院南京地理与湖泊研究所、南京大学、中国科学院地理科学与资源研究所:中国地理学会,2007:252.

刘渝琳,曹华.防范"贫困化增长"的FDI甄别机制与评价指数的构建——论中国引资政策的合理设计[J].数量经济技术经济研究,2007,24(5):70-79.

刘可,王维,陈仪.中国外商投资与贸易政策的经济学分析[J].国际经贸探索,2006,22(2):64-68.

裴长洪.吸收外商直接投资与产业结构优化升级——"十一五"时期利用外资政策目标的思考[J].中国工业经济,2006(1):33-39.

杨柳勇,沈国良.外商直接投资对国内投资的挤入挤出效应分析[J].统计研究,2002(3):6-8.

蓝庆新,赵永超.从"引资"、"择资"到"导资"——我国吸引外资高质量发展回顾与思考[J].理论学刊,2019(5):64-71.

张广婷,王陈无忌.主动变革、开放包容与制度创新:新中国70年吸引外资的内在逻辑[J].世界经济研究,2019(12):3-12.

杨校美.引进外资能促进对外投资吗——基于新兴经济体的面板数据分析[J].南方经济,2015(8):63-76.

兰宜生.中国吸引外资需"量""质"并举[J].人民论坛,2017(16):81-83.

刘胜,申明浩.城市群融合发展能成为吸引外资进入的新动能吗——来自粤港澳大湾区的经验证据[J].国际经贸探索,2018,34(12):4-16.

JOHNSON R H. Determinate evolution in the color pattern of the lady-beetles[M]. Washington Carnegie Inst, 1910.

王楠,徐枞巍,郑平.电信产业生态系统的生态位与竞争战略研究[J].企业经济,2009(3):55-58.

王忠云,张海燕.基于生态位理论的民族文化旅游产业演化发展研究[J].内蒙古社会科学,2011,32(2):102-107.

程玉桂.农产品加工产业集群内企业竞合关系分析——基于生态位理论[J].江西社会科学,2013,33(6):229-232.

杨肃志,路世昌.高新技术产业创新生态位测度研究[J].资源开发与市场,2015,31(4):419-422,430.

郭树东,关忠良,赵新刚,等.基于生态位理论视角的企业战略模式研究[J].生产力研究,2008(10):131-132.

王举颖.集群企业生态位态势互动与协同进化研究[J].北京理工大学学报(社会科学版),2010,12(4):57-60.

史晓晨,顾力刚.基于生态位理论的轿车生产企业竞争态势分析[J].企业经济,2011,30(6):57-60.

李玉琼,朱桂龙.企业生态系统竞争共生战略模型[J].系统工程,2011,29(6):71-77.

王淅勤,池海莲.基于生态位理论的湖北省小微企业生存状况研究[J].湖北社会科学,2016(12):68-74.

魏国伟,狄浩林.新零售企业竞争力评价指标体系研究[J].经济问题,2018(6):75-80.

许永斌,唐欣.生态位视角下家族企业跨代创业的空间集聚及其理论诠释[J].经济地理,2019,39(4):118-127.

陈艺灵,陈关聚.高新技术企业认定对技术生态位的动态政策效应研究——来自高端装备制造业A股上市公司的经验证据[J].科技进步与对策,2021,38(5):105-114.

肖杨,毛显强.城市生态位理论及其应用[J].中国人口·资源与环境,2008(5):41-45.

白洁,王学恭.基于生态位理论的甘肃省城市竞争力研究[J].干旱区资源与环境,2009,23(3):30-34.

马超群,何艳芬.关中地区城市生态位及动态变化研究[J].西北农林科技大学学报(社会科学版),2009,9(6):49-53.

郭伟,郝娟.旅游城市生态位综合测评研究[J].经济问题,2010(2):117-120.

段祖亮,张小雷,雷军,等.天山北坡城市群城市多维生态位研究[J].中国科学院大学学报,2014,31(4):506-516.

聂晓英,石培基,吕蕊,等.基于生态位理论的河西走廊县域城市竞合关系研究[J].生态学报,2018,38(3):841-851.

蹇令香,曹章露.基于生态位理论的广东省港口产业发展研究[J].科技管理研究,2018,38(12):205-209.

王慧,胡志华,刘婵娟."一带一路"倡议下港口生态位的建模与比较——以上海港和新加坡港为例[J].中国航海,2020,43(1):128-133,138.

宋竹芳,徐宁,曹妍雪.中国西部省区旅游生态位测评及旅游空间格局研究[J].北方民族大学学报(哲学社会科学版),2020(2):48-56.

马勇,童昀.基于生态位理论的长江中游城市群旅游业发展格局判识及空间体系建构[J].长江流域资源与环境,2018,27(6):1231-1241.

聂永江.生态位理论视域下高校辅导员职业发展研究[J].江苏高教,2020(12):108-112.

张超,张育广.基于生态位理论的高校众创空间建设策略研究[J].科技管理研究,2019,39(8):82-87.